C·H·I·N·E·S·E C·O·O·K·I·N·G

필기시험 대비

중식조리기능사
필기(이론+문제)

서문(序文)

> "한 권의 문학서적과 인문서적이 인생을 바꾸지만,
> 직업 교육에 필요한 전문서적은 희망과 행복을 만듭니다."

한 권의 문학서적과 인문서적은 인생을 바꾸지만, 중식조리 교육에 필요한 전문서적은 희망과 행복을 만듭니다.

지구상의 모든 음식은 각 나라마다의 고유한 특징을 갖고 있습니다. 각 나라별로 역사의 흐름 속에서 환경, 사회, 경제, 문화적인 차이에 따라 중식조리도 다양합니다.
대한민국의 직업훈련정책에 발 맞추어 중식 실무중심 교육을 강화시키고자, 음식서비스 분야의 현장에서 필요로 하는 직무를 체계적으로 적용하여 중식 전문 인력을 양성하도록 노력하였습니다.

본 교재 중식조리기능사 필기(이론+문제)는 한국산업인력공단에서 중식조리기능사 출제 기준(필기)으로 정한 주요 항목 14항목을 Chapter 1. 음식 위생 관리, Chapter 2. 음식 안전 관리, Chapter 3. 중식 재료 관리, Chapter 4. 음식 구매 관리, Chapter 5. 중식 기초 조리 실무, Chapter 6. 중식 절임·무침 조림, Chapter 7. 중식 육수·소스 조리, Chapter 8. 중식 튀김 조리, Chapter 9. 중식 조림 조리, Chapter 10. 중식 밥 조리, Chapter 11. 중식 면 조리, Chapter 12. 중식 냉채 조리, Chapter 13. 중식 볶음 조리, Chapter 14. 중식 후식 조리로 정리했습니다.

교사나 학습자가 교재를 고르는 것은 신중해질 수밖에 없습니다. 서점의 많은 책들 중에서 책 한 권을 고르는 것보다도, 교육 현장에서 가르치며 느낀 그대로의 맞춤형 교재가 필요합니다.

본 교재는 한국직업능력개발원의 NCS 학습모듈을 참고문헌으로 하여 요약 정리 하였습니다. 직업훈련 정책과 기술자격 검정 출제 기준에 부응하여, 우수한 중식조리기능사 전문가의 배출에 기여하고자 합니다.
이에, 도서출판 유인하 회장님, 편집에 수고 해주신 씨엠씨 황익상 실장님, 항상 열정으로 공부하면서 가르치는 성남제과조리커피직업전문학교, 성남요리학원의 훈련교사 여러분들께 감사의 인사를 드립니다.

여러분들의 성공을 기원 드립니다.

저자드림

출제기준(필기)

직무분야	음식서비스	중직무분야	조리	자격종목	중식조리기능사	적용기간	2023.1.1.~2025.12.31.
○ 직무내용 : 중식메뉴 계획에 따라 식재료를 선정, 구매, 검수, 보관 및 저장하며 맛과 영양을 고려하여 안전하고 위생적으로 음식을 조리하고 조리기구와 시설관리를 수행하는 직무이다.							
필기검정방법		객관식		문제수	60	시험시간	1시간

필기 과목명	출제 문제수	주요항목	세부항목	세세항목
중식 재료관리, 음식조리 및 위생관리	60	1. 음식 위생관리	1. 개인 위생관리	1. 위생관리기준 2. 식품위생에 관련된 질병
			2. 식품 위생관리	1. 미생물의 종류와 특성 2. 식품과 기생충병 3. 살균 및 소독의 종류와 방법 4. 식품의 위생적 취급기준 5. 식품첨가물과 유해물질
			3. 작업장 위생관리	1. 작업장 위생 위해요소 2. 식품안전관리인증기준(HACCP) 3. 작업장 교차오염발생요소
			4. 식중독 관리	1. 세균성 및 바이러스성 식중독 2. 자연독 식중독 3. 화학적 식중독 4. 곰팡이 독소
			5. 식품위생 관계 법규	1. 식품위생법령 및 관계법규 2. 농수산물 원산지 표시에 관한 법령 3. 식품 등의 표시·광고에 관한 법령
			6. 공중 보건	1. 공중보건의 개념 2. 환경위생 및 환경오염 관리 3. 역학 및 질병 관리 4. 산업보건관리
		2. 음식 안전관리	1. 개인안전 관리	1. 개인 안전사고 예방 및 사후 조치 2. 작업 안전관리
			2. 장비·도구 안전작업	1. 조리장비·도구 안전관리 지침
			3. 작업환경 안전관리	1. 작업장 환경관리 2. 작업장 안전관리 3. 화재예방 및 조치방법 4. 산업안전보건법 및 관련지침

필기 과목명	출제 문제수	주요항목	세부항목	세세항목
중식 재료관리, 음식조리 및 위생관리	60	3. 음식 재료관리	1. 식품재료의 성분	1. 수분 2. 탄수화물 3. 지질 4. 단백질 5. 무기질 6. 비타민 7. 식품의 색 8. 식품의 갈변 9. 식품의 맛과 냄새 10. 식품의 물성 11. 식품의 유독성분
			2. 효소	식품과 효소
			3. 식품과 영양	영양소의 기능 및 영양소 섭취기준
		4. 음식 구매관리	1. 시장조사 및 구매관리	1. 시장 조사 2. 식품구매관리 3. 식품재고관리
			2. 검수 관리	1. 식재료의 품질 확인 및 선별 2. 조리기구 및 설비 특성과 품질 확인 3. 검수를 위한 설비 및 장비 활용 방법
			3. 원가	1. 원가의 의의 및 종류 2. 원가분석 및 계산
		5. 중식 기초 조리실무	1. 조리 준비	1. 조리의 정의 및 기본 조리조작 2. 기본조리법 및 대량 조리기술 3. 기본 칼 기술 습득 4. 조리기구의 종류와 용도 5. 식재료 계량방법 6. 조리장의 시설 및 설비 관리
			2. 식품의 조리원리	1. 농산물의 조리 및 가공·저장 2. 축산물의 조리 및 가공·저장 3. 수산물의 조리 및 가공·저장 4. 유지 및 유지 가공품 5. 냉동식품의 조리 6. 조미료와 향신료
			3. 식생활 문화	1. 중국 음식의 문화와 배경 2. 중국 음식의 분류 3. 중국 음식의 특징 및 용어

필기 과목명	출제 문제수	주요항목	세부항목	세세항목
중식 재료관리, 음식조리 및 위생관리	60	6. 중식 절임·무침조리	절임·무침 조리	1. 절임·무침준비 2. 절임류 만들기 3. 무침류 만들기 4. 절임 보관 무침 완성
		7. 중식 육수·소스조리	육수·소스 조리	1. 육수·소스준비 2. 육수·소스 만들기 3. 육수·소스 완성 보관
		8. 중식 튀김조리	튀김 조리	1. 튀김 준비 2. 튀김 조리 3. 튀김 완성
		9. 중식 조림조리	조림 조리	1. 조림 준비 2. 조림 조리 3. 조림 완성
		10. 중식 밥조리	밥 조리	1. 밥 준비 2. 밥 짓기 3. 요리별 조리하여 완성
		11. 중식 면조리	면 조리	1. 면 준비 2. 반죽하여 면 뽑기 3. 면 삶아 담기 4. 요리별 조리하여 완성
		12. 중식 냉채조리	냉채 조리	1. 냉채 준비 2. 냉채 조리 3. 냉채 완성
		13. 중식 볶음 조리	볶음 조리	1. 볶음 준비 2. 볶음 조리 3. 볶음 완성
		14. 중식 후식조리	후식 조리	1. 후식 준비 2. 더운 후식류 조리 3. 찬 후식류 조리 4. 후식류 완성

목차

제 1부
중식조리기능사 이론

Chapter 1. 음식 위생 관리

10 제1절. 개인 위생 관리
  1. 위생 관리 기준
  2. 식품 위생에 관련된 질병

12 제2절. 식품 위생 관리
  1. 미생물의 종류와 특성
  2. 식품과 기생충병
  3. 살균 및 소독의 종류와 방법
  4. 식품의 위생적 취급 기준
  5. 식품 첨가물과 유해 물질

24 제3절. 작업장 위생 관리
  1. 작업장 위생 위해요소
  2. 식품안전관리인증기준(HACCP)
  3. 작업장 교차오염 발생요소

30 제4절. 식중독 관리
  1. 세균성 및 바이러스성 식중독
  2. 자연독 식중독
  3. 화학적 식중독
  4. 곰팡이 독소

37 제5절. 식품 위생 관계 법규
  1. 식품위생법령 및 관계법규
  2. 농수산물 원산지 표시에 관한 법령
  3. 식품 등의 표시 · 광고에 관한 법령

48 제6절. 공중 보건
  1. 공중보건의 개념
  2. 환경위생 및 환경오염 관리
  3. 역학 및 질병 관리
  4. 산업보건관리

Chapter 2. 음식 안전 관리

56 제1절. 개인 안전 관리
  1. 개인 안전사고 예방 및 사후 조치
  2. 작업 안전관리

57 제2절. 장비 · 도구 안전 작업
  조리장비 · 도구 안전관리 지침

58 제3절. 작업 환경 안전 관리
  1. 작업장 환경 관리
  2. 작업장 안전 관리
  3. 화재 예방 및 조치 방법
  4. 산업안전보건법 및 관련 지침

Chapter 3. 음식 재료 관리

63 제1절. 식품 재료의 성분
  1. 수분
  2. 탄수화물
  3. 지질
  4. 단백질
  5. 무기질
  6. 비타민
  7. 식품의 색
  8. 식품의 갈변
  9. 식품의 맛과 냄새
  10. 식품의 물성
  11. 식품의 유독 성분

77 제2절. 효소
  식품과 효소

80 제3절. 식품과 영양
  영양소의 기능 및 영양소 섭취기준

Chapter 4. 음식 구매 관리

82   제1절. 시장 조사 및 구매 관리
            1. 시장 조사
            2. 식품 구매 관리
            3. 식품 재고 관리

86   제2절. 검수 관리
            1. 식재료의 품질 확인 및 선별
            2. 조리기구 및 설비 특성과 품질 확인
            3. 검수를 위한 설비 및 장비 활용 방법

90   제3절. 원가
            1. 원가의 의의 및 종류
            2. 원가 분석 및 계산

Chapter 5. 중식 기초 조리 실무

96   제1절. 조리 준비
            1. 조리의 정의 및 기본 조리조작
            2. 기본조리법 및 대량 조리기술
            3. 기본 칼 기술 습득
            4. 조리기구의 종류와 용도
            5. 식재료 계량방법
            6. 조리장의 시설 및 설비 관리

105   제2절. 식품의 조리원리
            1. 농산물의 조리 및 가공·저장
            2. 축산물의 조리 및 가공·저장
            3. 수산물의 조리 및 가공·저장
            4. 유지 및 유지 가공품
            5. 냉동식품의 조리
            6. 조미료와 향신료

116   제3절. 식생활 문화
            1. 중국 음식의 문화와 배경
            2. 중국 음식의 분류
            3. 중국 음식의 특징 및 용어

Chapter 6. 중식 절임·무침 조리

121   제1절. 절임·무침 준비
121   제2절. 절임류 만들기
122   제3절. 무침류 만들기
122   제4절. 절임 보관·무침 완성

Chapter 7. 중식 육수·소스 조리

123   제1절. 육수·소스 준비
123   제2절. 육수·소스 만들기
125   제3절. 육수·소스 완성 보관

Chapter 8. 중식 튀김 조리

126   제1절. 튀김 준비
128   제2절. 튀김 조리
129   제3절. 튀김 완성

Chapter 9. 중식 조림 조리

130   제1절. 조림 준비
131   제2절. 조림 조리
132   제3절. 조림 완성

Chapter 10. 중식 밥 조리
- 133   제1절. 밥 준비
- 134   제2절. 밥 짓기
- 135   제3절. 밥 완성

Chapter 11. 중식 면 조리
- 136   제1절. 면 준비
- 138   제2절. 반죽하여 면 뽑기
- 139   제3절. 면 삶아 담기
- 139   제4절. 면 조리 완성

Chapter 12. 중식 냉채 조리
- 140   제1절. 냉채 준비
- 141   제2절. 냉채 조리
- 144   제3절. 냉채 완성

Chapter 13. 중식 볶음 조리
- 145   제1절. 볶음 준비
- 146   제2절. 볶음 조리
- 148   제3절. 볶음 완성

Chapter 14. 중식 후식 조리
- 149   제1절. 후식 준비
- 149   제2절. 더운 후식류 조리
- 150   제3절. 찬 후식류 조리
- 151   제4절. 후식류 완성

제 2부
중식조리기능사 문제풀이

Chapter 1. 음식 위생 관리 ······ 154
Chapter 2. 음식 안전 관리 ······ 207
Chapter 3. 음식 재료 관리 ······ 210
Chapter 4. 음식 구매관리 ······ 233
Chapter 5. 중식 기초 조리 실무 ······ 238
Chapter 6. 중식 절임 · 무침 조리 ······ 256
Chapter 7. 중식 육수 · 소스 조리 ······ 259
Chapter 8. 중식 튀김 조리 ······ 262
Chapter 9. 중식 조림 조리 ······ 265
Chapter 10. 중식 밥 조리 ······ 268
Chapter 11. 중식 면 조리 ······ 271
Chapter 12. 중식 냉채 조리 ······ 274
Chapter 13. 중식 볶음 조리 ······ 277
Chapter 14. 중식 후식 조리 ······ 280

중식조리기능사 필기 모의고사 1 ······ 283

중식조리기능사 필기 모의고사 2 ······ 290

참고문헌 ······ 297

Chapter ① 음식 위생 관리

제1절 개인 위생 관리

01. 위생 관리 기준

1 건강 관리

① 조리 종사자는 보건증을 보관하며 매년 건강 진단을 실시 하도록 한다.
② 사람의 손과 피부 분비물은 미생물의 생육에 필요한 영양분이 되어 식품 오염의 주된 원인이 될 수 있으므로 항상 신경써야 한다.

2 복장 관리

① 머리는 단정하고 청결히 하며 긴머리는 묶고 위생모를 착용해야 한다.
② 얼굴에 상처나 종기가 있는 조리원은 배식원에서 배제 하고 마스크를 착용한다.
③ 눈 화장이나 립스틱은 진하지 않게 하며, 향이 강한 화장품은 사용하지 않는다.
④ 조리장에서는 반지나 팔찌나 지나친 악세서리 착용을 금한다.
⑤ 위생복을 세탁과 다림질을 깨끗이 하고 단추가 떨어졌거나 바느질이 터진 곳이 없는지 확인한다.
⑥ 조리장 내에서는 맨발에 슬리퍼만 신는 것을 금하며, 조리 안전화를 신도록 하며 화장실 전용 신발을 비치 하여 사용하도록 한다.

3 행동 관리

① 주방에서는 먹고 마시는 것을 금지하며, 흡연은 지정된 구역에서만 허용한다.
② 손으로 얼굴이나 머리를 만지지 않도록 하며, 기침이나 코를 풀지 않도록 한다.
③ 조리 업무와 관련 없는 대화는 하지 않도록 한다.

4 위생시설의 설치

① 갱의실은 위생적으로 관리하며 휴게시설을 설치한다.
② 화장실은 고객용과 분리하고 수세 시설에는 냉온수 공급하며, 손 세정제와 손 건조기를 비치한다.

02. 식품위생에 관련된 질병

1 수인성 감염(경구 감염병)

① 환자 발생이 폭발적이다.
② 음료수 사용지역과 유행지역이 일치한다.
③ 치명률이 낮고, 2차 감염 환자의 발생이 없다.
④ 계절에 관계없이 발생한다.
⑤ 콜레라, 이질, 장티푸스, 파라티푸스

2 인축 공통 감염병(인수공통 감염병)

사람과 축산물이 같은 병원체에 의해 발생한 질병이나 감염병을 말한다.

결핵	소
페스트	쥐
광견병	개
야토병	토끼
살모넬라, 돈단독, 선모충, Q열	돼지
탄저병, 비저병	양, 말, 소(초식 동물)
파상열 (브루셀라)	동물(소) 생식기 이상으로 유산
캠필로박터	닭, 오리, 칠면조, 고양이

3 소화기계 감염병(음식물 감염)

콜레라, 이질, 장티푸스, 파라티푸스, 소아마비, 유행성 간염

4 위생 해충에 의한 감염

쥐	페스트, 서교증, 재귀열, 발진열, 유행성 출혈열, 외일씨병(렙토스피라 증)
진드기	쯔쯔가무씨병, 유행성 출혈열, 양충병, 옴
모기	말라리아, 일본 뇌염, 황열, (말레이) 사상충, 뎅구열
이	발진티프스, 재귀열
벼룩(빈대)	발진열, 재귀열
바퀴	콜레라, 이질, 장티푸스, 소아마비
파리	콜레라, 이질, 장티푸스, 파라티푸스, 결핵, 디프테리아

Chapter 1 음식 위생 관리

제2절 식품 위생 관리

01. 미생물의 종류와 특성

1 식품위생의 정의 및 목적

1) 식품위생의 정의
   (1) 우리나라의 식품위생의 정의
   식품위생 – 식품, 식품첨가물, 기구, 용기, 포장을 대상으로 하는 음식에 관한 위생
   (식품 – 모든 음식물. 단, 의약으로 섭취하는 것은 제외)

   (2) 세계보건기구(WHO)의 정의
   식품위생 – 식품의 재배, 생산 또는 제조에서부터 최종적으로 사람의 섭취할 때까지 모든 단계에서 식품의 안전성, 보존성, 악화방지를 위해 취해지는 모든 수단.

2) 식품위생의 목적
   ① 식품으로 인한 위생상의 위해를 방지한다.
   ② 식품영양의 질적 향상을 도모한다.
   ③ 국민보건의 향상과 증진에 이바지 한다.

3) 식품위생의 대상
   식품위생은 식품, 식품첨가물, 기구, 용기 및 포장 등 음식에 관한 전반적인 것을 대상으로 한다.

2 식품과 미생물

1) 미생물의 크기
   곰팡이 > 효모 > 스피로헤타 > 세균 > 리케챠 > 바이러스

2) 미생물의 종류
   (1) **곰팡이** : 균사체를 발육기관으로 하는 진균을 총칭하여 곰팡이(사상균) 이라 한다.
   ① 누룩곰팡이[아스퍼질러스(Aspergillus)속] : 약주, 탁주, 된장, 간장제조에 이용된다.
   ② 푸른곰팡이[페니실리움(Penicillium)속] : 황변미
   ③ 털곰팡이[뮤코아(Mucor)속] : 전분의 당화, 치즈 숙성 및 과일 부패
   ④ 거미줄곰팡이[리조푸스(Rhizopus)속] : 빵 곰팡이
   (2) **효모** : 곰팡이와 세균의 중간 크기. 출아법으로 증식.

(3) 스피로헤타 : 단세포 식물과 다세포 식물의 중간. 세균류로 분류 된다.
(4) 세균 : 구균(공모양), 간균(막대모양), 나선균(나사모양)이 있으며, 2분법으로 증식한다.
(5) 리케차 : 세균과 바이러스의 중간 크기.
(6) 바이러스 : 미생물 중에서 가장 작은 미생물로 여과성 병원체.

3) 미생물의 번식 조건
(1) 영양소 : 탄소원, 질소원, 무기염류, 발육소 등을 필요.
(2) 수분 : 40~70%

> 생균에 필요한 수분량의 순서 : 세균 > 효모 > 곰팡이
> 곰팡이의 생균 억제 수분량 : 13-15% 이하

(3) 온도 : 균의 종류에 따라 발육온도가 다르며 저온균, 중온균, 고온균으로 분류(보통 25~37℃)

〈미생물의 발육온도〉

	저온균	중온균	고온균
발육가능온도	0~25℃	15~55℃	40~70℃
최적온도	10~20℃	30~40℃	50~60℃

(4) pH(수소이온농도)
① 곰팡이, 효모 : pH 4~6의 약산성
② 세균 : pH 6.5~7.5의 중성 또는 약알칼리성

(5) 산소
① 호기성균 : 공기(산소)가 있는 곳에서만 자라고 살 수 있는 세균
② 편성 혐기성균 : 산소가 없는 곳에서만 살 수 있는 세균
③ 통성 혐기성균 : 산소호흡을 주로 하지만 무산소 환경에서도 증식 가능한 세균

> 생균수 검사 목적 : 식품의 신선도 (초기부패)측정
> 대장균 검사목적 : 음식물이나 물의 병원성 미생물의 오염정도를 측정한다.

02. 식품과 기생충병

1 기생충의 종류
1) 선충류 : 회충, 구충, 요충, 편충, 동양모양 선충, 말레이 사상충
2) 흡충류 : 간흡충(간디스토마), 폐흡충(폐디스토마), 요코가와 흡충

Chapter 1 음식 위생 관리

3) **조충류** : 유구조충(갈고리 촌충), 무구조충(민촌충), 광절열두조충(긴촌충), 만소니 열두조충
4) **원충류** : 말라리아 원충, 이질 아메바 원충

2 중간숙주와 기생충

1) 중간숙주가 없는 것
① 회충 : 식품이나 음식물에 오염되어 경구 감염
　　　　 청정재배하거나 충란을 완전 제거하게 세척, 위생적 분변 관리하여 예방하도록 한다.
② 구충(십이지장충) : 경구 감염, 경피감염 (맨발로 밭에 들어가지 않도록 한다.)
③ 요충 : 집단감염이 많으며, 항문 주위의 소양증
④ 동양모양선충 : 절임채소에 부착되어 있으며 내염성이 강하다.

2) 중간 숙주가 하나인 것
① 유구조충(갈고리 촌충) : 돼지(유구 낭충)
② 무구조충(민촌충) : 소
③ 선모충 : 돼지
④ 만소니열두조충 : 닭

3) 중간숙주가 둘인 것

	제1 중간 숙주	제2 중간 숙주
간흡충(간디스토마)	왜우렁이	담수어(붕어, 잉어)
폐흡충(폐디스토마)	다슬기	게, 가재
광절열두조충(긴촌충)	물벼룩	담수어(송어, 연어)
횡천 흡충(요코가와 흡충)	다슬기	담수어(은어)
아니사키스(Anisakis) 충	갑각류	해산어류

4) 사람이 중간 숙주로 하는 것 : 말라리아

03. 살균 및 소독의 종류와 방법

1 소독과 살균

1) **소독** : 병원성을 약화시켜서 감염력을 없애는 조작(병원균만 사멸)
2) **살균(멸균)** : 병원 미생물뿐 아니라 모든 미생물을 사멸

방부 : 미생물의 성장, 증식을 억제하여 식품의 부패와 발효 진행을 억제 시키는 것

(1) 소독약의 구비조건
① 살균력이 강할 것.
② 금속부식성이 없을 것.
③ 표백성이 없을 것.
④ 용해성이 높을 것.
⑤ 사용하기 간편하고 값이 쌀 것.
⑥ 침투력이 강할 것.

 미생물에 작용하는 강도
살균, 멸균 〉 소독 〉 방부

(2) 종류 및 용도
① **염소, 차아염소산나트륨** : 상수, 과일, 야채, 식기소독
  수돗물 잔류 염소 : 0.2 ppm
  수영장 잔류 염소 : 0.4 ppm
② **표백분(클로르칼키, 클로르 석회)** : 수영장 소독, 야채, 식기소독
③ **역성비누(양성비누)** : 과일, 야채, 식기, 손소독. 세정력(세척력)은 없고 소독력만 있으므로 중성세제를 먼저 사용 후 역성비누로 소독한다.
④ **과산화수소(3%)** : 입안 상처 소독, 피부상처 소독
⑤ **석탄산(3%)** : 살균력 비교시 사용한다. 화장실(분뇨), 하수도, 진개, 오물 소독

※ 석탄산계수 = $\dfrac{(다른)소독약의\ 희석배수}{석탄산의\ 희석배수}$ = (살균력 비교시 사용)

⑥ **크레졸(3%)** : 화장실(분뇨), 하수도, 진개, 오물 소독
⑦ **포르말린(30%)** : 화장실(분뇨), 하수도소독
⑧ **생석회** : 화장실(분뇨), 하수도, 진개, 오물 소독
⑨ **승홍수(0.1%)** : 비금속 소독 (금속 부식성)
⑩ **에틸알코올(70%)** : 손소독, 금속기구 소독
⑪ **포름알데히드(기체)** : 병원, 도서관, 거실 소독
⑫ **에틸렌옥사이드(기체)** : 식품 및 의약품 소독

Chapter 1 음식 위생 관리

04. 식품의 위생적 취급기준

1 식품의 변질과 보존

1) 식품의 변질

식품을 방치 하였을 때 미생물, 화학, 물리적 작용에 의해 식품의 고유 성분이 변하는 것을 변질이라고 한다.

(1) 미생물에 의한 변질
(2) 물리적 작용에 의한 변질 : 광선, 온도, 수분
(3) 화학적 작용에 의한 변질
　① 산화 : 지방이 산소와 결합 하여 과산화물 생성 온도(열), 빛(광선), 금속, 공기에 의해 가속
　② 갈변
(4) 변질의 종류
　① 부패 : 단백질 식품이 미생물(혐기성 세균)에 의해 분해되어 아민, 암모니아, 트리메틸아민 (TMA), 인돌 등이 만들어지면서 악취와 유해물질을 생성

> **후란** : 호기성 세균에 의한 단백질의 분해
> **초기부패** : 일반적으로 식품 1g 중 생균수가 10^7이상일 때

　② 변패 : 단백질 이외의 성분을 갖는 식품이 변질되어 식품 위생상 유해물질을 생성하는 현상
　③ 산패 : 지방이 공기 중의 산소, 햇빛(광선), 가열, 금속, 수분, 효소 등의 작용으로 산화되는 현상
　④ 발효 : 탄수화물이 미생물에 의해 분해되어 알코올, 유기산 등이 생기는 현상. 우리의 생활에 유용하게 사용되는 물질이 만들어지는 현상

2 식품의 보존법

1) 물리적인 처리에 의한 보존법

(1) 건조법 : 식품내의 수분을 15% 이하로 건조시키면 미생물의 번식을 방지한다.
　① 소건법 : 햇빛에 건조하는 방법(미역, 다시마, 오징어)
　② 자건법 : 한번 쪄서 건조하는 방법(멸치)
　③ 직화 건조법(배건법) : 식품에 직접 불이 닿게 하여 건조시키는 방법(보리차, 커피, 차잎)
　④ 동결 건조법 : 냉동 후 저온 건조시키는 방법(한천, 당면, 북어)
　⑤ 분무 건조법 : 액체를 안개처럼 분사한 후 열풍으로 건조시키는 방법(분유, 과즙 분말)
　⑥ 진공동결 건조법 : 채소 등을 건조시키는 방법(건조김치)

(2) 냉장·냉동법 : 미생물은 일반적으로 10℃ 이하에서는 번식이 억제.
  ① **움저장법** : 10℃의 움에서 감자, 고구마, 무, 양파, 배추, 오렌지 등을 저장.
  ② **냉장·냉동법**
    ㉠ 냉장법은 0~10℃에서 채소, 과일류 등을 보존하는 방법으로 식품의 단기간 저장.
    ㉡ 냉동법은 −5℃ 이하로 어류, 육류 등을 동결시켜 보존. 장기보존 가능.

    > 급속냉동 : −40℃에서 급속 동결하여 −20℃에 저장하는 방법

(3) 가스저장법(C,A저장, 후숙, 추숙) : 과일, 채소, 이산화탄소 가스(CO_2), 질소 가스(N_2), 산소가스(O_2)

(4) 가열 살균법
  ① **저온살균법**(LTLT : Low Temperature Long Time)
    우유, 주스, 간장, 식초, 과일주 등을 62~65℃에서 30분간 살균
  ② **고온 단시간 살균법**(HTST : High Temperature Short Time)
    우유, 과즙 등을 70~75℃에서 15초간 살균
  ③ **초고온 순간 살균법**(UHT : Ultra High Temperature)
    우유, 과즙 등을 130~140℃에서 1~2초간 살균

    > 우유의 살균 : 저온 살균법, 고온 단시간 살균법, 초고온 순간 살균법

  ④ **고온 장시간 살균법**(HTLT : High Temperature Long Time)
    통조림 등을 95~125℃에서 30~60분간 살균
  ⑤ **가압 살균법**
    포자 살균에 이용, 통조림이나 병조림 제조에 널리 이용
  ⑥ **간헐멸균법** : 간헐멸균기(dry oven), 유리기구, 도자기류 150~160℃ 30분 가열
  ⑦ **고압증기 멸균법(오토클레이브)** : 통조림 살균, 121℃, 압력 15파운드, 15~20분간 살균
  ⑧ **자비소독(열탕소독)** : 끓는 물에 30분간 가열(행주, 식기). 아포를 죽일 수는 없다.

2) 화학적인 처리에 의한 보존법
  ① **염장법** : 10%의 소금물에 절이는 방법
  ② **당장법** : 50% 이상의 설탕에 절이는 방법(잼, 젤리, 가당연유)
  ③ **산저장** : 식초(초산 3~4% 함유)나 젖산 등을 이용(피클)

3) 종합적인 처리에 의한 보존법
  (1) 염건법 : 소금을 뿌려 건조시키는 방법

(2) **훈연법** : 활엽수(참나무, 벚나무, 떡갈나무)를 태워 연기 중의 페놀, 포름알데히드, 메틸알코올 등의 살균 물질을 침투시켜 저장하는 방법으로 소시지, 햄, 베이컨 등에 사용

(3) **밀봉법(통조림과 병조림)**
  ① 특징 : 오래 저장이 가능하고 편리하게 먹을 수 있으며 저장과 운반이 편리
  ② 순서 : 원료처리 – 담기 – 탈기, 밀봉 – 가열살균 – 냉각
  ③ 통조림의 검사
    ㉠ 외관상의 변질
      – 팽창 : 살균이 부족할 경우 세균으로 인해 변질되어 가스발생하여 팽창
          (하드 스웰, 소프트 스웰)
      – 스프링거 : 내용물의 과다로 인해 두껑이 팽창
      – 플리퍼 : 탈기부족으로 인해 통의 가운데가 약간 부풀어 오른 상태
      – 리커 : 내용물이 새는 현상
    ㉡ 내용물의 변질
      – 프랫 사우어 : 미생물이 번식하여 외부적인 표시는 나지 않지만 내용물이 신맛이 난다.

05. 식품첨가물과 유해물질

1 식품 첨가물의 정의와 목적

1) 식품첨가물의 정의
- 식품첨가물이라 함은 식품을 제조·가공 또는 보존함에 있어 식품에 첨가·혼합, 침윤 기타 방법으로 사용되는 물질이다.
- 천연첨가물(후추, 생강, 소금, 치자색소 등)과 화학적 합성품(사카린, 타르색소 등)으로 구분되며, 화학적 합성품의 경우 보건복지부장관이 지정한 것 이외에는 사용할 수 없다.

2) 식품 첨가물의 목적
① 상품 가치 향상, 영양 강화, 보존성 향상
② 식품의 기호성 증대
③ 식품의 부패와 변질 방지
④ 식품의 제조 및 품질 개량

2 식품첨가물의 분류

1) 보존성을 높이는 것

(1) 보존료(방부제) : 식품의 변질 및 부패의 원인이 되는 미생물을 사멸시키거나 증식을 억제하기 위해 사용되는 식품 첨가물이다.

① 보존료의 구비조건
  ㉠ 변질 미생물에 대한 증식 억제 효과가 클 것
  ㉡ 미량으로도 효과가 클 것
  ㉢ 독성이 없거나 극히 적을 것
  ㉣ 무미, 무취이고 자극성이 없을 것
  ㉤ 공기, 빛, 열에 안정하고 pH에 의한 영향을 받지 않을 것
  ㉥ 사용하기 간편하고 값이 쌀 것

② 종류
  ㉠ 데히드로 초산(DHA) : 버터, 치즈, 마가린에 사용된다.
  ㉡ 소르빈산 : 식육, 경육, 어육 연제품.
  ㉢ 안식향산 : 청량음료(탄산 제외), 간장(0.6g/kg 이하), 알로에즙 외에는 사용 금지
  ㉣ 프로피온산 : 빵 과자류

(2) 살균료 : 식품의 부패 원인균, 감염병 등의 병원균을 사멸시키기 위해 사용되는 식품 첨가물

① 살균료의 구비조건 : 부패 원인균 또는 병원균에 대한 살균력이 강해야 한다.

② 종류
  ㉠ 차아염소산나트륨 : 음료수의 소독, 식기구, 식품 소독
  ㉡ 표백분, 고도표백분

(3) 산화방지제 : 식품의 산화에 의한 변질을 막기위해 사용되는 식품 첨가물

① BHA
② BHT : 유지나 버터에 첨가
③ 에리솔빈산염 : 식육제품, 맥주, 주스
④ 몰식자산프로필 : 식용유지, 식용우지, 식용돈지 및 버터류에 사용되는 산화방지제
⑤ 토코페롤(비타민E) : 비타민의 일종으로 영양강화제의 목적, 유지의 산화방지제로 사용
⑥ 아스코르빈산(비타민C) : 식육제품의 변색방지, 과일 통조림의 갈변방지

※ **천연 산화방지제** : 비타민E(토코페롤), 비타민C, 참기름(세사몰)

2) 관능을 만족시키는 것

(1) 조미료 : 식품이 가지고 있는 맛보다 더 좋은맛을 내거나 개인의 미각에 맞추기 위해 추가하는 식품 첨가물

① 글루타민산나트륨 : M.S.G
② 이노신산(염) : 가다랭이 국물
③ 호박산(염) : 조개

(2) 감미료 : 식품의 가공 조리에 있어서 단맛을 부여하기 위해 사용되는 식품 첨가물

① 사카린(염) : 설탕보다 50배의 감도. 음료수, 의약품, 치약 등에 사용
② 아스파탐 : 살찌지 않는 설탕. 사카린, 설탕 등을 대체. 콜라, 다이어트 음료에 사용
③ D – 솔비톨 : 습윤제, 안정제, 향기 억제제로도 사용
④ 글리실리친산 나트륨 : 간장, 된장에만 사용
⑤ 자일리톨 : 껌

(3) 산미료 : 식품에 신맛을 부여하기위해 사용되는 식품첨가물

① 구연산 : 오렌지, 잼, 치즈, 젤리, 청량음료
② 젖산 : 방부효과도 있으며 pH강화제로도 사용

(4) 착색제 : 식품의 가공과정에서 상실된 색을 복원하거나 외관을 좋게하기 위해 착색하는 데 사용하는 식품첨가물

① 천연색소 : 캬라멜 색소, 치자색소, 적 양배추 색소, 오징어먹물 색소, 카카오 색소 등
② 인공색소
   ㉠ 타르색소 (식용색소 녹색, 황색,적색 1, 2, 3호 등)

> 타르 색소를 사용할수 없는 식품 : 면류, 김치류, 다류, 묵류, 젓갈류, 생과일주스, 단무지, 천연식품(육식, 야채, 과실 등).

   ㉡ β–카로틴 : 치즈, 버터, 마아가린
   ㉢ 철 : 클로로필린 나트륨

(5) 발색제 : 식품중의 색소 성분과 반응하여 그 색을 고정 또는 발색하는데 사용되는 식품 첨가물

① 육류 발색제 : 질산염, 아질산염 (질산나트륨은 어육, 소시지에 사용)
② 과채류 발색제 : 황산제1철, 황산제2철, 염화제1철, 염화제2철

(6) 표백제

색소를 파괴하여 그 식품이 완성되었을 때의 색을 아름답게 하기위해 사용되는 식품 첨가물 (건조 과실류, 건조 감자)

① 산화 표백제 : 산화작용에 의해 색소를 파괴시키는 것으로, 색이 복원되지는 않지만 식품

의 조직을 파괴시킬 우려가 있고 살균제의 역할을 한다.(과산화수소)
② 환원 표백제 : 공기중의 산소에 의해 산화되면서 상대물질을 환원시키는 물질이다.
(수소, 이산화 황, 황산염, 아황산염 등)

(7) 착향료
식품 자체에서 갖고 있는 향은 조리,가공, 저장 중에 없어지거나 변하게 되므로, 이를 유지할 수 있게 사용되는 식품 첨가물(껌, 아이스크림, 음료 등)
① 에스텔류 : 초산 벤질, 프로피온산 벤질, 초산 부틸 등
② 에스텔 이외의 착향료 : 계피 알코올, 데실 알코올 등
③ 성분 규격이 없는 착향료 : 이소티오시아네이트 류, 인돌 및 그 유도체.

3) 품질 유지 또는 품질 개량에 사용되는 것

(1) 소맥분 개량제
① 제분된 밀가루의 표백 및 숙성기간을 단축 시키고 제빵 효과 및 저해물질을 파괴시키며 살균 효과가 있다.
② 과산화 벤조일(소맥분 압맥외 사용금지), 브롬산 칼륨, 과황산 암모늄, 이산화염소

(2) 품질 개량제
식품의 결착력 증대. 변색 및 변질 방지, 맛의 조성, 풍미 향상, 조직력 개량 등을 위해 사용되는 식품 첨가물(복합 인산염, 피로인산칼륨)

(3) 유화제(계면활성제)
서로 혼합이 잘 되지 않는 2종류의 액체를 유화시키기 위해 사용되는 식품 첨가물
(대두 인지질/레시틴, 지방산 에스테르)

(4) 호료
식품에 대하여 점착성을 증가시켜 입안에서 촉감을 부드럽게 해주기 위해 사용되는 식품첨가물(카제인, 젤라틴, 메틸셀룰로오스, 알긴산, 한천)

(5) 피막제
① 수분 증발을 방지하여 과채류의 선도를 장시간 유지하기 위해 사용되며, 표면에 피막을 만들어 호흡 작용을 제한한다.
② 초산 비닐수지, 몰호린 지방산 염

4) 식품의 제조 가공 과정에서 필요한 것

(1) 소포제
식품의 제조 공정중에 많은 거품이 발생하면 제품에 지장을 초래하게 되므로 거품을 없애기 위해 사용되는 식품 첨가물(규소 수지)

(2) 팽창제

빵이나 카스테라 등을 부풀게 해 적당한 형체를 갖추게 하기 위해 사용되는 첨가물

① 효모(이스트) : 천연 첨가물
② 명반 : 갈변 방지제, 발색제, 청정제로도 사용된다.
③ 탄산수소나트륨 : 탄산음료의 원료로도 사용된다.
④ 탄산수소암모늄, 탄산암모늄

5) 영양 강화에 사용되는 것(강화제)

식품의 영양 강화를 목적으로 사용되는 첨가물(비타민, 무기질, 아미노산)

6) 기타

(1) **이형제** : 빵 제조 시 형태를 손상시키지 않고 분리해내기 위해 사용되는 첨가물(유동파라핀)
(2) **껌 기초제** : 껌에 적당한 점성과 탄력성을 갖게 하고 그 풍미를 유지하는데 필요한 첨가물
　　　　　　　(초산비닐수지, 에스테르껌, 폴리부텐, 폴리이소부틸)

3 유해물질

1) 중금속

① 카드뮴(Cd) : 이타이이타이병(골 연화증)
② 수은(Hg) : 미나마타병(신장독, 전신 경련)
③ 납(Pb) : 유약바른 도자기.(구토, 복통, 설사) 소변에서 코프로포르피린 검출
④ 주석(Sn) : 통조림(구토, 복통, 설사)
⑤ PCB 중독(미강유 중독) : 신경 장애 증세
⑥ 불소(F) : 반상치, 골경화증,
⑦ 아연(Zn) : 통조림 관의 도금 재료(구토, 복통, 설사)
⑧ 비소(As) : 농약, 제초제(구토, 두통, 신경염)

2) 유해 첨가물

① 착색제 : 아우라민(단무지), 로다민 B(붉은 생강, 어묵)
② 감미료 : 둘신(설탕의 250배 단맛, 혈액독)
　　　　　사이클라메이트(설탕의 40~50배 단맛, 발암성)
　　　　　페릴라틴(설탕의 2000배 단맛)
③ 표백제 : 롱가릿, 형광 표백제
④ 보존료 : 붕산(체내 축적), 포름 알데히드, 불소 화합물, 승홍

3) 조리 가공시 발생하는 유해 물질

(1) 메틸알코올

에탄올 발효 시, 메탄올 중독, 실명

(2) 다환 방향족 탄화수소

훈제육이나 태운 고기에서 다량 검출되는 발암물질(벤조 피렌)

(3) 아크릴 아마이드

전분 가열 시, 아미노산과 당이 열에 의해 결합하는 메일라드 반응을 통해 생성되는 발암물질

(4) N- 니트로사민(N-nitrosamine)

육가공품의 발색제 사용 시, 아질산염과 제2급 아민이 반응하여 발암물질이 생성

(5) 멜라민

① 중독 시 방광결석, 신장결석

② 신체 내 반감기는 약 3시간으로 대부분 신장을 통해 뇨로 배설

③ 영유아를 대상으로 하는 식품

④ 반수치사량(투여한 동물의 50%가 사망하는 것으로 추정하는 양)은 3.2kg 이상 독성이 낮음

(6) 헤테로고리 아민

육류의 단백질을 300℃ 이상 온도에서 가열할 때 생기는 발암물질(방향족 질소 화합물)

4) 식품 첨가물의 안전성 평가 (급성 독성 시험)

대량의 검체를 1회 또는 24시간 내에 반복 투여하거나 흡입될 수 있는 화학물질을 24시간 동안 노출시킨 후 1~2주 관찰하여 50% 치사량(LD50) 값을 구하는 시험

Chapter 1 음식 위생 관리

제3절 작업장 위생 관리

01. 작업장 위생 위해요소

1 작업장의 위험요소

(1) 칼 관리 조심(베임)

칼질이 서툴러서 손가락을 다치게 될 수 있으니 칼 잡는 요령과 칼 관리법을 충분히 익히도록 한다.

(2) 화재 및 폭발

가스배관이나 연결 부위에서 가스가 누출하거나 조리과정에서 기름이나 인화성 물질에 불이 붙을 수가 있고, 전기 과열이나 누전의 우려가 있다.

(3) 화상

뜨거운 음식물이나 기름이 튀거나 용기와 고열의 조리기구에 신체가 접촉 한 경우 화상의 우려가 있다.

(4) 넘어짐

작업장 바닥이나 계단에 기름기 있는 음식물 잔재물이나 청소 소홀로 인해 미끄러지거나 걸려서 넘어질 우려가 있다.

(5) 감기거나 끼임

제면기, 오븐기, 믹서기 등의 기계를 사용할 때 전원을 차단하지 않고 작업 시 다칠 우려가 있다.

(6) 근 골격계 질환

식재료 운반이나 장시간 반복적인 작업을 수행 할 때 요통, 근골격계 질환이 발생할 우려가 있다.

2 위험요소 파악 및 예방, 대책 수립

1) 개인의 위험요소를 파악하고, 예방 및 대책을 수립한다.

2) 조리장의 위험요소를 분석하고, 예방, 대책을 수립한다.

3) 시설 설비의 위험요소 분석한다.

02. 식품안전관리인증기준(HACCP)

1 HACCP의 정의

1) HACCP(Hazard Analysis and Critical Control Point)
① 식품 위해 요소 중점 관리 기준
② 식품의 원료, 제조, 가공 및 유통의 모든 과정에서 위해 요소를 분석하고, 각 공정 및 단계를 중점적으로 관리하는 기준
③ 발생 가능한 위해 요소를 예방, 제거 또는 허용수준 이하로 감소시켜 위해 발생을 사전에 방지
④ 식품의약품안전처에서 일정한 규모의 사업장은 심사를 통과해야만 영업 가능하도록 규제 강화

2) HACCP = HA(위해요소 분석) + CCP(중요 관리점)

(1) 위해요소(Hazard) 분석

위해 식품 등의 판매 등 금지의 규정에서 정하고 있는 인체의 건강을 해할 우려가 있는 생물학적, 화학적 또는 물리적 인자나 조건을 말한다.

① 생물학적 위해요소

원·부자재, 공정에 내재하면서 인체의 건강을 해할 우려가 있는 E Coli O157:H7, 대장균, 대장균군, 효모, 곰팡이, 기생충, 바이러스 등이 있다. 제과에서 발생할 수 있는 생물학적 위해요소는 황색포도상구균, 살모넬라, 병원성대장균 등의 식중독균이 있다.

② 화학적 위해요소

제품에 내재하면서 인체의 건강을 해할 우려가 있는 중금속, 농약, 항생물질, 항균물질, 사용기준 초과 또는 사용 금지된 식품첨가물 등이 있다.

③ 물리적 위해요소

원료와 제품에 내재하면서 인체의 건강을 해할 우려가 있는 인자 중에서 돌조각, 유리조각, 쇳조각, 플라스틱 조각, 머리카락, 금속조각, 비닐, 노끈 등의 이물이 있다.

(2) 위해요소 평가

위해요소평가는 제품 설명서에서 파악된 원부재료별로, 그리고 공정흐름도에서 파악된 공정 단계별로 구분하여 실시한다. 이 과정에서 발생 가능한 모든 위해요소를 파악하여 목록을 작성한다. 즉, 각 위해요소의 유입경로와 이것을 제어할 수 있는 예방수단을 파악하여 기술한다.

이때 위해요소의 발생가능성과 발생 시 그 결과의 심각성을 감안하여 위해를 평가한다.

Chapter 1 음식 위생 관리

(3) 위해요소 분석

① 1단계	원료별, 공정별로 생물학적, 화학적, 물리적 위해 요소와 발생 원인을 모두 파악하여 목록화 한다.
② 2단계	파악된 잠재적 위해 요소에 대한 위해 평가 기준을 이용하여 위해를 평가한다. 이때 위해 요소의 빈도와 발생가능성을 모두 포함하여 평가한다.
③ 3단계	파악된 잠재적 위해 요소의 발생 원인과 각 위해 요소를 안전한 수준으로 예방하거나 완전히 제거, 또는 허용 가능한 수준까지 감소시킬 수 있는 예방 조치 방법이 있는지를 확인하여 기재한다.
④ 4단계	위해 요소 분석표를 작성한다.

3) CCP (중요관리점)

중요관리점(CCP, Critical Control Point) 은 위해요소 중점관리 기준을 적용하여 식품의 위해요소를 예방, 제거하거나 허용 수준 이하로 감소시켜 당해 식품의 안전성을 확보할 수 있는 중요한 단계, 과정 또는 공정을 말한다.

① 중요관리점 (Critical Control Points)
　파악된 위해 요소를 예방, 제거 또는 허용 가능한 수준까지 감소시킬 수 있는 최종 단계 또는 공정
② 중요관리점 결정도를 이용하여 위해로 선정된 위해 요소에 대하여 적용

2 HACCP의 12단계(준비단계 5단계 + 7원칙)

(1) 1단계 : HACCP 팀 구성
HACCP을 진행할 팀을 설정하고, 수행업무와 담당을 기재

(2) 2단계 : 제품 설명서 작성
① 생산하는 제품에 대해 설명서 작성
② 제품명, 제품유형 및 성상, 제조단위, 완제품 규격, 보관 및 유통방법, 포장방법, 표시 사항 등 해당

(3) 3단계 : 용도 확인
예측 가능한 사용 방법과 범위, 제품에 포함될 잠재성 가진 위해 물질에 민감한 대상 소비자 파악

(4) 4단계 : 공정흐름도 작성
원료 입고에서부터 완제품의 출하까지 모든 공정단계 파악하여 흐름도 도식화

(5) 5단계 : 공정 흐름도 현장 확인
작성된 공정 흐름도가 현장과 일치하는지를 검증하는 단계

(6) 6단계(1원칙) : 위해요소 분석
원료, 제조공정 등에 대해 생물학적, 화학적, 물리적인 위해 분석하는 단계

(7) 7단계(2원칙) : 중요 관리점(CCP) 결정
HACCP을 적용하여 식품의 위해를 방지, 제거하거나 안전성을 확보할 수 있는 단계

(8) 8단계(3원칙) : 중요 관리점(CCP) 한계 기준 설정
결정된 중요 관리점에서 위해를 방지하기 위해 한계 기준을 설정하는 단계 (온도, 시간, 습도)

(9) 9단계(4원칙) : 중요관리점(CCP) 모니터링 체계 확립
중요 관리점에 해당되는 공정이 한계 기준을 벗어나지 않고 안정적으로 운영되도록 관리하기 위해 종업원 또는 기계적인 방법을 관찰 및 측정할 수 있는 모니터링 설정

(10) 10단계(5원칙) : 개선 조치 및 방법 수립
모니터링에서 한계 기준을 벗어날 경우 취해야 할 개선조치를 사전에 설정하여 신속하게 대응할 수 있도록 방안 수립

(11) 11단계(6원칙) : 검증절차 및 방법 수립
HACCP시스템이 적절하게 운영되고 있는지를 확인하기 위한 검증방법 설정

(12) 12단계(7원칙) : 문서화 및 기록 유지
HACCP 체계를 문서화하는 효율적인 기록 유지 및 문서관리 방법 설정

[HACCP 적용 절차]

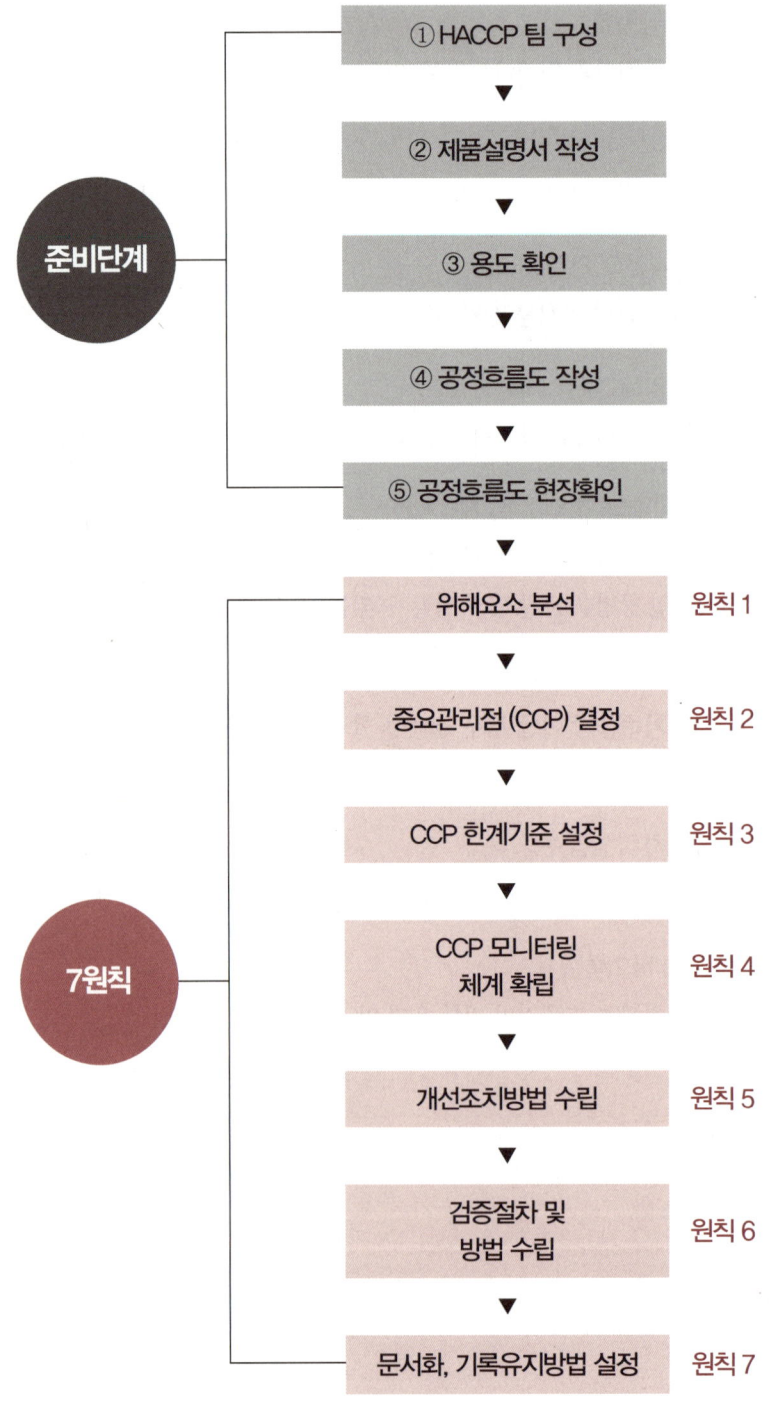

03. 작업장 교차오염 발생요소

1 개인위생으로 발생하는 교차오염 관리

1) 교차오염의 정의

교차 오염이란 식재료나 기구, 용수 등에 오염되어 있던 미생물이 오염되지 않은 식재료나 기구, 용수 등에 접촉 혹은 혼입되면서 전이되는 현상이다. 오염의 유형은 식재료 접촉, 기구 오염, 미흡한 손 씻기가 원인이다. 익히거나 조리된 식재료와 날 것 혹은 조리되지 않은 식재료 간의 접촉이 대표적이며, 기구 보관을 부주의했거나 세척 미흡으로 인해 해당 기구가 그렇지 않은 기구들이나 식자재와 접촉하면서 전이되는 경우도 있다. 그리고 대부분은 손을 대충 씻는다거나 손을 씻지 않고 제조를 하는 경우에 씻겨 나가지 않은 미생물이나 세균이 음식에 전이되는 경우에 발생한다. 이와 같은 교차오염을 줄이기 위해서 종사원이 가장 주의를 요하는 것은 올바른 손씻기 방법으로 손에 부착되는 세균 및 미생물을 제거하는 것이다.

2) 교차오염 예방 및 관리

① 식재료 입고, 전처리 과정 : 식재료를 원재료 상태로 들여와 준비하는 과정
    → 청결상태, 식재료 관리 필요
② 과일, 야채 준비, 생선 취급 : 칼, 도마, 장갑 구분 사용
③ 행주, 나무도마 : 세척 살균, 교체
④ 주방바닥, 트렌치 : 주방 바닥, 트렌치 등 → 세척 살균, 건조 요함

Chapter ❶ 음식 위생 관리

제4절 식중독 관리

◆ 식중독

유해한 물질이 음식물과 함께 입을 통해 섭취되어 생리적인 이상을 일으키는 것이 식중독이며 주로 6-9월에 집중적으로 발생한다.

◆ 식중독의 분류

대분류	중분류	소분류	원인균 또는 독소
미생물	세균성 식중독	감염형	살모넬라, 장염 비브리오, 병원성 대장균
		독소형	포도상구균 독소, 보툴리누스독소, 웰치균
	바이러스성 식중독		노로바이러스, 간염 A바이러스, E 바이러스 등
화학 물질	자연독 식중독	식물성	감자, 버섯, 독미나리, 청매
		동물성	복어, 모시조개, 섭조개
		곰팡이독소	황변미, 아플라톡신, 맥각중독
		알레르기성	히스타민(꽁치, 고등어)
	화학적 식중독		잔류 농약, 유해첨가물, 포장재의 유해물질, 중금속, 메탄올

01. 세균성 및 바이러스성 식중독

1 세균성 식중독

1) 감염형 식중독

(1) 살모넬라균에 의한 식중독

① 원인세균 : Gram 음성간균, 60℃에서 20분이면 사멸
② 증상 : 구토, 설사, 발열(38-40℃)
③ 원인 식품 : 주로 단백질 식품(식육, 어육류, 연제품), 계란, 우유 및 유제품
④ 감염경로 : 쥐, 파리, 바퀴벌레, 닭, 돼지 등
⑤ 예방 : 방충망, 방서망, 식품의 저온보존, 위생관리균은 열에 약하므로 가열하여 섭취하도록 한다.

(2) 장염 비브리오균에 의한 식중독

① 원인세균 : 해수세균, 3-4%의 식염농도에서 잘 발육한다.(호염성균)
② 증상 : 구토, 설사, 복통
③ 원인 식품 : 어패류 생식
④ 감염경로 : 수족관의 오염
⑤ 예방 : 열에 약하므로 가열하고, 깨끗한 물로 잘 씻고 냉장 냉동고에 보관한다.

(3) 병원성 대장균 식중독

사람이나 동물의 장, 흙 속에서 서식하는 균이며, 식품이나 물이 분변에 오염되어 있는지를 알 수 있는 지표로 사용된다.

① 원인세균 : 병원성 대장균
② 증상 : 급성 대장염, 설사, 복통, 발열
③ 원인 식품 : 우유
④ 감염경로 : 환자, 보균자, 동물의 분변
⑤ 예방 : 동물의 분뇨를 위생적으로 처리하고 손세척을 철저히 한다.

2) 독소형 식중독

식품 내에 병원체가 증식하여 생성한 독소에 의해 생기는 식중독을 말하며 포도상구균이 생성하는 독소인 엔테로톡신(enterotoxin)과 보툴리누스균이 생성하는 독소인 뉴로톡신(neurotoxin)에 의해서 발생하는 식중독이 있다.

(1) 포도상구균(Staphylococcus aureaus)에 의한 식중독

① 원인세균
  ㉠ 포도상구균이며, 식중독 및 화농성 질환의 대표적인 원인균이다.
  ㉡ 포도상구균은 열에 약하다.(80℃, 30분)
② 독소
  ㉠ 엔테로톡신(enterotoxin, 장독소)이며, 포도상구균이 식품 중에 번식 할 때 형성된다.
  ㉡ 열에 가장 강하여 끓여도 파괴되지 않는다.
③ 잠복기 : 100℃에서 30분간 가열하여도 파괴되지 않고, 잠복기가 보통은 1~6시간 (평균 3시간)으로 가장 짧다.
④ 증상 : 주요증상은 급성위장염으로 급격히 발병하며, 타액의 분비가 증가하고 이어서 구토, 복통, 설사의 증상이 있다.
⑤ 원인식품 및 감염경로 : 육류, 크림, 유과자, 버터, 치즈 등의 유제품이 주요 원인식이며, 조리자의 손의 화농성 질환의 오염되기 쉽다.

⑥ 예방
- ㉠ 예방은 식품기구 및 식기 멸균
- ㉡ 화농이 있는 자의 식품취급을 금하며, 식품의 저온보존.

(2) 보툴리누스균(Clostridium botulinum)에 의한 식중독

① 원인세균
- ㉠ 그람양성, 간균, 포자형성
- ㉡ 편성혐기성 균으로 열에 가장 강하다.
- ㉢ 균형은 A~G형까지 있는데 A, B, E형이 원인균

② 독소
- ㉠ 보툴리누스균이 통조림이나 소시지 등 식품의 혐기성 상태에서 신경독소인 뉴로톡신(neurotoxin, 신경독소)을 분비하여 식중독의 원인이 된다.
- ㉡ 독소는 열에 약하여 80℃에서 30분 안에 파괴

③ 증상 : 특이적인 신경증상으로 눈의 시력저하, 사시, 동공확대 등 그 외에 현기증, 두통, 변비, 복부팽만, 사지마비, 호흡곤란 증상, 치사율은 30~80%(사망률이 매우 높다)

④ 원인식품 및 감염경로 : 소시지, 통조림, 병조림의 가공공정 중 불충분한 가열로 혐기성 상태에 놓이게 되는 경우

⑤ 예방
- ㉠ 보툴리누스균 독소는 열에 약하여 80℃에서 30분간의 가열처리 후 섭취한다.
- ㉡ 통조림이나 소시지 등은 위생적으로 보관한다.
- ㉢ 가열 시 고압 멸균처리를 하며, 저장할 때는 4℃ 이하 보관한다.

(3) 웰치균 식중독

① 원인세균
- ㉠ 편성혐기성이고, 아포를 형성하며 열에 강한 균
- ㉡ A·B·C·D·E·F의 6형이 있으며, 식중독의 원인균은 A형

② 예방
- ㉠ 분변의 오염을 막고 저장에 주의
- ㉡ 조리 후 식품을 급히 냉각시킨 다음 저온(10℃ 이하)에서 보존하거나 60℃ 이상으로 보존

2 바이러스성 식중독 (노로 바이러스)

① 그람 음성 간균이며 크기가 매우 작고 구형이다.
② 유행성 바이러스성 (비세균성) 급성 위장염
③ 감염자의 대변이나 구토물, 음식, 물, 접촉한 물건에서 감염된다.
④ 굴, 어패류 섭취가 주 원인이며, 지하수를 조심하도록 한다.
⑤ 맨손으로 식품을 만지거나 입에 넣지 않도록 한다. (손씻기 철저)
⑥ 나이와 관계없이 감염되며 증상은 복통, 구토, 설사 증세가 있고 발병 후 자연 회복 된다.
⑦ 잠복기 : 12 ~ 48시간
⑧ 저항성이 강하다. (60℃ 30분 정도 가열에 의해서는 사멸되지 않는다.)
⑨ 예방 : 손위생 철저, 100℃ 이상에서 가열 섭취

> **TIP** 캠 필로박터균(Campylobacter sp.) 식중독
> ① 동물에서 사람으로 감염되어 인수공통 감염병에 속하는 미 호기성 식중독
> ② 42℃에서 잘 증식하고 열에 약해 70℃에서 1분 가열 시 사멸
> ③ 원인 식품 : 염소 처리 되지 않은 물 섭취. 살균 되지 않은 우유, 닭, 오리, 가금류, 고양이 비롯한 육류 (돼지, 소) 조리 음식
> ④ 증상 : 복통, 설사, 발열, 장염
> ⑤ 예방 : 위생관리 철저, 가열 섭취, 교차오염 주의.

02. 자연독 식중독

1 동물성 자연독

1) 복어중독
    ① 특징
        ㉠ 테트로도톡신(tetrodotoxin)은 복어의 유독성분
        ㉡ 복어의 난소와 알, 간 등에 함유
        ㉢ 독성이 강하고 열에도 안정하여 끓여도 파괴되지 않는다.
        ㉣ 특히 산란기인 5~7월에 가장 위험하고 치사율도 높으므로 주의한다.
    ② 중독증상 : 입술과 혀의 마비가 오며, 두통과 복통, 구토, 운동마비, 지각마비, 호흡곤란 증상이 나타나면서 사망.
    ③ 예방
        ㉠ 전문 조리사가 조리해야 하며 난소, 내장, 간 부위의 섭취를 금한다.
        ㉡ 테트로도톡신은 가열로도 파괴되지 않으므로 주의한다.

Chapter 1 음식 위생 관리

2) 조개 중독
① 특징 : 독성물질을 함유한 조개류를 섭취함으로써 중독 증상이 나타난다.
② 독소 : 모시조개, 바지락 (베네루핀), 섭조개, 홍합 (삭시톡신, Saxitoxin)

2 식물성 자연독

1) 독버섯 중독
① 특징 : 무스카린은 독버섯의 맹독성 물질로 열에도 파괴되지 않는다.
② 중독증상
  ㉠ 무스카린은 식후 2시간 이내에 증세가 나타난다.
  ㉡ 부교감 신경의 말초를 자극하여 각종 분비액의 증가.
③ 기타 버섯의 유독성분 : 무스카리딘(Muscaridin), 콜린(Choline), 팔린(Phaline), 아마니타톡신(Amanitatoxin), 필즈톡신(Pilztoxin), 뉴린(Neurine)
④ 독버섯의 특징
  ㉠ 버섯 살이 세로로 쪼개지지 않는다.
  ㉡ 색이 선명하고 아름답거나 악취, 쓴맛, 신맛, 매운맛이 나는 것
  ㉢ 점성의 액이나 유즙을 분비
  ㉣ 은수저 등으로 문질렀을 때 검게 보이는 것

2) 감자중독
① 특징
  ㉠ 부패된 감자나 저장 중에 생긴 푸른 싹.
  ㉡ 감자 겉껍질의 푸른 발아부분에 존재하는 솔라닌(Solanin), 셉신(Sepsine)
② 예방
  ㉠ 솔라닌은 조리에 의해 파괴되지 않는다.
  ㉡ 푸른 겉껍질이나 싹부분은 넓게 도려내고 이용한다.

3) 기타 식물성 자연독
① 청매독(아미그달린 – Amygdalin) : 미숙한 산살구, 복숭아, 아몬드 등
② 두류의 독(사포닌 – Saponin) : 콩류, 팥류, 단백질 분해효소의 억제제
③ 피마자 독(리시닌 – Ricinin) : 독성이 강하고 적혈구를 응집.
④ 독미나리의 독(시큐톡신 – Cicutoxin)
⑤ 목화씨의 독(고시풀 – Gossypol)
⑥ 독보리 : 테무린(Temuline)

03. 화학적 식중독

사람이 유독한 화학물질에 의해 식품을 섭취 함으로써 중독 증상을 일으키는 것을 말한다.

1 유해 착색물에 의한 식중독
① 착색제 : 아우라민, 로다민B
② 인공감미료 : 에틸렌글리콜, 니트로바닐린, 둘신, 사이클라메이트
③ 표백제 : 롱갈릿, 형광표백제
④ 보존료 : 붕산, 포름알데히드, 불소화합물, 승홍
⑤ 메탄올(methanol) : 정제가 불충분한 과실주나 증류주에 함유 하며 시신경 장애를 일으킨다. 메탄올 허용량은 0.5mg/ml 이하이다.

2 농약에 의한 식중독
농약은 화학적으로 구분하면 금속함유 농약, 유기염소제, 유기인제, 비소화합물 등이 있다.
① 유기염소제 : DDT(토양 잔류성이 크다)
- 증상 : 복통, 설사, 구토, 두통, 시력감퇴, 전신권태
② 유기인제 : 잔류성은 약하지만 독성이 강한 계통 농약
(파라티온, 말라티온, 다이아지논, 테프(TEPP) 등)
- 증상 : 신경독을 일으키며 혈압상승, 근력감퇴, 전신경련 등의 중독증상

3 유해 금속화합물로부터 이행될 수 있는 물질

〈유해금속 화합물에 의한 중독〉

금속명	주된 중독 경로	중독증상
카드뮴(Cd)	식품용 기계, 용기, 식기도금	구토, 경련, 설사
납(Pb)	옹기의 유약	복통, 구토, 설사
비소(As)	식기, 오용	위통, 설사, 출혈
안티몬(Sb)	법랑제 식기, 도자기의 착색료	구토, 복통, 설사, 경련
수은(Hg)	식기, 오용	입안 착색, 구내염, 장염

04. 곰팡이 독소

1 미생물에 의한 만성장애
① 맥각중독(에르고톡신 ; Ergotoxin) : 보리, 호밀등에 맥각균이 번식한다.
② 곰팡이독(마이코톡신 ; Mycotoxin) : 건조식품(수분 13~15%)에서 증식한다.
  ㉠ 아플라톡신(Aflatoxin) 중독
    - 아스퍼질러스 플라버스(Aspergillus flavus)라는 곰팡이
    - 쌀, 보리등의 탄수화물이 풍부한 곡류와 재래식 된장·땅콩 등에 침입하여 독소생성
    - 인체에 간장독을 일으키며 발암성을 가지고 있다.
    - 고온 다습한 여름철에 감염된다.
    - 열에 강해 가열조리 후에도 잔류가 가능하다.
    - 강산이나 강알칼리에서 쉽게 분해되어 불활성화.
  ㉡ 황변미 중독
    - 푸른 곰팡이(페니실리움, penicillium)가 저장미에 번식.
    - 시트리닌, 시트리오비리딘, 아이슬랜디톡신 등의 독소를 생성한다.
    - 인체에 신장독, 신경독, 등을 일으킨다.

2 알레르기성 식중독(히스타민 중독)
① 원인식품 : 꽁치, 고등어, 정어리, 다랑어 등 등푸른 생선
② 어류 중의 아미노산인 히스티딘이 탈탄산되어 식중독 발생한다.
③ 치료 : 항 히스타민제 투여

제5절 식품 위생 관계 법규

01. 식품위생법령 및 관계 법규

1 총칙

1) 식품위생법의 목적
위생상의 위해를 방지, 식품영양의 질적 향상, 국민 보건의 증진에 이바지한다.

2) 용어의 정의
① **식품** : 모든 음식물(의약으로 섭취하는 것은 제외)을 말한다.
② **식품첨가물** : 식품을 제조, 가공 또는 보존함에 있어 식품에 첨가, 혼합, 침윤, 기타의 방법으로 사용되는 물질을 말한다. 이 경우 기구, 용기, 포장을 살균, 소독하는데에 사용되어 간접적으로 식품으로 옮아갈 수 있는 물질을 포함한다.
③ **화학적 합성품** : 화학적 수단에 의해 원소 또는 화합물에 분해반응 외의 화학반응을 일으켜 얻은 물질을 말한다.
④ **기구** : 식품 또는 식품첨가물에 직접 닿는 기계, 기구나 그 밖의 물건 (농업과 수산업에서 식품을 채취하는 데에 쓰는 기계. 기구나 그 밖의 물건은 제외)
⑤ **표시** : 문자, 숫자 또는 도형
⑥ **식품위생** : 식품, 식품첨가물, 기구 또는 용기, 포장을 대상으로 하는 음식에 관한 위생
⑦ **영업** : 식품 또는 식품첨가물을 채취, 제조, 수입, 가공, 조리, 저장, 소분, 운반 또는 판매하거나 기구 또는 용기, 포장을 제조, 수입, 운반, 판매하는 업(농업과 수산업에 속하는 식품 채취업은 제외)
⑧ **영업자** : 영업허가를 받은자나 영업신고를 한자 또는 영업등록을 한 자
⑨ **위해** : 식품, 식품첨가물, 기구, 용기, 포장에 존재하는 위험요소로서 인체 건강을 해치거나 해칠 우려가 있는 것
⑩ **집단 급식소** : 영리를 목적으로 하지 아니하면서 특정 다수인(50명 이상)에게 계속하여 음식물을 공급하는 다음의 어느 하나에 해당하는 곳의 급식시설로서 대통령 령으로 정하는 시설(기숙사, 학교, 병원, 사회복지시설, 산업체, 국가 지방자치단체 및 공공기관, 그 밖의 후생기관 등)
⑪ **식품 이력 추적관리** : 식품을 제조, 수입, 가동단계부터 판매단계까지 각 단계별로 정보를 기록, 관리하여 그 식품의 안전성 등에 문제가 발생할 경우 그 식품을 추적하여 원인을 규명하고 필요한 조치를 할 수 있도록 관리하는 것

Chapter ❶ 음식 위생 관리

❷ 식품과 식품첨가물

1) 위해식품 등의 판매 등 금지
① 썩었거나 상하였거나 설익은 것으로서 인체의 건강을 해할 우려가 있는 것
② 유독, 유해물질이 들어 있거나 묻어 있는 것 또는 그 염려가 있는 것
③ 병원 미생물에 의하여 오염되었거나 그 염려가 있어 인체의 건강을 해할 우려가 있는 것
④ 불결하거나 다른 물질의 혼입 또는 첨가 기타의 사유로 인체의 건강을 해할 우려가 있는 것
⑤ 수입이 금지된 것 또는 수입 신고를 하지 아니하고 수입한 것

2) 병육 등의 판매 등 금지
질병에 걸렸거나 그 염려가 있는 동물 또는 그 질병으로 인하여 죽은 동물의 고기, 뼈, 젖, 장기 또는 혈액은 식품으로 판매하거나 판매할 목적으로 채취, 수입, 가공, 사용, 조리, 저장, 소분 또는 운반하거나 진열하지 못한다.

3) 기준과 규격이 고시되지 아니한 화학적 합성품 등의 판매 등 금지
누구든지 기준, 규격이 고시되지 아니한 화학적 합성품인 첨가물과 이를 함유한 물질을 식품 첨가물로 사용, 판매, 가공, 조리, 저장, 운반, 진열 하지 못한다. (식품의약품안전처장이 식품 위생 심의위원회의 심의를 거쳐 인체의 건강을 해칠 우려가 없다고 인정하는 경우 제외)

4) 식품 또는 식품첨가물에 관한 기준 및 규격–식품의약품안전처
⑴ 국민 보건을 위하여 필요하면 판매를 목적으로 하는 식품 또는 식품첨가물에 관한 다음의 사항을 정하여 고시한다. 다만, 식품첨가물 중에서 기구 용기, 포장을 살균 소독하는 데 쓰여서 간접적으로 식품으로 옮아갈 수 있는 물질은 그 성분명 만을 고시할 수 있다.
   ① 제조, 가공, 사용, 보존 방법에 관한 기준
   ② 성분에 관한 규격
⑵ 기준과 규격이 고시되지 않은 식품 또는 식품첨가물(식품에 직접 사용하는 화학적 합성품을 제외)에 대하여는 그 제조, 가공 업자에게 제조, 가공, 사용, 보존 방법에 관한 기준과 성분에 관한 규격을 제출하게 하여 식품 의약품 분야 시험, 검사 등에 관한 법률에 따라 식품 의약 안전처장이 지정한 식품 전문 시험, 검사기관 또는 총리령으로 정하는 시험, 검사기관의 검토를 거쳐서 그 기준과 규격이 고시될 때까지 그 식품 또는 식품첨가물의 기준과 규격을 인정할 수 있다.
⑶ 수출할 식품 또는 식품첨가물의 기준과 규격은 위의 ①, ②의 기준에도 불구하고 수입자가 요구하는 기준과 규격을 따를 수 있다.

(4) ①, ② 에 따라 기준과 규격이 정하여진 식품 또는 식품첨가물은 그 기준에 따라 제조, 수입, 가공, 사용, 조리, 보존하여야 하며, 그 기준과 규격에 맞지 아니하는 식품 또는 식품첨가물은 판매하거나 판매할 목적으로 제조, 수입, 가공, 사용, 조리, 저장, 소분, 운반, 보존 또는 진열 하여서는 아니 된다.

5) 기준 및 규격이 설정되지 않은 식품은 권장하기 위한 규격을 예시할 수 있다.

❸ 기구와 용기 포장

1) 유독기구 등의 판매 사용금지

2) 기구 및 용기, 포장에 관한 기준 및 규격
식품의약품 안전처장은 국민 보건을 위하여 필요한 경우에는 판매하거나 영업에 사용하는 기구 및 용기, 포장에 관하여 고시한다.

❹ 식품공전, 위해평가

1) 식품의약품 안전처장은 규정에 의하여 정해진 식품, 식품첨가물의 기준, 규격, 기구 및 용기, 포장의 기준, 규격과 식품등의 표시기준을 수록한 식품등의 공전을 작성하여 보급하여야 한다.

2) 권장규격을 예시 할때는 국제 식품 규격위원회 및 외국의 규격 또는 다른 식품 등에 이미 규격이신설되어 있는 유사한 성분등을 고려하여야 하고 심의위원회의 심의를 거쳐야 한다.

3) 식품의약품 안전처장은 영업자가 권장규격을 준수하도록 요청할 수 있으며 이행하지 아니한 경우 그 사실을 공개할 수 있다.

4) 위해 평가
① 식품의약품 안전처장은 국내외에서 유해 물질이 함유된 것으로 알려지는 등 위해의 우려가 제기되는 식품 등이 제4조 또는 제8조에 따른 식품 등에 해당된다고 의심되는 경우에는 그 식품 등의 위해 요소를 신속히 평가하여 그것이 위해 식품인지를 결정해야 한다.
② 식품의약품 안전처장은 위해 평가가 끝나기 전까지 국민 건강을 위하여 예방조치가 필요한 식품 등에 대하여는 판매하거나 판매할 목적으로 채취, 제조, 수입, 가공, 사용, 조리, 저장, 소분, 운반 또는 진열하는 것을 일시적으로 금지할 수 있다. 다만, 국민 건강에 급박한 위해가 발생하였거나 발생할 우려가 있다고 식품 의약품 안전처장이 인정하는 경우에는 그 금지 조치를 하여야 한다.(심의 위원회의 의결을 거쳐야 한다.

Chapter ❶ 음식 위생 관리

5 검사

1) 유전자 재조합 식품의 안전성 평가
안전성 평가의 대상, 안전성 평가를 위한 자료제출의 범위 및 심사절차 등에 관하여서는 식품의약품 안전처장이 정하여 고시한다.

2) 출입, 검사, 수거

(1) 식품의약품 안전처장(대통령 령으로 정하는 그 소속기관의 장을 포함한다.)

시, 도지사, 시장 군수, 구청장은 식품들의 위해방지, 위생관리와 영업질서의 유지를 위하여 필요하면 조치를 할 수 있다.

(2) 관계공무원으로 하여금 출입, 검사, 수거 조치 사항

① 영업소(사무소, 창고, 제조소, 저장소, 판매소, 그 밖에 이와 유사한 장소)에 출입하여 판매를 목적으로 하거나 영업에 사용하는 식품등 영업시설에 대해 하는 검사

② 위 항목에 따른 검사에 필요한 최소량의 식품등의 무상수거

③ 영양에 관계되는 정부 또는 서류의 열람

3) 식품위생감시원의 직무

① 식품 등의 위생적 취급기준의 이행지도

② 수입, 판매 또는 사용 등의 금지된 식품 등의 취급 여부에 관한 단속

③ 표시 기준 또는 과대광고 금지의 위반 여부에 관한 단속

④ 출입, 검사 및 검사에 필요한 식품 등의 수거

⑤ 시설 기준의 적합 여부의 확인 · 검사

⑥ 영업자 및 종업원의 건강진단 및 위생교육의 이행 여부의 확인, 지도

⑦ 조리사, 영양사의 법령 준수 사항 이행 여부의 확인, 지도

⑧ 행정처분의 이행 여부 확인

⑨ 식품 등의 압류, 폐기 등

⑩ 영업소의 폐쇄를 위한 간판 제거 등의 조치

⑪ 기타 영업자의 법령 이행 여부에 관한 확인, 지도

> **식품위생감시원의 임명**
> 식품의약품 안전처장, 시 · 도지사 또는 시장, 군수, 구청장

6 영업

1) 시설기준 적용대상 영업
① 식품 또는 식품첨가물의 제조업, 가공업, 운반업, 판매업 및 보존업
② 기구 또는 용기·포장의 제조업
③ 식품접객업 : 휴게음식점, 일반음식점, 단란주점, 유흥주점, 위탁급식영업, 제과점 영업

2) 영업의 허가
① 식품첨가물 제조업 : 식품의약품 안전처장
② 식품 조사처리업 : 식품의약품 안전처장
③ 단란주점 영업과 유흥주점 영업 : 시장, 군수, 또는 구청장

3) 영업에 종사하지 못하는 질병의 종류
① 콜레라, 페스트, 장티푸스, 파라티푸스, 세균성이질, 장출혈성 대장균 감염증, A형 감염
② 법정 감염병 중 결핵(비전염성인 경우 제외)
③ 피부병, 기타 화농성 질환
④ 후천성 면역결핍증(성병에 관한 건강진단을 받아야 하는 영업에 종사하는 자에 한함.)

4) 영업허가등의 제한
① 영업의 허가가 취소된 후 6개월이 경과하지 않았는데, 그 영업장에서 같은 종류의 영업을 하고자 하는 때
② 영업의 허가가 취소된 후 1년이 경과하지 않았는데, 그 영업장소에서 식품접객업을 하고자하는 때
③ 영업의 허가가 취소된 후 2년이 경과하지 아니한 자가 취소된 영업과 같은 종류의 영업을 하고자 하는 때

5) 식품 접객업
① 휴게음식점 영업 : 음주행위가 허용되지 아니하는 영업
② 일반음식점 영업 : 음식류를 조리, 판매하는 영업. 음주 행위가 허용되는 영업
③ 단란주점 영업 : 주로 주류를 조리, 판매하는 영업으로 손님이 노래를 부르는 행위가 허용되는 영업
④ 유흥주점 영업 : 주로 주류를 조리·판매하는 영업으로서 유흥종사자를 두거나 유흥시설을 설치할 수 있고 손님이 노래를 부르거나 춤을 추는 행위가 허용되는 영업

Chapter ❶ 음식 위생 관리

7 위생등급, 조리사

1) 식품의약품 안전처장 또는 특별자치도지사, 시장, 군수, 구청장은 총리령으로 정하는 위생등급 기준에 따라 위생관리 상태 등이 우수한 식품 등의 제조, 가공 업소, 식품 접객업소 또는 집단 급식소를 우수업소 또는 모범업소로 지정할 수 있다.

2) 집단 급식소 운영자와 대통령령으로 정하는 식품 접객업자는 조리사를 두어야 한다. 다만, 다음의 어느 하나에 해당되는 경우에는 조리사를 두지 않아도 된다.
  ① 집단 급식소 운영자 또는 식품 접객업자 자신이 조리사로서 직접 음식물을 조리하는 경우
  ② 1회 급식인원 100명 미만의 산업체인 경우
  ③ 영양사가 조리사의 면허를 받은 경우

3) 집단 급식소에 근무하는 조리사는 다음의 직무를 수행한다.
  ① 집단급식소에서의 식단에 따른 조리업무(전처리에서부터 조리, 배식 등의 전과정을 말한다.)
  ② 구매 식품의 검수 지원
  ③ 급식설비 및 기구의 위생, 안전 실무
  ④ 그밖에 조리실무에 관한 사항

4) **조리사를 두어야하는 식품 접객업자**
  조리사를 두어야하는 식품접객업자는 식품 접객업중에서 복어를 조리, 판매하는 영업을 하는 자로 한다.

> **영양사의 직무**
> 1. 식단 작성, 검식 및 배식 관리
> 2. 구매 식품의 검수 및 관리
> 3. 급식시설의 위생적 관리
> 4. 집단 급식소의 운영 일지 작성
> 5. 종업원에 대한 영양지도 및 식품 위생교육

5) **조리사 또는 영양사 면허의 결격사유**
  ① 정신 질환자(정신병, 인격장애, 알코올 및 약물 중독 기타 비정신병적 정신 장애 등) 다만, 전문의가 조리사로서 적합하다고 인정 하는 자는 제외
  ② 감염병 환자(B형 간염환자 제외)
  ③ 마약이나 그 밖의 약물 중독자
  ④ 조리사 면허의 취소 처분을 받고 취소된 날로부터 1년이 지나지 아니한 자

6) 면허 취소
① 결격사유 중에서 하나에 해당하는 자
② 식품 위생수준 및 자질향상에 따른 교육을 받지 아니한 경우
③ 식중독이나 그밖에 위생과 관련한 중대한 사고 발생에 직무상의 책임이 있는 경우
④ 면허를 타인에게 대여하여 사용하게한 경우
⑤ 업무 정지 기간중에 조리사 또는 영양사의 업무를 한 경우

7) 조리사의 면허 취소 등의 행정 처분

위반 사항	행정 처분		
	1차위반	2차위반	3차위반
조리사의 결격사유중 하나에 해당 된 경우	면허취소	-	-
교육을 받지 않은 경우	시정 명령	업무정지 15일	업무정지 1개월
식중독이나 그 밖에 위생과 관련된 중대한 사고 발생에 직무상 책임이 있는 경우	업무정지 1개월	업무정지 2개월	면허취소
면허를 타인에게 대여하여 사용하게 한 경우	업무정지 2개월	업무정지 3개월	면허취소
업무 정지기간중에 조리사의 업무를 한 경우	면허취소	-	-

8 식중독에 관한 조사 보고

1) **다음의 어느 하나에 해당되는 자는 지체 없이 관할 시장, 군수, 구청장에게 보고하여야 한다. 이 경우 의사나 한의사는 대통령령으로 정하는 바에 따라 식중독 환자나 식중독이 의심되는 자의 혈액 또는 배설물을 보관하는 데에 필요한 조치를 하여야 한다.**
① 식중독 환자나 식중독이 의심되는 자를 진단하였거나 그 사체를 검안한 의사 또는 한의사
② 집단 급식소에서 제공한 식품 등으로 인하여 식중독이나 식중독으로 의심되는 증세를 보이는 자를 발견한 집단급식소의 설치, 운영자.
③ 시장 군수구청장은 보고받은 때에는 지체 없이 그 사실을 식품의약품 안전처장 및 시, 도지사에게 보고하고 대통령령으로 정하는 바에 따라 원인을 조사하여 그 경과를 보고하여야 한다.
④ 식품의약품 안전처장은 보고의 내용이 국민 보건상 중대하다고 인정하는 경우에는 해당 시, 도지사 시장 군수, 구청장과 함께 합동으로 원인을 조사할 수 있다.
⑤ 식품의약품 안전처장은 식중독 발생의 원인을 규명하기 위해 식중독 환자가 발생한 원인 시설 등에 대한 조사 절차와 시험, 검사 등에 필요한 사항을 정할 수 있다.

9 집단 급식소

1) 집단 급식소를 설치, 운영하려는 자는 총리령으로 정하는 바에 따라 특별자치도지사, 시장, 군수, 구청장에게 신고하여야 한다.

2) 집단 급식소를 설치, 운영하는 자는 집단 급식소 시설의 유지, 관리 등 급식을 위생적으로 관리하기 위하여 다음의 사항을 지켜야 한다.
   ① 식중독 환자가 발생하지 아니하도록 위생관리를 잘할 것
   ② 조리, 제공한 식품의 매회 1인분 분량을 총리령으로 정하는 바에 따라 144시간 이상 보관할것(보존식)

> **TIP** 모범업소 지정
> 우수 접객업소 : 식약처장, 시장, 도지사
> 모범업소 : 시장, 군수, 구청장

02. 농수산물 원산지 표시에 관한 법령

1) **국산 농수산물 국내 가공품, 수입 농수산물 또는 농수산 가공품**
   ① 국산, 국내산 : 시, 도. 시, 군, 구 명 기재
   ② 외국산 : 국가명
   ③ 가공품 : 원료의 원산지 국가명 기재
   ④ 농산물과 가공품 : 포장재, 푯말, 표시판 등에 표시

2) **거짓 표시**
   ① 형사처벌: 7년이하 징역 또는 1억원 이하의 벌금
   ② 과징금 부과 : 위반금액의 5배 이하(최고 3억원) 과징금
   ③ 위반 업체 공표 : 농관원, 농식품부, 시, 도, 군, 구, 한국 소비자원, 포털 등 홈페이지 공개
     (영업소 명칭, 주소, 위반 내용)
   ④ 위반자 의무 교육 : 농축산물 원산지 표시제도 교육 이수

3) **미표시**
   ① 5만원 이상 1천만원 이하의 과태료
   ② 위반 업체 공표 : 2회 이상 시 공표

03. 식품 등의 표시 · 광고에 관한 법령

제1조(목적)
식품등에 대하여 올바른 표시 · 광고를 하도록 하여 소비자의 알 권리를 보장하고 건전한 거래 질서를 확립함으로써 소비자 보호에 이바지 함을 목적으로 한다.

제2조(정의)
1) 식품 : 식품 위생법에 따른 식품(해외에서 국내로 수입되는 식품 포함)
2) 식품 첨가물 : 식품 위생법에 따른 식품 첨가물(해외에서 국내로 수입되는 식품첨가물 포함)
3) 기구 : 식품 위생법에 따른 기구(해외에서 국내로 수입되는 기구 포함)
4) 용기. 포장 : 식품 위생법에 따른 용기 · 포장(해외에서 국내로 수입되는 용기 · 포장 포함)
5) 건강 기능식품 : 식품 위생법에 따른 건강기능식품(해외에서 국내로 수입되는 건강 기능식품 포함)
6) 축산물 : 식품 위생법에 따른 축산물 (해외에서 국내로 수입되는 축산물 포함)
7) 표시 : 식품, 식품 첨가물, 기구, 용기, 포장, 건강 기능식품, 축산물 및 이를 넣거나 싸는 것에 적는 문자, 숫자 또는 도형
8) 영양표시 : 식품, 식품 첨가물, 건강 기능식품, 축산물에 들어 있는 영양성분의 양 등 영양에 관한 정보를 표시하는 것
9) 나트륨 함량 비교 표시 : 식품의 나트륨 함량을 동일 하거나 유사한 유형의 나트륨 함량과 비교하여 소비자가 알아보기 쉽게 색상과 모양을 이용하여 표시하는 것
10) 광고 : 라디오, 텔레비전, 신문, 잡지, 인터넷, 인쇄물, 간판 또는 그 밖의 매채를 통하여 음성, 음향, 영상 등의 방법으로 식품 등에 관한 정보를 나타내거나 알리는 행위
11) 영업자
   ① 건강 기능식품에 관한 법률에 따라 허가 받은 자 또는 신고한 자
   ② 식품 위생법에 따라 허가를 받은 자와 신고 또는 등록한 자
   ③ 축산물 위생관리법에 따라 허가 · 신고를 한 자
   ④ 수입식품 안전 관리 특별법에 따라 영업 등록을 한 자
12) 소비기한 : 식품 등에 표시된 보관방법을 준수할 경우 섭취하여도 안전에 이상이 없는 기한을 말한다. (2023. 1. 1. 시행)

(제3조) 식품의 표시 또는 광고에 관하여 다른 법률에 우선하여 이 법을 적용한다.

Chapter 1 음식 위생 관리

(제4조) 표시의 기준(총리령) 2023. 1. 1. 시행
(1) 식품, 식품 첨가물, 축산물
    ① 제품명, 내용량, 원 재료명
    ② 영업소 명칭 및 소재지
    ③ 소비자 안전을 위한 주의 사항
    ④ 제조 연 월일, 소비기한, 품질 유지 기한
(2) 기구, 용기, 포장, 재질, 영업소 명칭 및 소재지, 소비자 안전을 위한 주의 사항
(3) 건강 기능 식품
    ① 제품명, 내용량, 원료명
    ② 영업소 명칭 및 소재지
    ③ 소비기한 및 보관 방법
    ④ 건강 기능 식품 이라는 문자 또는 도안
    ⑤ 질병의 예방 및 치료를 위한 의약품이 아니라는 내용의 표현
    ⑥ 건강 기능식품에 관한 법률 에 따른 기능성에 관한 나타내는 성분 등의 함유량
2) 표시 의무자, 표시사항 및 글씨 크기, 표시 장소등 표시 방법에 관해서는 총리령으로 정한다.
3) 표시가 없거나 표시 방법을 위반한 식품 등은 판매하거나 판매할 목적으로 제조, 가공, 소분, 수입, 포장, 보관, 진열 또는 운반 하거나 영업에 사용해서는 안 된다.

제5조(영양표시)
1) 식품등을 제조, 가공, 소분하거나 수입하는 자는 총리령으로 정하는 식품 등에 영양 표시를 하여야 한다.
2) 영양 성분, 표시 방법은 총리령으로 정한다.
3) 영양 표시가 없거나 위반한 제품은 판매하거나 판매할 목적으로 제조, 가공, 소분, 수입, 포장, 보관, 진열, 운반하거나 영업에 사용해서는 안된다.

제6조(나트륨 함량 비교 표시)
나트륨 함량 비교 표시가 없거나 위반한 제품은 판매하거나 판매할 목적으로 제조, 가공, 소분, 수입, 포장, 보관, 진열, 운반하거나 영업에 사용해서는 안된다.

제7조(광고의 기준)
식품등을 광고할 때는 제품명 및 업소명을 포함시켜야 한다.

제8조(부당한 표시 또는 광고 행위의 금지)
누구든지 식품 등의 명칭, 제조 방법, 성분 등 대통령 령으로 정하는 사항에 관하여 다음 각호의 어느 하나에 해당되는 표시 또는 광고를 하여서는 아니 된다.

1) 질병의 예방, 치료에 효능이 있는 것으로 인식할 우려가 있는 표시 또는 광고
2) 식품 등을 의약품으로 인식할 우려가 있는 표시 또는 광고
3) 건강 기능식품이 아닌 것을 건강 기능식품으로 인식할 우려가 있는 표시 또는 광고
4) 거짓, 과장된 표시 또는 광고
5) 소비자를 기만하는 표시 또는 광고
6) 다른 업체나 다른 업체의 제품을 비방하는 표시 또는 광고
7) 객관적인 근거 없이 자기 또는 자기의 식품등을 다른 영업자나 다른 영업자의 식품등과 부당하게 비교하는 표시 또는 광고
8) 사행심을 조장하거나 음란한 표현을 사용하여 공중 도덕이나 사회윤리를 현저하게 침해하는 표시 또는 광고
9) 심의를 받지 아니하거나 위반하여 심의 결과에 따르지 아니한 표시 또는 광고

제9조(표시 또는 광고 내용의 실증)
1) 식품에 표시를 하거나 식품 등을 광고한 자는 자기가 한 표시 또는 광고에 대하여 실증 할수 있어야 한다.
2) 식품의약품 안전처장은 식품 등의 표시 또는 광고가 위반할 우려가 있어 해당 식품 등에 대한 실증이 필요하다고 인정하는 경우에는 그 내용을 구체적으로 밝혀 해당식품 등에 표시하거나 해당 식품등을 광고한 자에게 실증 자료를 제출할 것을 요청할 수 있다.

제 10조(표시 또는 광고의 자율 심의)
1) 식품 등에 관해 표시 또는 광고 하려는 자는 해당 표시. 광고에 대하여 등록한 기관 또는 단체로부터 미리 심의를 받아야 한다.
다만, 자율 심의 기구가 구성되지 아니한 경우에는 대통령령으로 정하는 바에 따라 식품의약품 안전처장으로부터 심의를 받아야 한다.
2) 심의 대상, 등록 방법, 절차, 그 밖에 필요한 사항은 총리령으로 정한다.

Chapter 1 음식 위생 관리

제6절 공중 보건

01. 공중 보건의 개념

1 공중 보건 개론

1) 건강

건강 : 단순한 질병이나 허약의 부재상태만을 의미하는 것이 아니고, 육체적, 정신적, 사회적으로 모두 완전한 상태를 건강이라 한다.

※ 세계보건기구(WHO)의 주요 기능
① 국제적인 보건사업의 지휘 및 조정
② 회원국에 대한 기술지원 및 자료 공급
③ 전문가 파견에 의한 기술 자문활동 등
④ 유행성 질병 및 감염병 대책 후원

2) 공중보건의 정의

질병을 예방, 생명을 연장, 육체적·정신적 효율 증진을 말하며 건강과 능률을 향상시키는 기술과 과학이다.

3) 공중보건의 대상

최초의 대상은 개인이 아닌 지역사회의 인간집단, 더 나아가서 국민전체이다.

4) 보건 수준의 평가지표

(1) 한 지역이나 국가의 보건 수준을 나타내는 지표
① 영아사망률 ② 조사망률 ③ 질병 이환률

(2) 한 나라의 보건 수준을 표시하여 다른 나라와 비교할 수 있도록 하는 건강지표
① 평균수명 ② 조사망률 ③ 비례사망률

※ **영아의 정의** : 생후 12개월 미만의 아기
※ **신생아의 정의** : 생후 28일 미만의 아기

2 보건 행정

1) 일반보건 행정 : 보건복지부
   ① 예방보건 행정
   ② 모자보건 행정
   ③ 의료보험 행정

2) 근로보건 행정(산업보건 행정) : 고용노동부

3) 학교보건 행정 : 교육과학기술부
   ※ 공중보건 사업의 3대 요건
   ① 보건 행정
   ② 보건법
   ③ 보건교육 : 가장 기본적인 사업

02. 환경위생 및 환경오염 관리

1 환경보건

1) 자연환경
   (1) 감각온도(체감온도)의 변화 인자
   ① 기온(온도) : 쾌감온도 18±2℃
   ② 기습(습도) : 쾌감습도 40~70%(60%)
   ③ 기류(공기의 흐름) : 1초당 1m 이동할 때가 건강에 좋다. (1m/sec)
   (2) 자외선
   ① 비타민 D 형성(구루병 예방)
   ② 도르노선(Dorno 선 : 건강선, 생명선) : 자외선 파장의 범위가 2,600~2,800Å(260~280nm) 일 때 인체에 유익하다.

   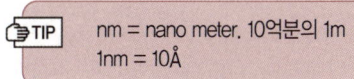
   nm = nano meter, 10억분의 1m
   1nm = 10Å

   (3) 공기
   ① 공기의 조성 − 질소 : 78%, 산소 : 21%, 이산화탄소 : 0.03%~0.04%.
   ② 일산화 탄소(CO)의 헤모글로빈과의 친화력은 O_2에 비해 250~300배 강하다.

③ 군집독 : 환기가 이루어지지 않는 실내에 다수인이 장시간 밀집되어 있을 경우 두통, 구토 등을 느끼는 증상이다.

> **TIP**
> 이산화탄소(CO_2) : 실내공기 오염의 지표
> 아황산가스(SO_2) : 대기 오염의 지표
> 기온역전 현상 : 상부 기온이 하부 기온보다 높을 때 발생한다(스모그 현상).

(4) 물
① 경수(센물) : 무기화합물(Ca, Mg염)이 많고 비누 거품이 잘 일어나지 않는다.
② 연수(단물) : 무기화합물(Ca, Mg염)이 없고 부드럽다.

(5) 물의 염소 소독
① 잔류효과가 크다.
② 소독력이 강하다.
③ 조작이 간편하고, 가격이 저렴하다.
④ 잔류 염소량은 0.2ppm 유지한다.(수영장, 감염병 발생 시 0.4ppm)

> **TIP**
> 급수 : 배수지에서 필요한 곳으로 살균 소독된 물이 용수로를 통해 공급됨.
> 침수 → 침전 → 여과 → 소독 → 급수
> 음용수의 조건 : 색도는 5도, 탁도는 2도 이하.

2 인위적 환경

1) 채광 조명
① 창 면적은 바닥 면적의 1/5~1/7이 적당하며 창의 방향은 남향이 좋다.
② 작업장 창문은 벽 면적의 70% 이상

2) 조명 : 조리장의 조도는 반간접 조명으로 50Lux 이상

3) 상수도
정수법 : 취수 → 침사 → 침전 → 여과 → 소독 → 급수

4) 하수도
(1) 하수처리순서
① 1차(예비)처리
② 2차(본)처리
  ㉠ 호기성처리(활성오니법, 살수과법, 산화지법, 회전원판법)
  ㉡ 혐기성처리(부패조 처리, 임호프 탱크)

③ 3차(오니)처리 : 매립, 소각, 비료화
    (2) 하수의 오염도 측정
        ① 용존 산소량(DO) : 4~5ppm 이상
        ② 생화학적 산소요구량(BOD), 화학적 산소요구량(COD) : 20ppm 이하 20℃에서 5일간 측정
        ※ BOD와 COD가 높을수록 물의 오염도는 심하고, DO가 높을수록 물의 오염도는 낮다.

5) 진개(쓰레기) 처리법
    ① 2분법 : 가정의 진개 – 주개와 잡개를 분리 처리하는 방법
    ② 매립법(매몰법) : 진개의 두께는 2m, 복토의 두께는 0.6~1m
    ③ 소각법 : 가장 위생적인 방법, 대기오염의 원인

6) 공해
    (1) 대기오염
        ① 오염지표 물질 : 아황산가스(SO_2) : 대기오염의 대표적 측정지표
        ② 기온역전 현상 : 대기층의 상부기온이 하부기온보다 더 높은 현상

        중성대 : 실내로 들어오는 공기는 하부로, 나가는 공기는 상부로 이동, 그 중간에 압력이 "0"인 지대.

    (2) 수질오염
        농약과 화학비료 등에 의한 농업의 수질오염과 공업용 폐수에 의한 수질오염, 채석 및 채탄 시의 미분에 의한 광업의 수질오염과 도시 하수 등
        ① 수은 : 미나마타병(지각마비)
        ② 카드뮴 : 이타이이타이병(골연화증)

7) 소음
    ① 소음 원인 : 공장, 건설장, 교통기관, 상가의 각종 소음 등
    ② 소음에 의한 피해 : 수면방해, 불안증, 두통, 식욕감퇴, 주의력 산만, 정신적 불안정

        소음 측정단위 : 데시벨(dB)
        직업성 난청 : 4,000Hz에서 조기발견할 수 있음.

8) 진동에 의한 질병(레이노이드병)
    진동에 의해 손가락 끝부분의 조직이 혈액 내 산소 부족으로 손상되어 색조 변화, 통증, 조직 괴사를 가져오는 질환

Chapter ❶ 음식 위생 관리

03. 역학 및 질병 관리

◾ 감염병 발생의 3대 요소 : 감염원, 환경, 숙주의 감수성

1) 감염원(병원체, 병원소)
① 병원체가 생활하고 증식하면서 질병을 일으키는 원인이며, 다른 숙주에 전파될 수 있는 상태로 저장되는 장소를 말한다.
② 환자, 보균자, 매개동물, 곤충, 오염 식품, 생활용품 등을 통해 감염된다.

2) 감염경로(환경)
① 감염원으로부터 병원체가 전파되는 과정으로 간접적인 영향이 크다.
② 공기감염, 토양에 의한 감염, 음식물 감염, 절족동물 감염 등이 있다.

3) 숙주의 감수성
① 숙주
  한 생물체가 다른 생물체의 침범으로 조직이 상하거나 영양물질이 빼앗기는 생물체를 말한다.
② 감수성
  질병에 대해서 민감한 상태를 말하며, 감염이 될 수 있는 확률이 높아진 상태를 말한다. 다른 생물체(병원체)가 침입하여 증식하기 좋은 환경으로 저항력이 낮아지게 된다. 면역성이 약해지면 감수성이 높아지고 질병이 발병하기 쉽다.
③ 감염병이 전파되어도 개인적으로 면역성이 있고 저항력에 따라 감염되는 정도는 다르다.

◾ 감염병의 종류

1) 병원체에 따른 감염병의 분류
① 바이러스 : 뇌염, 홍역, 인플루엔자, 천연두, 급성회백수염(소아마비·폴리오), 전염성간염, 트라코마, 풍진, 광견병(공수병), 유행성이하선염
② 리케차 : 발진티푸스, 발진열, 양충병, Q열
③ 세균 : 콜레라, 이질, 장티푸스, 파라티푸스, 성홍열, 디프테리아, 백일해, 페스트, 유행성 뇌척수막염, 파상풍, 결핵, 폐렴, 나병

2) 인체 침입구에 따른 감염병의 분류
① 호흡기계 침입 : 환자나 보균자의 객담, 콧물 등으로 감염, 공기전파 및 진애에 의한 감염
  디프테리아, 백일해, 결핵, 폐렴, 인플루엔자, 두창, 수두, 홍역, 풍진, 유행성

이하선염, 성홍열

② 소화기계 침입 : 병원체가 환자나 병원체 보유자의 분변으로 배설되어 일정조건하에 외부에서 생존해서 음식물이나 식수에 오염되어 경구 침입된다. 콜레라, 이질(세균성, 아메바성), 장티푸스, 파라티푸스, 폴리오, 유행성 간염, 기생충병 등

③ 경피 침입 : 병원체의 피부 접촉에 의해 체내에 침입, 상처를 통한 감염, 동물에 쏘이거나 물려서 병원체 침입. 구충(십이지장충)

3) 감염병의 감염경로

① 직접 접촉 감염 : 매독, 임질(성병)

② 간접 접촉 감염
  ㉠ 비말감염: 디프테리아, 인플루엔자, 성홍열
  ㉡ 진애감염 : 결핵, 천연두, 디프테리아

비말감염	환자·보균자의 기침, 담화 시 튀어나오는 비말에 병원균이 함유되어 감염
진애감염	병원체가 붙어 있는 먼지를 흡입하여 감염

③ 개달물(수건, 식기, 음식물) 감염 : 결핵, 트라코마, 천연두

4) 검역 감염병

① 콜레라 – 120시간   ② 페스트 – 144시간   ③ 황열 – 144시간

5) 법정 감염병 (감염병의 예방 및 관리에 관한 법률)

구분	특징
제 1급 감염병	생물 테러 감염병, 치명률이 높거나 집단 발생의 우려가 커서 발생 또는 유행 즉시 신고해야 하고, 음압 격리와 같은 높은 수준의 격리가 필요한 감염병
제 2급 감염병	전파 가능성을 고려하여 발생 또는 유행시 24시간내 신고해야 하고, 격리가 필요한 감염병
제 3급 감염병	그 발생을 계속 감시할 필요가 있어 발생, 또는 유행시 24시간 이내에 신고해야 하는 감염병
제 4급 감염병	1~3급 외에 유행 여부를 조사하기 위해 표본 감시 활동이 필요한 감염병

6) 감염병 유행의 시간적 현상

변화	주기	감염병
순환변화 (단기변화) 주기가 단기적으로 변하는 것	2~5년	백일해, 홍역, 일본뇌염
추세변화 (장기변화) 주기가 장기적으로 변하는 것	10~40년	디프테리아, 성홍열, 장티프스
계절적인 변화	하계	소화기계 감염병
	동계	호흡기계 감염병
불규칙적인 변화	외래 감염병이 대부분이며 주로 불규칙적이다.	

Chapter ❶ 음식 위생 관리

3 감염병 관리 대책

1) 감염원 대책

(1) 감염원의 조기 발견
① 환자의 신고 : 감염병 예방법 등에 의한 법정 감염병 등의 신고.
② 보균자의 검색 : 특히 식품을 다루는 업무에 종사하고 있는 사람 등에 중점적으로 실시.

(2) 감염원에 대한 처치
① 격리와 치료 : 병원체에 확산방지를 위한 환자나 보균자의 격리나 완전치료가 필요.
② 환자, 보균자의 배설물 및 오염 물건의 소독

2) 감염경로 대책

① 감염원과의 접촉 기회 억제 : 학교 · 학급의 폐쇄, 교통차단
② 소독, 살균의 철저 : 직접 접촉에는 화학적, 기계적인 예방조치, 감염원의 배설물, 오염 물건등의 소독, 손의 수세 · 소독 등의 실시가 필요. 공기의 위생적 유지

 개달물 : 물, 우유, 식품, 공기, 토양을 제외한 모든 비활성 매체로 환자가 쓰던 의복, 침구, 완구, 책, 수건 등 모든 것.

3) 감수성 대책

① 저항력의 증진 : 체력을 증진시켜 저항력의 유지 증진에 노력.
② 예방접종(인공면역)

	연령	예방접종의 종류
기본접종	4주이내 2개월 4개월 6개월 15개월 3~15세	BCG 경구용소아마비, DPT 경구용소아마비, DPT 경구용소아마비, DPT 홍역, 볼거리, 풍진 일본뇌염
추가접종	18개월, 4~6개월(2회) 11~13세 매년	경구용소아마비, DPT 경구용소아마비, Td 일본뇌염(유행전)

※ D : 디프테리아, P : 백일해, T : 파상풍, 결핵(BCG) : 생후 가장 먼저 실시하는 예방접종

4) 면역의 종류

(1) 능동 면역

① 자연 능동 면역 : 질병감염 후 획득

② 인공 능동 면역 : 예방 접종으로 획득

(2) 수동 면역

① 자연 수동 면역 : 모체로부터 획득한 면역

② 인공 수동 면역 : 혈청 제의 접종으로 인해 획득한 면역

영구면역이 되는 질병(수두, 홍역, 백일해, 폴리오, 풍진

> **TIP**
>
> ※ 감염병의 전파예방 대책
> ① 감염원의 근본적 대책 : 격리와 치료
> ② 감염경로의 차단 : 소독, 살균의 철저
> ③ 감수성 : 예방접종
>
> ※ 건강 보균자
> 병의 증상은 나타나지 않지만 몸 안에 병원균을 가지고 있어 평상시에 혹은 병원체를 배출하고 있는 자로서 감염병 관리가 가장 어려움.

	세균성 식중독	소화기계 감염병(경구감염병)
균	식중독균에 오염된 식품의 섭취로 발생	감염병균에 오염된 식품과 물을 섭취 또는 수질의 오염에 의한 경구 감염
균수	많은 양의 균이나 독소에 의해 발생	적은 양의 균으로 발생
잠복기	짧다	길다
감염	2차 감염 없다	2차 감염 있다
면역	면역성이 없다	면역성이 있다

04. 산업보건관리

직업병의 종류(근로보건 행정의 목적 : 직업병 예방)

원인별	질병명
고열환경	열중증(열경련증, 열허탈증, 열쇠약증, 울열증)
저온환경	동상, 참호족염, 등창
고압환경	잠함병(잠수병)
저압환경	고산병, 항공병
조명불량	안구진탕증, 근시, 안정피로
소음	직업성 난청(방지 : 귀마개 사용, 방음벽 설치, 작업방법 개선)
분진	진폐증 – 규폐증(유리규산), 석면폐증(석면), 활석폐증(활석)
공업중독	연 중독, 크롬 중독, 카드뮴 중독, 망간 중독 등

Chapter ❷ 음식 안전 관리

제1절 개인 안전 관리

01. 개인 안전사고 예방 및 사후 조치

안전 관리는 시설(외형적인 건물)에 대해서 뿐만 아니라, 그 시설 내에 있는 재산과 모든 사람들의 생명을 보호하며 인위적·천연적인 재해의 위험성에 대해 최소화해야 하는 것을 의미한다.

① 안전풍토 : 근로자들이 작업환경에서 안전에 대해 갖고 있는 통일된 인식을 말하며, 조직 구성원의 행동 및 태도, 구성원 상호간의 의사소통, 교육 및 훈련, 개인의 책임감, 안전 행동 사고율 등에 영향을 미친다.
② 재해 발생의 원인 : 부적합한 지식과 태도의 습관, 불안전한 행동, 불충분한 기술, 위험한 작업 환경.
③ 안전 사고 예방 과정 : 위험요인 제거 → 위험요인 차단 → 위험사건 예방 → 위험사건 교정 → 위험사건 발생 후 재발 방지 조치 제한(심각성 강조)

1) 안전 사고의 3대 요인

(1) 개인 안전 사고의 인적요인
① 개인의 정서적 요인 조사(과격한 기질, 성격, 시력, 지식 및 기능의 부족)
② 개인의 행동적 요인 조사(개인의 부주의, 독단적인 행동, 불완전한 동작, 미숙한 작업 방법, 안전 장치 점검 소홀, 결함 있는 기계 기구 사용)
③ 개인의 생리적 요인 조사(체내에서 에너지 사용이 일정한 한도를 넘어 과도하게 행해졌을 때 일어나는 생리적 현상으로 피로 할 때 실수 유발)

(2) 안전 사고의 물리적 요인
각종 기계, 장비, 시설물 등의 요인

(3) 안전 사고의 환경적 요인
주방의 환경적 요인, 주방의 시설적 요인

2) 안전 사고 예방
① 용도별 개인 안전 보호구를 착용한다.
② 위생모자, 안전 마스크, 손 보호구(안전 장갑), 발 보호구(안전화) 착용

02. 작업 안전 관리

1) 개인 재해발생의 원인을 분석한다.
2) 개인이 사용하는 칼에 대해 사용 안전, 이동 안전, 보관 안전 실행한다.
   ① 사용 시, 칼을 사용할 때는 정신을 집중하고 안정된 자세로 임하며 본래 목적 이외엔 사용하지 않는다. 칼을 사용하다가 떨어지고 있는 칼을 손으로 잡으려 하지 말고 한걸음 물러서서 피한다.
   ② 이동 시, 주방에서 칼을 들고 다른 장소로 옮겨갈 때에는 칼끝이 정면으로 향하지 않게 하고 땅 부분으로 향하게 하며 칼날이 뒤로 가게 한다.
   ③ 보관 시, 칼을 물이 들어 있는 씽크대에 담궈 두지 않아야 하며 칼은 보이지 않는 안전함에 넣어서 보관한다.
3) 개인 안전관리 인식면에 있어서 위험한 조리기기 사용 시, 설비 및 각종 기기의 작동방법 급식소의 안전문제 안전수칙을 매우 잘 준수해야 한다.
4) 안전교육의 효과를 높이기 위해서 전문교육기관의 다양한 안전교육 매체 개발과 지속적이고 반복적인 안전 교육이 필요하다.

제2절 장비·도구 안전 작업

조리 장비·도구 안전 관리 지침

1) 조리 작업별 필요한 주요 설비 장비
   ① 재료보관실 : 일반 저장고, 선반, 냉장 냉동고, 온도계
   ② 전처리, 조리준비(준비실) : 씽크대, 세척대, 탈피기, 혼합기, 절단기
   ③ 조리실(썰기) : 도마, 칼, 접시, 쟁반, 믹서, 블렌더
   ④ 가열조리 : 가스렌지, 냄비, 후라이 팬, 번철, 브로일러, 튀김 기구

2) 장비 도구의 안전 관리 작업
   ① 장비 도구의 유지 관리 계획수립과 관리기준 정립하고 체계를 개선
   ② 일상 점검 및 정기 점검(연 1회 이상), 긴급 점검
   ③ 일상 유지 보수 및 정기 유지 보수, 긴급 유지 보수
   ④ 지침서 항목 선정

3) 장비 도구의 안전 관리 지침

① 모든 장비와 도구의 사용법과 기능을 충분히 숙지 하고 전문가의 지시에 따라 정확하게 사용
② 장비의 사용 용도 이외의 사용을 금지하며, 무리한 가동 금지
③ 무리가 발생시 즉시 사용 중단 후 적절한 조치
④ 전기 사용하는 장비는 전기 사용량 한도를 확인하고, 모터에 물이나 이물질이 들어가지 않게 철저한 주의
⑤ 지침서, 관리 대장 작성

제3절 작업 환경 안전 관리

01. 작업장 환경 관리

작업 환경이란 작업가에게 영향을 주는 작업장의 온도, 환기, 소음 등을 말한다.

1 안전 사고의 요인

1) 물적 · 시설 요인

① 각종 기계, 장비, 시설물에서 오는 요인으로 자재 불량, 각종 시설물 노후화에 의한 붕괴 우려가 있다.
② 전기시설 문제로 인한 화재, 전기 누전, 감전 사고 우려가 있다.
③ 바닥의 문제로 미끄러지거나 낙상의 우려가 있다.

2) 환경적인 요인

① 주방의 환경적 · 물리적인 요인
   조리실의 채광시설이나 통풍 환기시설, 작업대의 높이나 기기의 배치, 조리 기구 및 비품, 작업공간이 잘 확보되어야 한다.
② 조리실 고온 다습 환경으로 인한 고열, 피부염, 땀띠, 무좀이 생길 수 있다.
③ 소음이 많이 발생할 경우 청력 결함, 집중 소홀로 인한 사고 우려가 있다.
④ 안전사고의 요인을 제거하고 이를 개선하기 위하여 물을 많이 사용하는 wet kitchen system과 물을 거의 사용하지 않는 dry kitchen system으로 분리하면 좋다.

2 재해방지 위한 대책

1) 재해방지 위한 직접적인 대책
작업 환경 개선 : 작업자가 넘어지거나 미끄러지는 위험 방지
기계 설비 개선, 작업 순서에 따라 정확한 작업이 이루어지도록 한다.

2) 재해방지 위한 간접적인 대책
조직 관리 기준 개선 : 전담 안전 관리 책임자를 선임한다. 정기적인 안전 교육 실시, 법정 근로 시간을 준수하여 피로감으로 지치지 않게 한다.

02. 작업장 안전 관리

1 위험도 경감의 원칙
① 사고 발생 예방과 피해 심각도의 억제하기 위하여, 위험 요인을 제거하고 위험 발생과 사고 피해의 경감을 염두에 둔다.
② 위험도 경감은 사람, 절차. 장비의 3가지 시스템 구성요소를 고려하여 다양한 위험도 경감 접근법을 검토한다.

2 재난의 원인요소 : 각 요소들의 연관 관계를 명백히 분석 한다.

1) 인간(Man)
인간(man)이 실수를 일으키는 요소도 중요하지만 본인보다도 본인 이외의 사람, 직장에서는 동료나 상사 등 인간 환경을 중시한다. 직장에서의 인간 관계, 집단의 본연의 모습은 지휘, 명령, 지시, 연락 등에 영향을 주고, 인간 행동의 신뢰성으로 연결된다.

2) 기계(Machine)
기계 설비 등의 물적 조건을 말하는 것으로 각종 소방 방비와 소방차 등 기계의 위험, 방호설비, 통로의 안전 유지, 인간, 기계, 인터 페이스의 인간공학적 설계 등이다.

3) 매체(Media)
매체란 원래 어떤 작용을 한 쪽에서 다른 쪽으로 전달하는 물체나 그 수단 뜻으로, 현장에서 출동하여 화재구조, 구급작업의 현장 정보, 현장 작업 방법, 현장 작업시 그 당시의 상황이나 환경 등을 말한다.

4) 관리(Management)

현장 안전을 위한 법규와 대응 매뉴얼 준수 철저, 안전 관리 조직, 교육 훈련, 계획, 현장 지휘 감독 등을 관리해야 한다.

① 관리 책임자는 자신의 책임 범위내에서 위험도를 제어 할수 있는 방법을 조사 한다.
② 각각의 안전 대책이 위험도 경감에 효과적이고 합리적인지 여부를 판단하여, 법적 요구 사항을 포함 하는 가능한 안전 대책을 모두 검토해야 한다.
③ 위험 분석의 위험도 산정, 안전 수준 분석 및 안전 대책 검토 활동을 포함한 안전 성능 보고서를 작성한다.
④ 안전 관리 점검표를 작성한다.
- 시설물 안전 및 유지 관리 점검표 작성
- 전기 시설물, 가스 시설물, 냉 난방 시설물, 가열 및 급배기 시설물에 대한 안전 관리 점검표를 작성하여 관리한다.

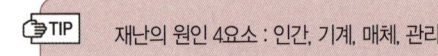
TIP 재난의 원인 4요소 : 인간, 기계, 매체, 관리

3 안전 수칙 교육 실시 및 안전 사고 예방

① 위험요인의 근원을 없애도록 하며 위험 요인을 차단하기 위한 안전 방벽을 설치한다.
② 위험 사건을 초래할수 있는 인적, 기술적, 조직적 오류를 예방하고 오류를 교정한다.
③ 위험 사건 발생 이후 재발 방지를 위하여 대응 및 개선 조치를 취한다.
④ 안전 대책의 중심적인 요소에 대한 분석 : 기계적 또는 물리적으로 부적절한 환경, 지식 또는 기능의 결여, 부적절한 태도 육체적 부적합의 요소에 대해 분석한다.

4 신속 정확한 응급 조치

① 급식소에 비치된 비상약품으로 응급조치한 후 상태에 따라 병원으로 가야 한다.
② 응급 조치 교육 계획수립
③ 응급상황 시 행동단계 : 현장조사(Check) → 119 신고(Call) → 처치 및 도움(Care)

03. 화재 예방 및 조치 방법

1 화재 진압기 배치

화기를 사용하는 급식기구를 한 곳으로 모아 열관리 집중실을 별도로 설치하고 화상의 위험요인을 제거한다.
① 인화성 물질 적정 보관 여부 점검

② 소화전함, 소화기 비치 및 관리 점검
③ 출입구 및 복도, 통로에 적재물 비치 여부 점검하여 비상통로 확보
④ 비상 조명등 예비 전원 작동 상태 점검, 자동 확산 소화용구, 스프링 쿨러 설치의 적합성 점검

2 유해, 위험, 화학물질 관리
① 물질 안전 보건 자료 비치, 취급 방법 교육
② 경고 표지 부착(물질명, 주의 사항, 제조일자, 제조자 성명 기재)
③ 보관 중에 넘어지지 않게 보관 상태(밀폐, 보관위치) 수시 점검

3 법정 안전 교육 실시
상해·사망 또는 재산의 피해를 일으키는 불의의 사고를 예방하기 위하여 정기 안전 교육, 신규 채용자 교육, 작업 내용 변경 시 교육, 특별 안전 교육을 실시한다.

4 가스기기류
- 가스 중간 밸브 잠그기
- 상판과 외장은 사용할 때마다 세제와 스펀지를 이용하여 세척한다.
- 버너 밑의 물 받침대 등 분리 가능한 것은 모두 분리하여 세척제를 사용하여 세척한다.
- 가스호스, 콕, 가스 개폐 손잡이 등에는 세척제를 분무하여 불린 다음 세척 후 건조한다.
- 버너는 불구멍이 막히지 않도록 솔을 사용하여 가볍게 닦는다.
- 물이 들어가지 않도록 주의하고 일반적으로 1회/일 세척하고 오염이 되었을 경우 수시로 세척한다.

5 비상구, 소화전
위치를 확인하고 훈련을 실시하여 안전사고에 대비한다.

6 전기, 가스, 조명 관리하기
① 전기, 가스
전기는 사용 기기의 전압과 전류에 맞게 용량을 확보하고, 접지를 하여 감전되지 않도록 안전 장치가 되어 있어야 한다.
② 조명
전구나 조명 장치는 안전한 형태의 것이어야 하며, 파손이나 이물 낙하 등에 의한 식품의 오염이 방지될 수 있도록 보호 장치나 보호 커버가 설치되어 있어야 한다. 조도는 공정 중에 육안 확인이 필요한 공정은 육안 확인의 정확성을 위하여 조도기준을 500Lux 이상으로 관리하여야 작업이 원활히 이루어진다.

04. 산업안전보건법 및 관련 지침

(목적)

산업 안전 및 보건에 관한 기준을 확립하고 그 책임의 소재를 명확하게 하여 산업재해를 예방하고 쾌적한 작업 환경을 조성함으로써 노무를 제공하는 사람의 안전 및 보건을 유지·증진함을 목적으로 한다.

(정의)

1) 산업 재해 : 노무를 제공하는 사람이 업무에 관계되는 건설물, 설비, 원재료, 가스, 증기, 분진 등에 의하거나 작업 또는 그밖의 업무로 인하여 사망 또는 부상하거나 질병에 걸리는 것을 말한다.
2) 중대재해 : 산업재해 중 사망 또는 재해 정도가 심하거나 다수의 재해자가 발생한 경우로서 고용노동부령으로 정하는 재해를 말한다.
3) 근로자 : 근로기준법에 따른 근로자를 말한다.
4) 사업주 : 근로자를 사용하여 사업을 하는자를 말한다.
5) 근로자 대표 : 근로자의 과반수로 조직된 노동조합이 있는 경우에는 그 노동조합을, 근로자의 과반수로 조직된 노동조합이 없는 경우에는 근로자의 과반수를 대표하는자를 말한다.
6) 도급 : 명칭에 관계 없이 물건의 제조, 건설, 수리 또는 서비스의 제공, 그 밖의 업무를 타인에게 맡기는 계약을 말한다.

(사업주 등의 의무)

1) 산업재해 예방을 위한 기준 작성
2) 근로자의 신체적 피로와 정신적 스트레스 등을 줄일 수 있는 쾌적한 작업 환경의 조성 및 근로 조건 개선
3) 해당 사업장의 안전 및 보건에 관한 정보를 근로자에게 제공

(근로자의 의무)

근로자는 이 법에 따른 명령으로 정하는 산업재해 예방을 위한 기준을 지켜야 하며, 사업주 또는 근로 감독관, 공단 등 관계인이 실시하는 산업재해 예방에 관한 조치에 따라야 한다.

Chapter ❸ 음식 재료 관리

제1절 식품 재료의 성분

식품을 크게 수분과 고형물로 나누며, 고형물은 유기물과 무기물로 나누게 되며, 유기물은 탄수화물, 지질, 단백질, 비타민이 유기물에 해당된다.

01. 수분(물)

1 기능

영양소의 운반, 노폐물의 제거 및 배설, 체온 유지, 체액의 pH조절 및 삼투압 조절한다.
성인 1일 수분 권장 섭취량 : 2~4 ℓ

2 수분의 종류

유리수(자유수)	결 합 수
용매로 작용한다	식품 중 단백질, 탄수화물 성분과 수소결합 등으로 단단히 묶여 있는 고분자 화합물로 용매로 작용하지 않는다
0℃이하에서 쉽게 동결한다	0℃이하에서도 동결되지 않는다
100℃에서 쉽게 끓는다	100℃로 가열해도 끓지 않는다
건조에 의해 쉽게 제거된다	건조에 의해 쉽게 제거되지 않는다
미생물 생육, 번식에 이용한다	미생물 생육, 번식에 이용되지 못한다
밀도가 작다	유리수에 비해 밀도가 크다

3 수분활성도(Aw)

어떤 임의의 온도에서 식품이 나타내는 수증기압을 그 온도에서의 순수한 물의 최대 수증기압으로 나눈 것이다.

$$※ 수분활성도(Aw) = \frac{식품이\ 나타내는\ 수증기압(P)}{순수한\ 물의\ 최대\ 수증기압(Po)}$$

① 물의 수분활성도는 1이다(상대습도 : 100). Aw×100 = 상대습도
② 일반 식품의 수분활성도는 1보다 작다(Aw 〈 1).
③ 미생물은 수분활성도가 낮으면 생육이 억제되고, 높으면 미생물 증식이나 효소의 활성화가 높아지므로 가능하면 수분활성도를 낮춘다.
④ 곡류(Aw0.60~0.64), 육류(Aw0.92~0.97), 어패류 · 채소 및 과일류(Aw0.98~0.99)

Chapter 3 음식 재료 관리

 ※ 식품위생과 관련된 미생물이 생육하기 위한 최적 수분활성도(Aw)의 크기
세균(0.91) 〉 효모(0.88) 〉 곰팡이(0.80) 〉 내건성 곰팡이(0.65) 〉 내삼투압성 효모(0.60)

02. 탄수화물

1 탄수화물(당질)

① 탄소(C), 수소(H), 산소(O)로 구성
② 탄수화물 대사 작용에는 반드시 비타민B_1(티아민)이 필요
③ 최종 분해산물 : 포도당
④ 소화효소 : 프티알린, 사카라아제, 락타아제, 말타아제, 아밀롭신

2 탄수화물의 분류

1) **단당류** : 소화 작용에 의해 더 이상 분해되지 않는 물질이다.
    ① 포도당(glucose) : 과일(포도) 등에 함유되어 있으며 혈액 중에 약 0.1% 존재한다.(혈당)
    ② 과당(fructose) : 과일, 벌꿀 등에 함유되어 있으며 단맛이 가장 강하다.
    ③ 갈락토오스(galactose) : 유즙에 존재하며 젖당의 구성 성분이다.

2) **이당류** : 단당류 2개가 결합하여 만들어진 물질이다.
    ① 자당(설탕, 서당, sucrose) → 포도당+과당
    ② 유당(젖당, lactose) → 포도당+갈락토오스
    ③ 맥아당(엿당, maltose) → 포도당+포도당

 ※ **감미도** : 과당(175) 〉 전화당 〉 자당(100) 〉 포도당(75) 〉 갈락토오스, 맥아당 〉 유당(16)
전화당 : 과당과 포도당의 동량 혼합물(과당 : 포도당 = 1 : 1)

3) **다당류**
    ① 전분(녹말, starch) : 아밀로오스(20%)와 아밀로펙틴(80%)으로 구성
                    찹쌀전분 : 아밀로펙틴 100%
    ② 글리코겐(glycogen) : 동물의 간이나 근육에 저장되어 있는 포도당 집합체(동물성 전분)
    ③ 섬유소(cellulose) : 식이섬유소를 말하며 장의 운동을 촉진시켜 변비를 예방(만복감)
    ④ 펙틴(pectin) : 과실류, 감귤류의 껍질에 많이 함유되어 있으며 펙틴에 당을 가하면 엉겨지는
                성질(겔)이 있어서 구조형성에 도움을 준다.
        *잼의 3요소 – 설탕 : 약 60%, 펙틴 : 1.0~1.5%, 산 : 0.3%(pH 3)

⑤ 덱스트린(호정, dextrin) : 전분이 포도당으로 될 때의 중간 생성물(뻥튀기, 팝콘, 누룽지)
⑥ 한천 : 우뭇가사리(홍조류)

3 탄수화물의 기능
① 에너지의 급원(1g당 4kcal)이며, 단백질 절약작용을 한다.
② 글리코겐으로 간에 저장, 필요시 포도당으로 분해되어 사용하며 간장보호 및 간의 해독작용을 한다.
③ 포도당은 0.1%의 혈당량을 유지한다.

4 권장량
① 1일 총열량 섭취량의 60~65% 권장, 소화율 98%
② 과잉 시 비만증, 소화불량 및 지방과다증, 결핍 시 체중감소 · 발육부진

03. 지질

① 탄소(C), 수소(H), 산소(O)로 구성
② 최종분해산물은 지방산과 글리세롤
③ 소화효소 : 리파아제, 스테압신

1 지방의 분류

1) **단순지질(중성지방)** : 글리세롤 한 분자와 지방산 3분자가 결합하여 만들어진 지방이다.
   ① 유(oil) – 액체인 지방 : 면실유, 식용유(식물성)
   ② 지(fat) – 고체인 지방 : 돼지기름, 소기름(동물성)

2) **복합지질** : 지질과 지질 이외의 물질이 결합된 것이다.
   ① 인지질 = 인 + 단순지질
   ② 당지질 = 당 + 단순지질

3) **유도지질** : 단순, 복합지질의 가수분해 생성물로 스테롤류
   콜레스테롤(프로비타민B_3), 에르고스테롤 등(프로비타민D_2)

 TIP
※ 레시틴(lecithin)
– 인지질(인산을 함유한 복합지질) : 난황에 다량 존재한다.
– 친수기와 친유기를 모두 가지고 있기 때문에 유화제로 사용한다. ex) 마요네즈

Chapter ❸ 음식 재료 관리

2 지방산의 분류

1) 포화지방산 : 탄소와 탄소사이에 단일결합(이중결합 없음). 상온에서 고체이다.

2) 불포화지방산
① 탄소간의 이중결합을 가진 것이다.
② 대부분 액상이므로 혈액이 묽어지고 혈액순환에 도움이 된다.
③ 올레산, 리놀레산, 리놀렌산, 아라키돈산, 이중결합이 많을수록 산패가 빠르다.

3) 필수지방산(비타민F)
① 체내에서 생성할 수 없어 반드시 음식물로 섭취해야 하는 지방산이다.
② 리놀레산(이중결합2개), 리놀렌산(이중결합3개), 아라키돈산(이중결합4개)

4) 경화유
불포화지방산에 니켈과 백금을 촉매제로 수소를 첨가시켜 포화지방산으로 만든 고체형 기름이다.
(마가린, 쇼트닝)

5) 요오드가
- 유지의 불포화도를 나타내는 값으로 유지 100g중에 첨가되는 요오드의 g수
- 요오드가 높을수록 불포화지방산을 많이 포함한다.
   ① 건성유 : 요오드가 130이상. 불포화도가 높기 때문에 공기 중에서 산화, 건조된다.
         (들기름, 아마인유, 호두유)
   ② 반건성유 : 요오드가 100~130. 공기 중에서 건성유보다 얇은 피막 형성
         (콩기름, 해바라기씨유, 면실유, 참기름)
   ③ 불건성유 : 요오드가 100이하. 안정된 기름으로 공기 중에서 쉽게 굳지 않는다.
         (낙화생유, 동백기름, 올리브유)

 검화가(비누화가)
지방이 수산화나트륨(NaOH)에 의하여 가수분해 되어 지방산의 Na염(비누)을 생성하는 현상.
즉, 지방이 알카리에 의해서 가수분해 됨.

3 지질의 기능
① 농축된 에너지원으로 1g당 9kcal의 열량을 발생한다.
② 인지질은 세포의 구성성분으로 뇌와 신경조직을 구성한다.
③ 지용성비타민의 운반과 흡수를 돕는다.

4 권장량

① 1일 총열량 섭취량의 20%, 소화율 95%
② 과잉 시에는 케토시스(ketosis – 혼수, 마비증, 비만증, 간경화증, 동맥경화증, 심장병)

04. 단백질

① 탄소(C), 수소(H), 산소(O), 질소(N)
② 최종분해산물은 아미노산(아미노기+카르복실기)이다.
③ 질소계수 = 6.25 (100/16)
④ 뷰렛에 의한 정색반응(적자색~청자색)일으킨다.
⑤ 소화효소 : 펩신, 트립신, 에렙신

1 화학적 분류

① **단순 단백질** : 아미노산으로 이루어져 있으며 난백, 우유, 혈청의 알부민, 밀의 글루테닌
② **복합 단백질** : 단백질과 단백질 이외의 물질이 결합된 것이다.
③ **유도 단백질** : 변성단백질(젤라틴, 응고단백질), 분해단백질(펩톤)

> **TIP**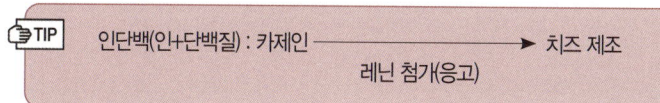
> 인단백(인+단백질) : 카제인 ──────→ 치즈 제조
> 　　　　　　　　　　　　레닌 첨가(응고)

2 영양학적 분류

① **완전 단백질** : 동물의 성장과 생명유지에 필요한 모든 필수아미노산을 함유한 것이다.
　　　　　　　　우유(카제인), 달걀, 고기, 생선(알부민, 글로불린)
② **부분적 완전 단백질** : 생명 유지는 되나 성장 발육되지 못하는 단백질이다.
　　　　　　　　밀(글리아딘), 보리(호르데인)
③ **불완전 단백질** : 생명 유지와 성장발육이 모두 되지 못하는 단백질
　　　　　　　　옥수수(제인), 젤라틴

> **TIP**
> ※ 필수아미노산
> – 체내에서 생성할 수 없으므로 반드시 음식물로 섭취해야 하는 아미노산
> – 트립토판, 발린, 트레오닌, 이소루신, 루신, 리신, 페닐알라닌, 메티오닌으로 8가지
> – 성장기 어린이에게는 아르기닌, 히스티딘이 추가되어 10가지 필수아미노산이 필요
> – 함유황 아미노산 : 시스테인, 시스틴, 메티오닌

3 단백질의 기능
① **체조직 구성** : 근육 등의 체조직을 구성하고, 혈액 단백질, 효소 및 호르몬 등을 구성한다.
② **에너지 공급** : 1g당 4Kcal의 열량을 발생한다.
③ **생리조절** : 조직 내의 삼투압을 조절, 체내의 수분함량을 조절, 체내 pH를 조절한다.
④ **면역체 역할** : 글로불린이 병에 대한 면역체의 역할을 한다.

4 권장량
① 1일 총열량의 15%(소화율 92%)
② 필수아미노산이 많고 소화흡수율이 높은 동물성 식품과 콩 제품으로 섭취한다.

5 단백질 결핍증
쿼시오커(Kwashiorkor)증 : 어린이가 단백질이 장기간 부족하면 발생하는 병으로 성장지연, 부종, 피부염이 발생한다.

05. 무기질
C, H, O, N을 제외한 모든 원소, 인체의 약 4%를 차지

1 칼슘(Ca)
체내에 가장 많은 무기질로 골격과 치아를 구성하고 혈액 응고, 심장, 근육의 이완, 수축, 신경흥분성 억제 작용.
① **결핍증** : 골격과 치아의 발육 부진, 골연화증, 골다공증
② **함유식품** : 우유, 멸치, 뱅어포, 가공 치즈, 해조류

2 인(P)
칼슘과 함께 골격과 치아를 형성
① **결핍증** : 골격과 치아의 발육 부진, 골연화증, 성장 부진 등의 증세.
② **함유식품** : 멸치, 우유, 난황, 육류, 새우

3 나트륨과 염소(Na, Cl)
삼투압 조절과 산·염기의 평형 유지 등의 역할.
① **결핍증** : 식욕 부진, 위액의 산도 저하
② **함유식품** : 소금에서 주로 섭취하며 성인 1일 나트륨의 필요량은 8~10g

4 철분(Fe)
헤모글로빈의 구성 성분, 비타민 C는 철의 흡수를 돕는다.
① **결핍증** : 빈혈 등의 증세
② **함유식품** : 간, 난황, 육류, 녹황색 야채류

5 구리(Cu)
철이 헤모글로빈을 생성할 때 촉매 작용을 하며 조혈작용을 함
① **결핍증** : 빈혈
② **함유식품** : 간, 해조류, 콩, 야채류

6 코발트(Co)
적혈구 생성에 관여하며 비타민 B_{12}의 구성 성분.
① **결핍증** : 악성 빈혈 등
② **함유식품** : 쌀, 콩 등
- 산성식품 : S, P, Cl 등은 체내에서 분해되어 산성으로 됨(곡류, 어류, 육류).
- 알카리성 식품 : Ca, K, Na, Mg, Fe, Cu, Mn 등은 체내에서 분해되어 알카리성이 됨 (과일, 채소, 해조류).
- 우유 : 동물성 식품이지만 Ca이 많이 함유되어 알카리성 식품에 해당.

06. 비타민
생리적인 기능을 조절하는 영양소로 인체 내에서 합성되지 못하므로 식품을 통해 섭취한다.

1 지용성 비타민(비타민 A, D, E, F, K)
- 기름에 잘 용해되며 기름과 함께 섭취하면 흡수율이 증가하고, 과잉 섭취 시 체내에 저장된다.
- 결핍증은 서서히 나타나며 매일 공급할 필요는 없다.

1) **비타민 A(레티놀)** : 항안성 비타민(동물의 성장 및 피부와 점막에 관여)
  ⑴ 결핍증 : 야맹증, 점막 장애, 각막 건조증, 결막염
  ⑵ 함유식품 : 뱀장어, 간, 난황, 당근, 시금치, 버터, 우유 및 유제품
  ⑶ 카로틴 : 비타민 A의 전구물질(프로비타민 A)

2) **비타민 D(칼시페롤)** : 항구루병성 비타민(칼슘의 흡수를 도와 뼈의 정상적인 발육에 도움)

① 결핍증 : 구루병, 골연화증.
② 함유식품 : 말린 식품, 간유, 달걀노른자, 버터 등.
③ 콜레스테롤, 에르고스테롤 : 비타민 D의 전구물질.

3) 비타민 E (토코페롤) : 항산화성 비타민(생식 기능에 관여)
① 결핍증 : 불임증, 근육 위축증, 노화 등의 증세.
② 함유식품 : 곡류의 배아, 난황, 대두유, 달걀.

※ **천연 항산화제**
비타민 E(토코페롤), 비타민 C(L- 아스코르빈산 나트륨),
세사몰(깨, 참기름), 고시폴(목화씨, 면실유), 플라본 유도체

4) 비타민 F : 필수지방산으로, 리놀레산, 리놀렌산, 아라키돈산이 있다.

5) 비타민 K : 지혈 작용을 하며, 장내 세균에 의해 합성된다.
① 결핍증 : 혈액 응고가 지연
② 함유식품 : 푸른 잎, 달걀, 간

2 수용성 비타민(비타민 B_1, B_2, B_6, B_{12} 나이아신 C)
– 물에 잘 용해되며 과잉 섭취 시 필요한 양은 남고 모두 몸 밖으로 배출한다.
– 결핍증은 바로 나타나며 매일 식사에서 공급한다.

1) 비타민 B_1 (티아민) : 당질의 소화에 관여하며 알리신에 의해 흡수율이 증가한다.
① 결핍증 : 각기병, 식욕 부진 등의 증세.
② 함유식품 : 돼지고기, 곡류, 두유, 견과류 등.

2) 비타민 B_2 (리보플라빈) : 보조 효소로서 이용되며, 성장 촉진에 관여한다.
① 결핍증 : 구순구각염, 식욕 부진 등의 증세.
② 함유식품 : 우유, 쇠간, 난백, 푸른 채소 등에 함유.

3) 비타민 B_6 (피리독신)
① 결핍증 : 피부염 등과 같은 증세.
② 함유식품 : 곡류의 배아, 효모, 난황, 고기.

4) 비타민 B_{12} : 코발트(Co)를 함유한 비타민.
① 결핍증 : 악성 빈혈, 신경 이상.

② 함유식품 : 굴, 김, 난황, 쇠간, 우유 등에 함유.

5) 나이아신 (니코틴산)
① 결핍증 : 펠라그라(피부염) 등의 증세.
② 함유식품 : 땅콩, 간, 육류 등에 함유.

6) 비타민 C (아스코르브산)
① 결핍증 : 괴혈병, 병의 저항력 약화, 피부염 등의 증세.
② 함유식품 : 양배추, 고추, 무잎, 감귤 등에 함유.
③ 비타민 C 파괴 효소 : 아스코르비나제(당근, 호박, 오이)
④ 가열조리에 의해 가장 파괴되기 쉽다.

07. 식품의 색

1 식품의 색
일반적으로 식품의 기호적 가치를 높여주는 성분으로 색, 맛, 향기(냄새), 효소 등이 해당된다.

	색소	식품	특징
식물성 색소	클로로필 색소 (엽록소)	녹색채소	지용성 색소 • 산, 열에 불안정 : 　클로로필린 → 클로로필라이드 　(초록색)　클로르필라아제　(녹갈색) • 알카리에 안정 　(1~2%의 소금 첨가시 선명한 초록색 유지되며 채소의 뭉그러짐 방지, 소다 첨가시 비타민 C가 파괴되고 채소의 섬유질이 급속히 물러진다.)
	안토시안 색소	자색, 적색, 청색 채소 과일(사과, 딸기, 포도, 가지)	수용성 색소 • 산성에서 붉게 변하며 알카리에서 청색으로 변한다.
	플라보노이드 색소	황색, 흰색 (옥수수, 밀가루, 감자, 우엉, 연근)	수용성 색소 • 산에 안정(우엉, 연근 껍질 벗겨 레몬즙, 식초에 담그어 흑변 방지 • 알카리에 불안정(소다빵) • 열에 황변(삶은 감자, 삶은 옥수수, 볶은 양파)
식물성·동물성 색소	카로티노이드 색소	황색, 주황색 채소 (당근, 늙은 호박, 토마토), 난황	수용성, 지용성 색소 • 산, 열, 알카리에 안정 • 비타민 A 기능

	색 소	식 품	특 징
동물성색소	미오글로빈	적자색(육류의 근육)	근육 색소
	헤모글로빈	혈액	혈액 색소
	아스타크산틴	새우, 게, 가재	아스타크산틴(회록색) →가열→ 아스탄신(붉은색)
	헤모시아닌	문어, 오징어	가열하면 적자색으로 변한다.

08. 식품의 갈변

1 식품의 갈변

식품을 조리, 가공, 저장하면서 식품의 색이 누렇게 변하거나 진해지면서 갈색화 되는 현상을 갈변이라 한다.

1) 효소적 갈변(페놀화합물 → 멜라닌 색소로 전환)

① 감자, 고구마, 사과 등의 껍질을 벗길 때 공기에 노출되어 페놀화합물이 효소의 산화작용으로 멜라닌(Melanin) 색소를 생성하여 갈색으로 만드는 현상(홍차)이다.
　사과 : Polyphenol oxidase(폴리페놀 산화효소), 감자 : Tyrosinase(티로시나아제)
② 갈변을 방지하기 위하여 열처리(데치기), pH를 3 이하로 낮추거나(산저장), 당(당장법) 첨가, 염류 첨가(염장법) 냉동, 산소를 제거하거나 금속물질 접촉을 피한다.(Cu,Fe)

2) 비효소적 갈변

효소는 관여하지 않고 외부의 에너지 공급 없이 자연적으로 발생하거나, 가열에 의한 변색을 말하며, 간장의 착색, 식빵 껍질의 착색이 해당된다.

① 마이야르 반응(메일랴드 반응, 아미노 – 카보닐 반응, 멜라노이드 반응)
　식품의 성분 중에서 당과 아미노산이 반응하여 갈변 일어나는 현상을 말한다.
　(간장, 된장, 커피 로스팅)
② 캬라멜 반응(Caramelization)
　당류를 180℃에서 가열할 때 산화 및 분해 산물에 의한 중합 반응하여 갈변된다.
　(캬라멜소스, 약식)
③ 아스코르빈산 산화반응
　오렌지 감귤류 주스에서 일어나는 갈변 반응이다. (pH가 낮을수록 갈변 현상이 크다)

09. 식품의 맛과 냄새

1 식품의 맛

Henning에 의하면 기본적인 4원미는 단맛, 짠맛, 신맛, 쓴맛으로 나눈다.

1) 맛의 종류

맛의 종류	특징, 종류
(1) 단맛	① 포도당 : 과실, 벌꿀 산화당 엿에 다량 함유 ② 과당 : 과실, 벌꿀 ③ 설탕 등의 단맛은 소량의 소금을 첨가하면 단맛이 증가하고 쓴맛, 신맛을 첨가하면 단맛은 감소한다. ④ 양파 : 프로필메르캅탄
(2) 짠맛	① 염화나트륨(Nacl) : 식염 ② 짠맛에 신맛을 첨가하면 짠맛은 증가하고 단맛을 첨가하면 짠맛이 감소한다
(3) 신맛	① 식초산 : 식초　　　　　　　② 구연산 : 딸기, 감귤류, 오렌지 ③ 주석산 : 포도　　　　　　　④ 사과산 : 사과, 배 ⑤ 유산(젖산) : 요구르트
(4) 쓴맛	① 카페인 : 커피, 초콜릿　　　② 테인 : 차 ③ 호프(휴물론) : 맥주　　　　④ 데오브로민 : 코코아 ⑤ 큐커비타신, 쿠쿠르비타신 : 오이 껍질·꼭지　⑥ 헤스페리딘 : 귤 껍질
(5) 기타의 맛 (맛난 맛)	① 맛난 맛 : 고기국물　　　　② 이노신산 : 가다랭이말림, 멸치 ③ 글루타민산(M.S.G) : 다시마, 된장, 간장　④ 구아닌산 : 표고버섯 ⑤ 시스테인, 리신 : 육류, 어류　⑥ 호박산 : 조개류 ⑦ 타우린 : 새우, 오징어, 문어, 조개
(6) 매운맛	① 미각이라기 보다 통각 ② 캡사이신(고추), 알리신(마늘), 진저롤, 쇼가올(생강), 채비신, 피페린(후추), 시니그린(겨자), 산쇼올, 산슐(산초) 등이며 60℃ 정도에서 가장 강하게 느낌 알릴이소티오시아네이트(와사비)
(7) 떫은 맛	혀의 점막 단백질이 응고되어 미각 신경이 마비되면서 느끼는 현상 탄닌 : 차와 감의 떫은 맛
(8) 아린 맛	① 쓴맛과 떫은 맛의 혼합된 맛 ② 제거법 : 고사리, 죽순 – 사용하기 하루 전에 물에 담가 놓는다. 　　　　　　우엉, 연근 – 식초에 담가 놓는다. ③ 두릅, 죽순, 고사리, 우엉, 토란
(9) 금속 맛	철, 은, 주석 등 금속이온 맛(수저, 포크)

Chapter ❸ 음식 재료 관리

〈맛의 현상〉

① 맛의 대비(강화) : 서로 다른 정미 성분을 섞었을 때 주 정미 성분의 맛이 강화되는 현상.
　　　　　　　　설탕 용액에 소금을 넣으면 단맛 증가(찰밥에 소금을 넣으면 단맛 증가)
② 맛의 억제(손실) : 서로 다른 정미 성분을 섞었을 때 주 정미 성분의 맛이 약화되는 현상.
　　　　　　　　커피에 설탕 추가 → 쓴맛 억제
③ 맛의 변조 : 한 가지 정미 성분을 맛본 직후 다른 정미 성분이 정상적으로 느껴지지 않는 경우.
　　　　　　쓴 한약을 먹은 후 물 마시면 → 물맛이 달게 느껴짐
　　　　　미맹 : PTC. 극히 쓴 물질이나 이용액의 쓴맛을 전혀 느끼지 못하는 경우
④ 맛의 순응(피로) : 같은 정미 성분을 계속 맛볼 경우 미각이 둔해져서 역치가 늦어지는 현상.
⑤ 맛의 상쇄 : 두 종류의 정미 성분이 섞여 있을 경우 각각의 맛보다는 조화된 맛을 느끼는 현상.
　　　　　　예) 김치의 짠맛과 신맛의 조화, 청량음료의 단맛과 신맛의 조화

〈맛의 온도〉

① 단맛 20–50℃, 짠맛 30–40℃, 쓴맛 40–50℃, 신맛 25–50℃, 매운 맛 50–60℃
② 혀의 미각은 10–40℃에서 잘 느낄 수 있고 30℃ 전후에서 가장 예민하게 느낀다.
③ 온도의 상승에 따라 매운맛은 증가하고 온도의 저하에 따라 쓴맛은 감소한다.

2 식품의 냄새

1) 식물성 식품의 냄새

　① 알코올 및 알데히드류 : 복숭아, 감자, 오이, 주류, 계피 등의 냄새
　② 에스테르 류 : 과일 향
　③ 황화합물 : 양파, 파, 마늘, 부추, 무 냄새
　④ 세사몰(천연 항 산화제) : 참기름
　⑤ 테르펜류 : 녹차, 차 잎, 레몬, 오렌지

2) 동물성 식품의 냄새

　① 아민류 및 암모니아류 : 육류, 어류 등에서 나는 냄새(황화수소, 인돌)
　② 트리메틸아민 : 해수어 비린내
　③ 피페리딘 : 담수어 비린내
　④ 카보닐 화합물 지방산류 : 버터, 치즈 등의 유제품에서 나는 냄새
　⑤ 디아세틸 : 버터의 향미 성분

10. 식품의 물성

1 물성의 정의
① 물성이라 함은, 물리적 성질을 의미하며, 식품의 물성을 좌우하는 성분은 물, 탄수화물, 단백질, 지방이다. 이들 성분 자체는 맛과 향이 없지만 물성에 결정적인 영향을 미치게 해서 식품의 조리 및 가공에 외부에서 힘이 가해졌을 때 물질이 반응 하게 된다.
② 식품의 냄새, 색, 맛, 섭취 시 느껴지는 청각, 촉감등이 기호에 영향을 주는 물성인 것이다.
③ 물성 현상에서 직경, 표면적, 부피 등도 중요하다. 입으로 씹어서 크기를 줄이면 표면적이 늘어나 맛을 느낄 확률이 늘어나게 되고, 향이나 맛 성분이 추출되는 것이다. 따라서, 식품의 물성은 교질성과 텍스처가 대표적인 것이다.

2 교질성

1) 졸(sol)
액체 중에 콜로이드 입자가 분산하고 유동성을 가지고 있는 상태
곰국을 데우면 액체로 되는 상태

2) 겔(gel)
콜로이드 분산계가 유동성을 잃고 고화된 상태
예) 곰국이 냉장상태에서 굳어 있는 상태

3) 기체(기포성)
액체를 그릇에 넣고 흔들면 거품이 일어나는데, 그 일어나는 정도에 관한 성질을 기포성이라 한다. 거품이 일기 쉬운 것과 거품을 가진 것(포말 안정성)의 두 가지 요소가 있다. 맥주, 아이스크림, 휘핑크림, 난백의 기포성을 이용한 과자 등이 있다.

4) 유화(Emulsion)
분산질인 액체가 분산매인 다른 액체에 녹지 않고 미세하게 균형을 이루며, 잘 섞여 있는 상태를 말하며, 유중 수적형(버터, 마가린)과 수중 유적형(우유, 아이스크림, 마요네즈)이 있다.

3 텍스쳐
식품의 텍스쳐는 식품을 입에 넣었을 때 식품의 질감이 물리적 자극에 대한 촉각의 반응으로 느껴지는 식품의 물리적 성질을 말하며, 음식의 맛에도 영향을 미치게 된다.

4 리올로지(Rheology)

외부의 힘에 의한 물질의 변형 및 흐름의 특성을 규명하고, 그 정도를 정량으로 표현하는 학문으로, 물리학적인 미각을 연구하는 학문이다.

1) 점성

끈끈함, 혹은 흐름에 대한 내부 저항을 말하며, 운동하는 액체나 기체 내부에 나타나는 마찰력이므로 내부 마찰이라고도 한다. 액상음식을 저을 때 느껴지는 저항감으로 온도가 높아지면 점성이 감소하고, 압력이 높아지면 점성이 높아진다.

물엿(꿀)은 물보다 흐름에 대한 저항이 더 크므로 물보다 점성이 큰 것이다.

2) 점탄성

점성과 탄성의 성질을 모두 가지고 있고 동시에 성질이 나타나는 것을 말하며, 인절미, 밀가루 반죽 등이 있다.

3) 탄성

외력에 의해 변형된 물체가 외력을 제거하면 원래의 상태로 돌아가려는 성질을 말하며, 곤약, 양갱, 묵 등이 탄성이 큰 음식이다.

4) 가소성 (소성)

외력에 의해 형태가 변한 물체가 외력이 없어져도 원래의 형태로 돌아오지 않는 물질의 성질을 말하며, 탄성 한계를 넘는 힘이 작용할 때 나타난다. 물기가 있는 밀가루 반죽에 외부의 힘을 가하여 여러 현태로 변형 시킨 뒤, 더 이상 외부에서 힘을 가하지 않아도 반죽은 변형된 그대로의 모양을 유지 한다.

추가로 힘을 가하지 않는 이상 변형된 형태가 영구적으로 유지 된다. 생크림, 버터, 마가린이 소성을 가진 식품이다.

5) 연성

부드러운 성질을 말하며, 일반적으로 동일한 재료에서 고온으로 갈수록 연성이 크게 된다.

6) 응고성

엉겨서 뭉쳐 딱딱하게 굳어지는 성질을 말하며, 치즈가 해당된다.

7) 보수성

식품을 압착, 열처리 등의 물리적 처리를 할 때, 식품이 함유하고 있는 수분을 그대로 보유할 수 있는 능력을 말하며, 식감 등의 관능성에 영향을 미친다.

예를 들어, 고기를 요리할 때 단백질이 붙잡고 있던 물이 분리되어 배출하는 현상이 있는데, 고기는 건조해져서 맛이 나빠 질수 있게 된다. 겉면은 고온으로 익혀 고소한 향을 만들어 내고, 속은 너무 익어 퍽퍽해지게 된다. 이를 조화시켜 파삭하면서도 촉촉하게 하는 것이 중요하다.

8) 접착성

접착제를 접착 할 때 피착제의 접착을 용이하게 하는 성질을 말하며, 전을 부칠 때 밀가루를 묻힌 후 달걀을 입혀서 전을 부치는 경우가 해당된다.

11. 식품의 유독 성분(독소)

1) 식물성 식품의 독성 물질
① 프로테아제 저해물질 : 대두에 함유된 트립신 저해제(안티트립신)가 가열 처리로 트립신으로 되어 독성이 없어진다.
② 덜 익은 매실, 살구씨, 복숭아 씨(청산 배당체) : 아미그달린
③ 감자의 순 : 솔라닌
④ 목화씨 : 고시풀
⑤ 독미나리 : 시큐톡신

2) 동물성 식품의 독성 물질
① 복어의 내장 : 테트로톡신
② 모시조개 : 베네루핀

3) 가공 처리중 생성된 독성물질
① 유지의 산패, 산화로 인한 독성
② 발색제 : 아질산은 식품 중의 아민과 반응해서 발암물질인 니트로소아민 생성

4) 미생물에 의한 독성물질
① 곰팡이 : 맥각독, 아플라톡신, 황변미 독
② 식중독 세균의 독소 : 포도상구균(엔테로 톡신), 보틀리누스

5) 환경오염물에 의한 독성 (중금속) : 유기수은, 카드뮴, 납

제2절 효소(식품과 효소)

1 식품

영양소를 한 가지 이상 함유하고, 유해한 물질을 함유하지 않는 천연물 또는 가공품. 의약품으로서 섭취하는 것을 제외한 모든 음식물을 식품이라 한다.

Chapter 3 음식 재료 관리

1) 식품의 기본요소

(1) **영양성** : 탄수화물 · 단백질 · 지방 · 무기질, 비타민, 물이다.
(2) **기호성** : 맛, 향기, 색깔, 형태 등. 섭취 행동을 촉진하고 소화효소의 분비를 자극하는 등 영양 대사와 밀접한 중요한 요소다.
(3) **위생 및 안정성** : 식품은 중금속, 마이코톡신(mycotoxin, 곰팡이 균류가 내는 독성물질), 잔류 농약 및 발암, 유전 독성에 대하여 위생적으로 안전하여야 한다.
(4) **경제성** : 식품의 이용에 있어서 경제적인 가치(가격)는 중요한 요소가 된다.
(5) **실용성** : 식품의 조리와 가공 및 보존 등에 있어서의 실용적인 면이 고려되어야 한다.

2) 기초 식품군

기초식품군에 함유된 주요 영양소 및 식품의 종류

식품군	주요 영양소	식품 종류
곡류 및 전분류	탄수화물	곡류, 면류, 빵류, 시리얼, 감자류, 과자류
채소 및 과일류	비타민, 무기질	채소류, 해조류, 과일류
고기, 생선, 달걀, 콩류	단백질, 무기질	육류, 어패류, 난류, 콩류
우유 및 유제품	칼슘, 단백질, 비타민 B_2	우유, 유제품
유지, 견과류 및 당류	지방, 탄수화물	유지류, 견과류, 당류

3) 식품구성 자전거

다양한 식품을 매일 필요한 만큼 섭취하여 균형잡힌 식사를 유지하며, 규칙적인 운동으로 건강을 지켜나갈 수 있다는 것을 표현하고 있다.

2 효소

1) 효소의 특징
① 효소는 고분자로 분자량이 만~수백만이다.
  포도당 같은 기질 보다 포도당을 합성하는 효소가 비교할 수 없이 큰 분자이다.
② 효소는 효율이 대단히 좋다.
  기질과 결합하여 반응의 활성화 에너지를 낮추어 반응속도가 100만배 이상 높아진다.
③ 효소는 매우 특이성이 있다.
  한 가지 반응에 특정한 한 개의 효소만이 작용가능한 경우가 많다. 같은 분자식이어도 입체적 이성체나 광학적 이성체가 있으면 그것을 구분하여 어느 한쪽으로만 작용한다.
④ 효소는 단백질이라 환경에 민감하다.
  온도 pH, 염 농도 등에 따라 활성이 크게 바뀌게 되며 생육조건이 적합하지 않으면 기능을 잃어버릴 수 있다.

2) 당질 소화효소
① 입에서의 소화 : 프티알린
② 장에서의 소화 : 슈크라아제, 락타아제, 말타아제.

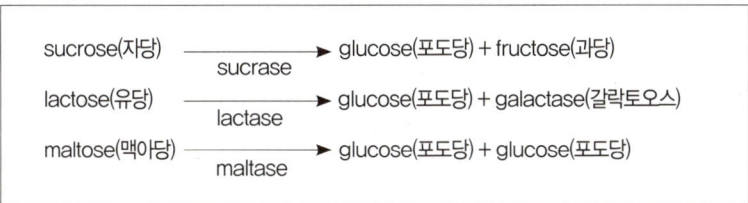

3) 단백질 소화효소
① 위에서 소화효소 : 펩신, 레닌(우유 응고)
② 장에서 소화효소 : 트립신, 에렙신

4) 지방 소화효소
① 위에서 소화효소 : 리파아제
② 장에서 소화효소 : 트립신, 스테압신, 리파아제

> **TIP** ※ 흡수
> 소화된 영양소들은 소장에서 흡수되고 물을 마지막으로 대장에서 흡수한다.
> 담즙 : 지방을 소화되기 쉬운 형태로 유화시켜 준다.(소화효소 아니다)

Chapter 3 음식 재료 관리

제3절 식품과 영양

영양소의 기능 및 영양소 섭취기준

1 영양소

1) **영양소** : 식품의 성분으로 생명현상과 건강을 유지하는 데 필요한 요소로서 외부로부터 섭취하여야 되는 물질을 영양소라 한다.

2) **영양소의 기능에 따른 분류**
   (1) 열량 영양소 : 노동하는 힘과 체온. 즉, 몸의 활동에 필요한 에너지를 공급한다.
      (탄수화물, 단백질, 지방)
   (2) 구성 영양소 : 근육, 혈액, 뼈, 모발, 장기등 몸의 조직을 만든다.(단백질, 무기질, 지방, 물)
   (3) 조절 영양소 : 몸의 생리를 조절하고 질병을 예방한다.(비타민, 무기질, 물)

3) **열량** : 1,000g(1L)의 물을 1℃ 올리는 데 필요한 열량이다.

4) **기초대사량**
   (1) 생물체가 생명을 유지하는 데 필요한 최소한의 에너지양으로 체온 유지, 호흡, 심장 박동 등기본적 생명 활동을 위한 에너지양으로 총 에너지양의 60~70%를 차지하며 수면 시에는 평상시보다 10% 감소한다. 성인 남자 1400~1800kcal, 성인 여자 1200~1400kcal
   (2) 보통 휴식 상태 또는 움직이지 않고 가만히 있을 때 기초대사량만큼의 에너지가 소모된다.
   (3) 기초 대사량이 높은 경우
      ① 여성보다 남성이 높다.　　　　② 기온이나 체온이 높을 때 높다.
      ③ 근육량이 많을수록 높다.　　　④ 체표면적이 넓을수록 높다.
      ⑤ 신장이 클수록 높다.　　　　　⑥ 나이가 적을수록 높다.

5) **총 에너지량 = 기초대사량+활동대사량(활동 시 소모되는 에너지량)+특이 동적 대사량**

> **TIP** ※ 특이 동적 대사량
> 섭취한 음식이 소화, 흡수, 대사되는 데 소모되는 에너지량
> $$\frac{기초대사량 + 활동대사량}{10}$$

2 영양소 섭취기준

영양소 섭취기준은 국민의 건강증진 및 질병예방을 목적으로 에너지 및 각 영양소의 적정 섭취량을 나타낸 것이다. 영양소 섭취기준을 위한 연령군은 생애주기에 따라 구분하였다. 영아기는 0–5개월과 6–11개월, 유아기는 1–2세와 3–5세로 구분하였고, 아동기(6–8세, 9–11세)와 청소년기(12–14시, 15–18세)는 남녀를 구분하여 각각 두 개의 구간으로 설정하였다. 성인기와 노인기는 남녀를 구분하여 각각 세 개의 구간(19–29세, 30–49세, 50–64세)과 두 개의 구간(65–74세, 75세 이상)으로 분류하였다.

① 평균 필요량(EAR) : 대상 집단을 구성하는 건강한 사람들의 절반에 해당하는 사람들의 일일 필요량을 충족 시키는 영양소의 값.
② 권장 섭취량(RI) : 평균 필요량에 표준편차의 2배를 더하여 정한 영양소의 값.
③ 충분 섭취량(AI) : 영양소 필요량에 대한 정확한 자료가 부족 하거나 필요량의 중앙값 및 표준편차를 구하기 어려워 권장 섭취량을 산출할수 없는 경우 제시한다.
④ 상한 섭취량(UL) : 인체 건강에 유해 영향이 나타나지 않는 최대 영양소 섭취 수준으로서, 과량 섭취 시 건강에 악영향의 위험이 있다는 자료가 있는 경우에 설정이 가능하다.

3 식단 작성의 순서

1) 영양기준량의 산출
한국인 영양 섭취 기준량을 적용하여 성별, 연령별, 노동 강도를 고려해서 산출한다.

2) 3식의 배분 결정
하루에 필요한 섭취 영양량에 따른 식품량을 1일 단위로 계산하여 3식의 단위 식단중 주식은 1 : 1 : 1, 부식은 1 : 1 : 2 또는 3 : 4 : 5로 하여 수립한다.

3) 음식 수 및 요리명 결정
식단에 사용할 음식수를 정하고 섭취 식품량이 다 포함되도록 고려하여 요리명을 결정한다.

4) 식단작성 주기 결정

5) 식량배분 계획
성인남자 (20~49세) 1인 1일분의 식량구성량에 평균 성인 환산치와 날짜를 곱해서 식품량을 계산한다.

6) 식단표 작성
식단표에 요리명, 식품명, 중량, 대치식품, 단가를 기재한 식단표를 작성한다.

Chapter ❹ 음식 구매 관리

제1절 시장조사 및 구매 관리

01. 시장 조사

과거와 현재상황을 조사하고, 분석을 통해 미래를 예측함으로써 시장전략 수립하여 제공하고자 하는 미래 지향적인 활동으로, 마케팅 의사결정을 위해 정보제공을 위하여 다양한 자료를 체계적으로 획득하고 분석하는 객관적이고 공식적인 과정을 말한다. 기업의 활동을 시장 환경에 적응시켜 기업이 추구하는 목적을 달성 하기 위하여 필요한 정보를 입수하기 위해 각종 자료를 수집하고 분석 하는 것이다. 보다 좋은 구매 방법을 찾아 구매 방침, 비용절감, 이익 증대를 도모하기 위한 조사이다.

장래의 구매시장을 예측하고 가격변동, 수급 현황, 신 메뉴 개발, 동종 업체의 동향파악에도 필요하다. 의사결정을 위한 정보의 제공 즉 정확성, 현실성, 충분성, 관련성, 이용 가능성을 지닌 정보를 수집하여 여러 가지 전략이나 계획을 수정, 보완한다.

1 시장조사의 목적

1) 올바른 의사결정하여 개인적인 판단 오류 및 불확실성을 감소 시켜 준다.

2) 합리적인 구매 계획의 수립
　구매 예상 품목의 품질, 구매거래처, 구매 시기, 구매수량 등에 관한계획을 수립한다.

3) 구매 예정 가격의 결정

4) 신제품의 설계 및 제품 개발

5) 문제 해결을 위한 시장조사
　발생된 문제를 해결 하기 위해 관련된 자료를 분석하고 수집하여 객관적으로 문제를 해결 하도록 한다.

2 시장조사의 단계

1) 문제 제기
조사를 통해 해결해야 할 문제 자체와 문제들이 야기된 배경에 대한 분석을 병행한다.

2) 시장 조사 설계
① 조사하는 목적이 무엇인지 검토한다.
② 이용될 조사 방법을 제시하고, 조사시 따라야 할 전반적인 틀을 설정하며, 자료 수집 절차와 자료분석 기법을 선택 한다.
③ 예산을 편성하고 조사일정을 작성하고, 소요될 인원, 시간 및 비용 고려한다.
④ 시장 조사 설계를 평가하고 여러 대안 중 필요한 정보를 제공할 수 있는 방법을 채택 한다.

3) 자료 수집
① 1차 자료 : 자신이 직접 수집하는 자료(직접 질문, 전화, 설문조사, 면접 등)
② 2차 자료 : 각종 문헌, 신문이나 잡지, 인터넷 검색 이용

4) 자료의 분석, 해석 및 전략보완과 수정

3 시장조사 종류

1) 탐색조사
① 문헌조사 : 고객의 인터넷 쇼핑몰 인지도에 영향을 미치는 인구 통계적 또는 심리 묘사적 특성을 찾기 위해 학계 및 업계에서 발간된 2차 자료를 수집하여 분석.
② 경험(전문가) 조사 : 소매업계 전문가와의 면접을 통해 고객 취향의 변화에 따른 새로운 유통 형태의 출현가능성, 고객의 상품 선호패턴의 변화 등을 조사.
③ 사례조사 : 매출성과에 영향을 미치는 요인을 파악하기 위해 실적이 좋은 5개와 실적이 나쁜 5개를 선정하여 분석.

2) 기술조사
경제상황이나 소비자의 변화와 같은 전반적 시장상황을 분석하기 위해 수행한다.
① 일반 기본 시장 조사(관련 시장조사) : 시장크기, 소비자의 구매력
② 품목별 시장조사 : 가격산정, 구매수량 결정을 위한 자료
③ 구매 거래처의 업태조사: 판매 상황, 노무 상황, 품질관리, 제조원가 조사
④ 시장점유율 조사 : 자사 및 기존 경쟁사의 시장점유율 조사

Chapter 4 음식 구매 관리

⑤ 매출액 분석 : 지역별, 제품 계열별, 거래 고객 규모별 매출액 조사
⑥ 유통경로 조사 : 유통업자의 수, 유통업자의 소재지 등 분석
⑦ 구매관련 자료 : 특정사이트에 대한 인지도, 인터넷을 통한 판매상품에 대한 평가, 선호상품, 구매의사, 구매경험 상품, 구매희망 상품
⑧ 시간 변화에 따른 시장변수에 대한 소비자의 반응 측정

4 시장 조사의 원칙

1) **비용 경제성의 원칙** : 조사에 소요되는 비용이 최소화 되도록 한다.

2) **조사 적시성의 원칙** : 구매업무를 수행하는 소정의 시간내에 끝내야 한다.

3) **조사 탄력성의 원칙** : 시장 상황 변동에 탄력적으로 대응 해야한다.

4) **조사 계획성의 원칙** : 사전에 철저히 조사 계획을 세워야 한다.

5) **조사 정확성의 원칙** : 조사 하는 내용이 정확해야 한다.

02. 식품 구매 관리

구매관리는 구매자가 물품을 구입 하기 위해 계약을 체결하고 그 계약 조건에 따라 물품을 인수하고 대금을 지불하는 전반적인 과정을 의미 한다.

1 구매 활동의 기본 조건

1) **구매의 가치 분석, 구매시장 조사, 품질 관리**
구입할 물품의 용도에 따라 적정한 조건과 최적합 품질을 구매 한다.

2) **구매계획에 따른 구매량의 결정**

3) **구매시장 조사, 납품 업자의 선정, 외주 관리**
정보자료 및 시장조사를 통해 우량업체 공급자를 선정한다.

4) **구매 비용관리**
유리한 구매조건(최저의 구매비용)으로 협상 및 계약을 체결한다.

5) 납기 관리
적정 시기에 공급하여 납기일을 지켜야 한다.

6) 적정 재고관리, 원가관리
일정한 재고를 필요로 하는 제품에 대해서는 재고를 최소화 하면서 재고 고갈의 위험을 없애야 한다.

7) 잔재 관리
사용 중 발생된 잔재고의 유효적절한 관리가 필요하다.

2 구매 관리의 목표
① 필요한 물품과 용역을 지속적으로 공급해야 한다.
② 품질, 가격, 제반 서비스 등의 최적 상태를 유지해야 한다.
③ 제조 저장 관리 시 손실을 최소화 한다.
④ 신용이 있는 공급 업체와 원만한 관계를 유지 하면서 대체 공급업체를 확보해 둔다.
⑤ 구매 관련의 정보 및 시장 조사를 통한 경쟁력을 확보 한다.
⑥ 표준화 · 전문화 · 단순화의 체계를 확보 한다.

> **TIP**
> ※ 구매명세서
> 물품명, 용도, 상표명, 품질 및 등급, 크기, 형태, 숙성 정도, 산지명, 전처리 및 가공 정도, 보관온도, 폐기율을 기재한다.
>
> ※ 식품 수불부
> 식품의 출납을 명확하게 기록하여 실제 재고량과 장부상의 재고량이 일치 하도록 한다.

3 공급 업체 선정 방법

1) 경쟁 입찰 계약(일반 경쟁입찰 또는 지명 경쟁 입찰)
① 공급 업자에게 견적서를 제출 받고 품질이나 가격을 검토한 후 낙찰자를 정하여 계약을 체결하는 방법.
② 공식적인 구매 방법이며 공평하고 경제적.
③ 저장성이 높은 식품 구입시 적합.

2) 수의 계약 (복수 견적 또는 단일 견적)
① 공급 업자들을 경쟁 시키지 않고 계약을 이행할수 있는 특정 업체와 거래를 체결하는 방법.
② 비공식적인 구매 방법 으로 절차 간편 하고 경비와 관리 인건비 절약 가능.
③ 저장성이 낮고 가격변동이 많은 식품 구입시 적합.

Chapter 4 음식 구매 관리

4 식품 구매 방법
① 대량구매, 공동 구매로 식품 단가를 2주에 1회 정도 비교하여 저렴한 가격으로 구매.
② 폐기율, 가식부율을 고려, 제철 식품 구입.
③ 저장성 있는 건조 식품과 공산품 : 1개월분을 한꺼번에 구입.
④ 육류: 필요한 부위별로 구입하되 1주일분 구입하여 냉장 보관 가능.
⑤ 신선도가 중요한 생선, 과채류: 필요시 마다 수시 구입.
⑥ 과일: 산지, 상자당 개수, 품종 고려 하여 필요시 수시 구입.

03. 식품 재고 관리

1 재고 자산 회전율
① 일정기간 저장고에 있는 물품의 평균 사용 횟수나 판매 횟수.(재고의 평균 회전속도)
② 저장고에 있는 물품의 구매와 사용빈도를 측정하기 위해 실시한다.

2 식품 재고 관리의 필요성
① 재고 부족으로 인한 급식 생산 계획의 차질을 미연에 방지.
② 조리에 필요한 식재료와 일치하는 최소한의 재고량 유지.
③ 불필요한 주문 방지하여 재료비 원가 절감.
④ 분실또는 부주의로 인한 식품재료의 손실 방지.

제2절   검수관리

01. 식재료의 품질 확인 및 선별(식품 감별법)

1 식품의 감별의 목적
① 부정, 불량 식품 적발.
② 위생상 위해한 성분을 검출하여 식중독을 미연에 방지.
③ 불분명한 식품을 이화학적 방법에 의하여 밝힌다.

2 식품 감별 방법

1) 관능검사
색, 맛, 향기, 광택, 촉감 등 외관적 관찰에 의해서 검사하는데 경험이 풍부한 사람이 실시.

2) 이화학적 방법
① 검경적 방법 : 식품의 세포나 조직의 모양, 협작물 미생물 존재를 판정.
② 화학적 방법 : 영양소 분석, 첨가물, 이물질, 유해 성분 검출.
③ 물리학적 방법 : 중량, 부피, 크기, 비중, 경도, 점도, 응고, 온도빙점, 융점 등.
④ 생화학적 방법 : 효소반응, 효소 화성도, 수소 이온 농도 등의 측정.
⑤ 세균학적 방법 : 균수 검사, 유해 병원균의 유무.

3 주요 식품의 감별법

1) 농산물 및 그 가공품의 감별

(1) 쌀
① 색은 반짝반짝 윤기 나는 것, 황색은 좋지않다.(강화미 제외)
② 잘 건조된 것이며 형태는 타원형이며 굵고 입자가 정리되어 있는 것.
③ 쌀은 이로 깨물었을 때 '딱'소리가 나는 것.
④ 냄새가 없고 이물질이 들어 있지 않는 것.

(2) 밀가루
① 잘 건조되어 냄새가 없는 것.
② 가루의 결정이 미세하며 뭉쳐지거나 이물질이 들어있지 않은 것.
③ 색이 희고 밀기울이 섞이지 않은 것.
④ 만져 보았을 때 감촉이 좋은 것.

(3) 채소, 과실류
① 상처가 없고 형태가 갖추어진 것.
② 본래의 색을 그대로 유지하며 시들지 않은 것.

2) 어류의 감별
① 눈이 빛나고 아가미는 선홍색으로 닫혀 있는 것.
② 비늘에 광택이 있고 안구가 돌출된 것.
③ 고기가 연하고 탄력이 있는 것.
④ 색이 선명하며 육질이 뼈에 밀착되어 있는 것.

| Chapter ❹ 음식 구매 관리

> ※ 부패된 어류의 현상
> 눈은 맑지 못하고 탁하며 탄력이 없고, 돌출하였으며 혈액의 침출이나 혼탁이 있다.

3) 축산식품과 가공품의 감별

(1) 육류의 감별
① 고기를 얇게 잘라서 투명하게 비쳤을 때 반점이 있는 것은 기생충이 있는 경우.
② 병에 걸려 죽은 소와 돼지고기는 피를 많이 함유하여 냄새가 난다.
③ 색이 선명하고 습기가 있는 것이 신선하다.
④ 쇠고기는 광택이 있는 선홍의 적색이 좋다.
⑤ 돼지고기는 담홍색인 것으로 선택한다.

(2) 신선한 달걀의 감별
① 껍질은 까슬까슬한 것(외관법)
② 빛을 쬐었을 때 밝게 보이는 것(등불검사법)
③ 물에 넣었을 때 누워 있거나 6~10%의 식염수에 넣었을 때 뜨지 않는 것(비중법)
④ 알을 깨뜨렸을 때 노른자가 그대로 있고, 흰자가 퍼지지 않는 것(난황계수법, 난백계수법)
⑤ 타원형의 뾰족한 끝은 차고, 둥근 끝은 따뜻하게 느껴지는 것.

(3) 통조림의 감별
① 통이 변형되어 가스가 새어나오는 것은 좋지 않다.
② 통의 외부가 녹슬어 있는 것은 좋지 않다.

02. 조리기구 및 설비 특성과 품질 확인

1 조리기구의 선정
① 조리의 목적에 적합한 조리기구이며 사용하기에 편리한 것.
② 능률성, 위생성, 내구성, 실용성, 안정성 있는 것.
③ 구입 가격과 유지 관리비가 경제적이고 용이 한 것.
④ 크기, 용량, 성능, 동력, 전기등 설치 공간에 적합할 것.
⑤ 사후 관리, 보수 수리가 가능할 것.

2 품질 평가 기준
① 안전성 : 위생적으로 안전하며 무해한 상태이어야 한다.
② 청결성 : 오물이 묻어있지 않고 위생처리 되어야 한다.

③ 완전성 : 형태가 완전하고 깨지거나 눌리거나 흠이 없어야 한다.
④ 균일성 : 식품의 크기가 대체적으로 고른 것이어야 한다.
⑤ 보존성 : 식품이 갖고 있는 색, 맛, 풍미, 질감 등의 고유한 특성이 보존되어야 한다.

03. 검수를 위한 설비 및 장비 활용 방법

1 검수 관리

식품의 품질, 분량, 무게, 원산지 등이 주문 내용과 일치 하는지를 확인하고, 유통기한, 포장 상태 및 운반차의 위생상태, 온도 등을 확인하는 것.

2 검수 방법

1) 전수검수법

    물품량이 소량이거나 소규모 단위 일 때 일일이 압품된 품목을 검수하는 방법

2) 샘플링(발췌) 검수법

    대량구매 물품이나 동일 품목으로 검수 물량이 많거나 파괴 검사를 해야 할 경우 무작위로 선택해서 검사하는 방법

3 검수원의 역할

1) 자격조건

    ① 인성적으로 정직하고 성실 하며 신뢰할 수 있어야 한다.
    ② 표준 식자재에 구매 명세서에 대한 전문 지식이 있어야 하며, 가격정보 요리의 특성에 대한 지식이 있어야 한다.

2) 준수 사항

    물품을 과대포장 여부 확인, 포장지 중량 확인, 상품의 품질 확인, 물품의 등급 표시 확인, 폐기물 분량 확인, 용도에 맞는지 확인, 변질 여부 확인.

4 검수 위한 설비 및 장비

1) 검수실의 설비(시설)

    ① 적당한 조명 시설 : 540Lux 이상

② 적당한 환기, 청소 용이
③ 검수 공간과 통로 확보 (검수대, 선반)
④ 세척실(급, 배수 시설)
⑤ 방충, 방서 관리

2) 검수에 필요한 장비, 기구
① 계량기, 계측기, 계산기 : 저울, 컵, 비이커, 온도계
② 개폐기, 절단기 : 칼, 가위, 도마, 자
③ 세척 및 포장용기 : 랩, 위생봉투, 밀폐용기, 행주, 세제

5 검수 절차
납품 물품과 발주서, 납품서 대조 ⋯→ 품질 검사 ⋯→ 물품 인수 또는 반품 ⋯→ 인수 물품의 입고 ⋯→ 검수 기록 및 문서 정리

제3절 원가

01. 원가의 의의 및 종류

1 원가의 개념
원가란 기업이 제품을 생산하거나 용역의 제공을 위하여 소비한 경제 가치를 화폐액수로 표시한 것. 즉, 원가란 특정한 제품의 제조·판매·서비스의 제공을 위하여 소비된 경제가치를 말한다.

2 원가계산의 목적
1) **가격 결정의 목적** : 제품을 생산하는 데 실제로 소비된 원가가 얼마인가를 산출하여 여기에 일정한 이윤을 가산하여 판매가격을 결정한다.

2) **원가 관리의 목적** : 원가계산은 원가관리의 기초자료를 제공한다.

3) **예산 편성의 목적** : 예산을 편성하는 경우에는 이의 기초자료로 이용한다.

4) **재무제표의 작성목적** : 기업은 일정기간 동안의 경영활동 결과를 재무제표로 작성하여 기업의 외부 이해관계자들에게 보고하여야 하는데 원가계산은 재무제표를 작성하는 데 기초자료를 제공한다.

3 원가계산의 기간
1개월에 한 번씩 실시하는 것을 원칙. 경우에 따라서는 3개월 또는 1년에 한 번씩 실시한다.

4 원가의 종류

1) 원가의 3요소 : 재료비 · 인건비 · 경비
원가를 발생하는 형태에 따라 분류한 것이다.
① 재료비 : 제품의 제조를 위하여 소비되는 물품의 원가
② 인건비 : 제품의 제조를 위하여 소비되는 노동의 가치
③ 경비 : 제품의 제조를 위하여 소비되는 재료비 · 인건비 이외의 가치

> ※ 음식의 원가계산 방법
> 1. 음식의 원가 = 재료비 + 노무비 + 경비
> 2. 재료비 = 소요 재료량 × 소요 재료량의 단위당 재료비

2) 직접원가, 제조원가, 총원가
각 원가요소가 어떠한 범위까지 원가계산에 집계되는가의 관점에서 분류한다.

3) 직접비, 간접비
원가요소를 제품에 배분하는 절차로 보아서 분류한 것이다.
① 직접비 : 특정제품에 직접 부담시킬 수 있는 것으로서 직접원가라 한다.
② 간접비 : 여러 제품에 공통적으로 또는 간접적으로 소비되는 것이다.

4) 실제원가, 예정원가, 표준원가 : 원가계산의 시점과 방법의 차이에서 분류한 것이다.
① 실제원가 : 제품이 제조된 후에 실제로 소비된 원가를 산출한 것이다.
　　　　　 = 확정원가, 현실원가, 보통원가
② 예정원가 : 제품의 제조 이전에 제품제조에 소비될 것을 예상하는 원가
　　　　　 = 사전원가, 견적원가, 추정원가
③ 표준원가 : 기업이 이상적으로 제조활동을 할 경우에 예상되는 원가, 실제원가를 통제하는 기능이다.

Chapter 4 음식 구매 관리

5 원가 계산 공식

① 직접원가 = 직접재료비 + 직접노무비 + 직접경비
② 간접원가(제조간접비) = 간접재료비 + 간접노무비 + 간접경비
③ 제조원가 = 직접원가 + 제조간접비(간접원가)
④ 총원가 = 제조원가 + 판매관리비(판매경비 + 일반관리비)
⑤ 판매가격 = 총원가 + 이익

				이익
			판매관리비	
		제조간접비		총원가
간접재료비	직접재료비		제조원가	
간접노무비	직접노무비	직접원가		
간접경비	직접경비			
제조간접비	**직접원가**	**제조원가**	**총원가**	**판매원가(판매가격)**

02. 원가분석 및 계산

1 원가계산의 원칙

1) **진실성의 원칙** : 제품의 제조에 소요된 원가를 정확하게 계산하여 진실하게 표현해야 된다는 원칙

2) **발생기준의 원칙** : 이것은 현금기준과 대립되는 것으로 모든 비용과 수익의 계산은 그 발생 시점을 기준으로 하여야 한다는 원칙

3) **계산 경제성의 원칙** : 원가계산을 할 때에는 경제성을 고려해야 한다는 원칙

4) **확실성의 원칙** : 실행 가능한 여러 방법이 있을 경우에 가장 확실성이 높은 방법을 선택해야 한다는 원칙

5) **정상성의 원칙** : 정상적으로 발생한 원가만을 계산하고 비정상적으로 발생한 원가는 계산하지 않는다는 원칙

6) **비교성의 원칙** : 원가계산에 다른 일정기간의 것과 또는 다른 부분의 것과를 비교할 수 있도록 실행되어야 한다는 원칙

7) **상호관리의 원칙** : 원가계산과 일반회계, 각 요소별 계산, 부분별 계산, 제품별 계산간에 상호 관리가 가능하도록 되어야 한다는 원칙

❷ 원가계산의 구조

1) **제1단계 : 요소별 원가계산**
제품의 원가는 재료비·노무비·경비의 3가지 원가 요소를 세분하여 각 원가요소별로 계산하는 방법

2) **제2단계 : 부문별 원가계산**
전 단계에서 파악된 원가요소를 원가 부문별로 분류 집계하는 계산절차

3) **제3단계 : 제품별 원가계산**
요소별 원가계산에서 파악된 직접비는 제품별로 직접 집계하고, 부문별 원가계산에서 파악된 부문비는 일정한 기준에 따라 제품별로 배분하여 최종적으로 각 제품의 제조원가를 계산하는 절차

❸ 재료비의 계산

1) **재료비의 개념**
① 제품의 제조과정에서 실제로 소비되는 재료의 가치를 화폐액수로 표시한 금액이다.
② 재료의 실제 소비량에 재료의 소비단가를 곱하여 산출한다.

2) **재료소비량의 계산**
① 계속기록법 : 재료를 동일한 종류별로 분류하고 들어오고 나갈 때마다 수입, 불출 및 재고량을 계속하여 기록함으로써 재료소비량을 파악하는 방법
② 재고조사법 : 일정 시기에 재료의 실제 재고량을 조사하여 기말 재고량을 파악하고 전기 이월량과 당기 구입량의 합계에서 이 기말재고량을 차감함으로써 재료량을 소비 산출하는 방법

> (전기이월량 + 당기구입량) − 기말재고량 = 당기소비량

③ 역계산법 : 이 방법은 일정 단위를 생성하는 데 소요되는 재료의 표준소비량을 정하고 그것에다 제품의 수량을 곱하여 전체의 재료소비량을 산출하는 방법
즉, 제품 단위당 표준 소비량 × 생산량 = 재료소비량

3) 재료 소비가격의 계산

① 개별법 : 구입단가를 재료의 소비가격으로 하는 방법이다.

② 선입선출법(FIFO : First In First Out)
　재료의 구입 순서에 따라 먼저 구입한 재료를 먼저 소비한다는 가정 아래 재료의 소비 가격을 계산하는 방법이다.

③ 선입후출법 : 선입선출법과는 정반대로 최근에 구입된 재료부터 먼저 사용한다는 가정 아래, 재료의 소비가격을 계산하는 방법이다.

④ 단순평균법 : 일정기간 동안의 구입단가를 구입 회수로 나눈 방법으로, 구입단가의 평균을 소비단가로 하는 방법이다.

⑤ 이동평균법 : 구입단가가 다른 재료를 구입할 때마다 재고량과의 가중평균가를 산출하여 이를 소비재료의 가격으로 하는 방법이다.

4 표준원가 계산

1) 원가관리 : 원가의 통제를 통하여 가능한 한 원가를 합리적으로 절감하려는 경영기법이다.

2) 표준원가 계산 : 과학적 및 통계적 방법에 의하여 미리 표준이 되는 원가를 설정하고 이를 실제 원가와 비교·분석하기 위하여 실시하는 원가계산의 한 방법이다.

3) 손익분기점 : 손익분기점이란, 수익과 총비용(고정비+변동비)이 일치하는 점. 이점에서는 이익도 손실도 발생하지 않는다.

5 감가상각

1) 감가상각의 개념

① 고정자산(토지·건물·기계 등)·유동자산(현금·예금·원재료 등)

② 고정자산은 대부분 그 사용과 시일의 경과에 따라서 그 가치가 감가된다.

③ 감가상각이란, 이같은 고정자산의 감가를 일정한 내용년수(耐用年數))에 일정한 비율로 할당하여 비용으로 계산하는 절차를 말하며, 이때 감가된 비용이 감가상각비라 한다.

2) 감가상각의 계산요소
　기초가격, 잔존가격, 내용년수

3) 감가상각의 계산방법

$$매년의\ 감가상각비 = \frac{기초가격 - 잔존가격}{내용\ 년수}$$

*잔존가격 : 기초가격의 10%
*정액법 : 고정자산의 감각총액을 내용 년수로 균등하게 할당하는 방법이다.

계산문제 공식

- **총 발주량**

$$총\ 발주량 = \frac{정미량}{(100 - 폐기율)} \times 100 \times 인원수$$

- **필요비용**

$$필요비용 = 필요량 \times \frac{100}{가식부율} \times 1kg당\ 단가$$

- **출고계수**

$$출고계수 = \frac{100}{(100 - 폐기율)} = \frac{100}{가식부율}$$

- **폐기율**

$$폐기율 = \frac{폐기량}{전체중량} \times 100 = 100 - 가식부율$$

- **식재료비율**

$$식재료비율(\%) = \frac{식재료비}{매출액} \times 100$$

- **식품의 영양가**

$$식품의\ 영양가 = \frac{식품분석표상의\ 해당\ 성분\ 수치}{100} \times 식품의\ 양$$

- **대치식품량**

$$대치식품량 = \frac{원래식품의\ 식품분석표상의\ 해당\ 성분\ 수치}{대치할\ 식품의\ 해당\ 성분\ 수치} \times 원래\ 식품의\ 양$$

Chapter ❺ 중식 기초 조리 실무

제1절 조리 준비

01. 조리의 정의 및 기본 조리 조작

1 조리의 정의

1) 조리의 정의

영양상 좋은 식품을 소화하기 쉽고 위생적으로 처리함과 동시에 먹기 좋고 아름답게 조작하는 것

2) 조리의 목적

① 영양성 : 소화, 흡수율 증진
② 안전성 : 위생적이고 안전한 음식
③ 기호성 : 향미, 질감, 색 변화
④ 저장성

3) 조리방법 분류

비가열 조리방법	가열 조리방법
식품 재료에 열을 가하지 않고 생것으로 섭취 – 절임, 무침, 냉채	일정한 에너지를 이용하여 익히는 방법 – 건열, 습열, 복합

2 기본 조리 조작

물을 이용한 조리	조림, 삶기
기름을 이용한 조리	볶음, 튀김
기체를 이용한 조리	찜, 굽기
복합적인 조리	튀기거나 삶거나 찐 후 걸쭉한 소스나 탕즙을 얹거나 흡수시키는 방법
냉채 조리	여러 방법으로 조리한 후 차갑게 완성하는 방법

02. 기본 조리법 및 대량 조리 기술

1 식재료 기본 썰기

명칭	설명
편(片 pian)	식품 재료의 포를 뜨듯이 한쪽으로 어슷하고 얇게 뜨는 것
사(絲 si)	편으로 썬 후에, 얇은 편을 여러장 비스듬히 겹쳐 놓고 실처럼 가늘게 채 썰기, 결을 살려 썰기 때문에 중간에 부서지지 않는 것이 특징
괴(塊 kuai)	식품 재료를 덩어리 형태의 모양으로 하여 수직으로 써는 것(직도법)을 말한다. 괴의 기본 크기는 폭과 두께에 관계없이 2.5cm 정도로 자른다.
정(丁 ding)	식품 재료를 사각형(주사위) 모양으로 써는 형태
조(條 tiao)	막대 모양으로 써는 것으로 일반적으로 길이 5~6cm, 두께는 0.6~1.0cm 길쭉한 형태로 써는 것
입(粒 li)	식품 재료를 쌀알 크기로 자르는 방법 : 미(米)
말(末 mo)	참깨 크기로 잘게 다지는 것
용니(茸 rong, 尼, ni)	재료의 껍질, 뼈, 힘줄을 제거한 후 칼로 아주 곱게 다지는 것

2 물을 이용한 조리

(1) 조림

명칭	조리방법
소(燒)	- 강불로 가열 → 조미료와 탕 / 물을 넣고 약한 불로 조림 → 전분 넣고 강한 불로 걸쭉하게 함 ex) 홍쇼두부(紅燒 豆腐, 홍샤우 뜨우프), 새우칠리소스(乾燒明蝦, 깐 샤오 밍샤)
탑(塌)	소(燒)와 비슷, 재료에 전분을 묻혀서 볶거나 튀김
배(扒)	소(燒)와 비슷, 약한 불로 오래 끓이다가 전분 풀기
민(燜)	소(燒)와 동일, 장시간 약한 불로 조리는 것

(2) 삶기

명칭	조리방법
자(煮)	물이 많은 상태에서 강한 불 → 약한 불 장시간 가열
돈(炖)	자(煮)의 조리법 변화, 응용 - 질그릇 사용
외(煨)	자(煮)의 조리법, 항아리에 넣고 장시간 푹 익히기

명칭	조리방법
회(燴)	각종 재료 잘게 썰어 혼합 → 강한 불 단시간 가열 ex) 마파두부 덮밥(麻婆豆腐燴飯-마퍼뜨우프 후이반) 　　송이덮밥(松茸燴飯-송용 후이반) 　　류산슬 덮밥(溜三絲燴飯-리우산스 후이반)

3 기름을 이용한 조리
(1) 볶기

명칭	조리방법
초(炒)	– 소량의 기름을 사용하여 강불/중불로 단시간 가열 (가장 많이 사용하는 조리법) 　　ex) 부추잡채, 채소볶음(炒蔬菜, 차우 수 차이), 새우볶음밥(蝦仁炒飯, 샤인 차우 반)
폭(爆)	–초(炒)와 비슷, 먼저 끓는 물에 넣고 익히는 과정을 거쳐 다시 기름에 넣고 볶기
전(煎)	– 예열한 팬에 기름 두르고 중불/약불에서 지져내기 　　ex) 난자완스(南煎丸子, 난젠완즈), 군만두(煎餃子, 지엔 쟈우즈)

(2) 튀기기

명칭	조리방법
유침 (油浸)	– 기름 온도 180~200℃ 재료 투입, 바로 불 끄고, 기름 온도 100℃ 되면 꺼내기 　　ex) 유림기(油淋鷄 – 유린지)
작 (炸)	– 기름 온도 160~190℃ – 겉은 바삭하고, 속은 촉촉하다. 　　ex) 유니짜장면(肉泥炸醬麵, 러우 니 자짱미엔), 짜춘권(炸春卷, 짜춘 쥐엔)

3 기체를 이용한 조리

명칭	조리방법
증(蒸)	– 시루, 찜통에서 재료를 증기로 익히는 조리법 – 재료의 맛과 수분이 보존되며 질감이 부드럽고, 외형의 변화 없음 　　ex) 증교자(蒸餃子, 증 쟈우즈)
고(烤)	– 조미한 재료를 불에 직접 굽거나 오븐에 넣어 구워내는 방법 　　ex) 북경오리(北京烤鴨-베이징 카오야), 양꼬치 구이(烤肉串-양러우촨)

4 복합적인 조리

명칭	조리방법
류 (溜)	– 튀김옷을 입혀 기름에 튀기거나 삶거나 찐 뒤, 여러가지 조미료로 걸쭉한 소스를 얹어내는 것 – 보통 3~4가지 이상의 복합적인 맛이 난다. – 류산슬(溜三絲, 리우 산쓰)
팽 (烹)	– 밑간하여 튀기거나 지지거나 볶아낸 뒤, 부재료, 조미료와 센 불에서 뒤섞으며 탕즙을 재료에 흡수시킨다. – 깐풍기(乾烹鷄, 깐풍지)
발사 (撥絲)	– 재료를 썰어 기름에 튀긴 후, 설탕 시럽을 부어 조리하는 방법 – 빠스 고구마(撥絲地瓜, 빠스 띠과)
밀즙 (密汁)	– 증(蒸), 소(燒), 민(燜)으로 조리한 후, 설탕시럽을 끼얹는다. → 투명하면서 광채가 나게 조리
건 (乾)	– 수분을 가하지 않고 볶은 것 ex) 깐풍기(乾烹鷄, 깐풍지), 간짜장, 새우칠리소스(乾燒明蝦, 깐 샤오 밍샤)

5 냉채 조리

명칭	조리방법
노(鹵)	– 노즙(鹵汁) : 익힌 재료에 탕과 조미료를 넣고 조리할 때 생긴 국물
장(醬)	– 조미즙으로 배합한 원료를 강한 불로 끓이다가 약하게 조절하여 걸쭉하게 농축 ex) 오향장육(五香醬肉, 우샹 장러우), 경장육사(京醬肉絲, 징쟝 러우쓰), 짜장면(炸醬麵, 자짱미엔)
창(熗) 반(拌)	– 가늘고 길게 채를 썰거나, 편으로 썬 재료를 데치거나 기름에 볶은 후(창, 熗), 조미료에 무치는(반, 拌) 조리법 – 과일, 채소는 가열하지 않고 무친다. ex) 오징어냉채(凉拌魷魚, 량반 유위), 해파리냉채(凉拌海蜇, 량반 하이쩌), 짜사이무침(榨腮拌菜, 반 짜차이), 삼선냉채(冷拌三鮮, 량반 산 씨엔), 피단냉채(皮蛋凉拌, 피단 릉판)
엄제류 (腌制類)	– 재료를 조미료(소금)에 침지하거나 잘 섞어서 재료 중의 수분과 나쁜 맛 제거하고 재료에 맛이 스며들게 하여 재료 본래의 질감과 풍미를 갖도록 조리 (절임) ex) 양배추절임(卷心菜腌制, 쥐엔 신 차이 옌지), 양파절임(洋葱腌制, 양송 옌지), 무절임(腌萝卜, 옌 로버)
조엄(糟腌) 취(醉)	– 재료를 술과 소금을 사용한 노즙에 푹 절이는 조리 – 해산물, 가금류, 조개류
훈(薰)	– 재료를 밀봉된 용기 안에 넣고, 불완전 연소로 생기는 연기로 익혀 훈제하는 조리방법
괘상(掛霜)	– 단맛을 내는 재료를 이용하여 냉채를 만드는 방법 – 재료를 기름에 튀긴 후, 설탕을 끓여 재료의 표면에 한 겹의 설탕 층을 입히는 방법
동(凍)	– 가열한 재료에 젤라틴이나 한천의 즙액을 입히고 냉각, 동결시켜 만드는 조리방법 – 단 음식, 간식에 이용

Chapter ⑤ 중식 기초 조리 실무

03. 기본 칼 기술 습득

1 칼의 종류

중국에서 조리에 이용되어지는 칼은 투박한 생김새와 달리 사용되어지는 용도는 상당히 다양함을 볼 수 있다. 중국 음식에 사용되어지는 칼은 넓고 묵직해 보이지만 손에 익으면 속도도 빠르고 야채의 손상도 작으며 편리하다.

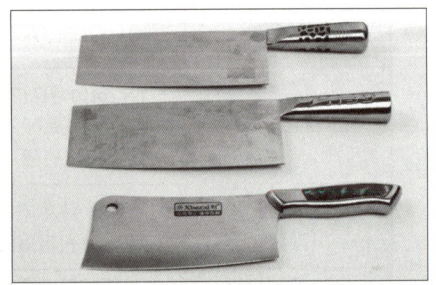

1) 채도(菜刀, cai dao)
야채와 같은 재질이 연하고 부드러운 식재료를 자르거나 썰 때 사용하는 도구이다.

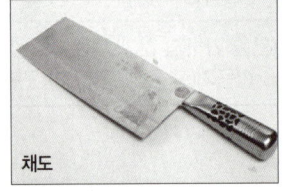
채도

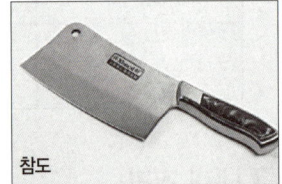
참도

2) 참도(斬刀, zhan dao)
육류나 뼈가 있는 식재료를 자르는 데 사용되어지는 칼

2 숫돌(磨刀石, mo dao shi)

천연 숫돌과 인조 숫돌로 나눌 수 있는데, 천연 숫돌은 화산재가 수천년동안 침식되어 굳어져 만들어졌으므로 얇아질수록 좋은 숫돌이다. 사람이 직접 채취하므로 가격이 고가이며 내질이 균일하지 않고 어려움이 있어서 요즘은 인조 숫돌을 많이 사용한다.

굵은숫돌 중간숫돌 마무리숫돌

1) 숫돌의 사용방법
① 숫돌은 젖은 행주나 받침대를 깔아서 숫돌이 밀리지 않게 고정시켜야 한다.
② 숫돌을 사용하기 전에 10~20분간 물에 담그어 충분히 물을 흡수시킨 후 칼을 갈도록 하며 칼을 가는 동안에도 계속해서 물을 부어야 부드럽게 갈 수가 있다.
③ 숫돌을 사용하고 난뒤 평평한 바닥이나 조금 거친 숫돌로 면 고르기를 해준다.
④ 숫돌을 사용 후에는 깨끗이 보관하도록 한다.

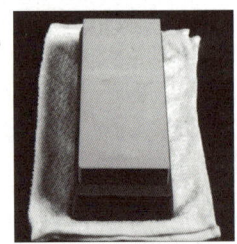

2) 칼 가는 방법
① 칼날을 앞으로 향하게 놓고 숫돌에 약 45도 각도로 밀착 시켜 놓는다.
② 양쪽 다리를 어깨 넓이로 벌리고, 한쪽 다리를 조금 뒤로 하여 상체를 앞으로 살짝 숙여 자세를 고정 시킨다.
③ 한손으로 칼을 잡고, 다른 한손으로 칼날을 살포시 눌러 흔들리지 않도록 고정 시킨다.
④ 앞날과 뒷날의 비율을 9:1 정도로 갈아 주되, 칼날 쪽을 갈때는 밀면서 힘을 주고 반대편은 당길 때 힘을 준다.

04. 조리기구의 종류와 용도

1 중국요리의 조리기구

1) 계량 숟가락(量勺, liang shao)
계량 숟가락은 소금, 설탕 등의 조미료나 소스의 양을 정확하게 계량하여 사용할 때 편리하게 사용되는 도구이다.

2) 밀대(面杖, mian zhang)
밀가루를 밀어 반죽을 만들 때 사용하며, 딤섬과 같은 요리를 만들 때 이용된다.

3) 남방팬(耳锅, er guo)
손잡이가 두 개 달린 팬으로 중국의 남쪽 지방인 광동, 홍콩 등에서 많이 사용되어지는 팬이다. 중국의 팬은 움푹하게 파여 있어 튀기거나 볶거나 삶기, 끓이기 등을 하나의 팬에서 모두 사용할 수 있기 때문에 상당히 빠르고 합리적이다.

4) 북방팬(炒锅, chao guo)
손잡이 막대가 하나 달린 것으로 중국의 북쪽 지방에서 많이 사용되어지는 팬이다. 특히 우리나라의 중국음식이 전파된 곳이 산동성에서 이주한 화교들이 많은 관계로 우리나라에서 중국음식점에서 사용하는 중국팬은 모두가 이 편수팬을 사용하여 음식을 조리한다.

5) 국자(勺子, sháozi)
국국자는 둥근 갈고리 모양에 긴 손잡이로 되어 있으며, 보통 길이는 30cm 정도이다. 조리과정 중에 재료를 넣고, 냄비에 있는 음식을 뒤집고, 완성된 요리를 그릇에 담는 등 용도가 매우 다양하다. 특히 손을 다치는 것을 방지할 수 있어서 합리적으로 요리를 할 수 있게 된다. 용도에 따라 구멍이 뚫려있거나, 주둥이가 넓거나, 뒤집게 형태를 가지고 있는 것도 있다.

Chapter 5 중식 기초 조리 실무

6) 구멍국자(漏勺, loùsháo)
구멍국자는 20~26cm 정도의 직경에 5mm 정도의 작은 구멍이 뚫려있는 조리도구이다. 재질은 주로 스테인레스 스틸 또는 알루미늄이며, 긴 나무 손잡이가 있다. 기름을 여과하거나 기름이나 물에서 재료를 건질때 사용한다.

7) 여과망(筛网, shai wang)
그물망의 형태로 팬에서 삶거나 데치거나 튀긴 재료를 건져낼 때 사용하는 도구이며, 구멍의 크기가 여러 종류가 있다.

8) 찜통(蒸笼, zheng lóng)
음식을 찔 때 사용하는 조리기구로, 주로 대나무 또는 나무로 만들어졌으며 물을 끓여서 위에 올려 사용하고, 1인분 용량에서 대용량까지 종류가 다양하다. 딤섬이나 만두를 찔 때 사용된다.

9) 솔(刷子, shua zi)
솔은 팬에 음식을 조리한 다음 물을 넣고 씻어낼 때 사용되어지는 도구로, 대나무로 된 재질이 많다. 화덕 앞에 물이 나오는 설비가 있어서 바로 물로 세척 가능하고, 세척하는 공간이 따로 필요하지 않다는 장점이 있으나, 솔의 대나무가 빠질 수 있으므로 주의를 기울여야 한다.

10) 기름통(油桶, you tong)
기름을 담아 놓을 수 있는 기구로, 그물망을 위에 걸쳐 올려놓고 기름에 튀긴 재료를 담아 기름을 제거하는 용도로 사용한다.

11) 제면기(面机, mian ji)
제면기는 밀가루를 반죽해서 평평하게 롤러로 밀어 국수 가닥을 뽑아낼 때 사용하는 기계로, 사용 시 손을 다치지 않도록 주의하여야 한다.

12) 중화렌지
중국음식에서는 불의 세기와 조절이 중요하다. 불의 기운을 얼마나 잘 조절하고 장악하느냐에 음식의 맛이 좌우된다고 할 수 있다. 화덕이라 부르는 중화렌지는 일반적으로 조작법이나 크기 형태가 조금씩 다르지만 강한 불을 사용한다는 점은 같다고 할 수 있다. 이곳에서는 딤섬을 제외하고는 소스 만들기, 끓이기, 튀기기, 삶기, 데치기 등의 대부분의 요리가 탄생한다. 이 화덕에는 물이 앞에서 뒤쪽으로 화덕을 감싸고 항상 흐르도록 설계되어 있어 요리시에 항상 깨끗하게 청결을 유지하고 강한 온도에서 조리를 할 수 있도록 한다.

화덕앞에는 육수통과 물통을 놓아 요리시 사용이 편리하게 하고, 옆에는 기름통과 그물망을 두고 튀김하여 바로 건질 수 있도록 준비되며 양념통을 준비하여 바로 양념을 첨가하여 빠르게 요리를 만들 수 있도록 한다.

2 화구(火口)의 명칭과 설명

미화(微火, wēi huǒ)	소화(小火, xiǎo huǒ)	중화(中火, zhōng huǒ)	대화(大火, dà huǒ)
약화(弱火, ruò huǒ)라고도 한다. 화력을 최소로 조절하여 주로 온도를 유지하는 데 사용한다.	만화(慢火, màn huǒ)]라고 한다. 불빛이 청황색을 띠고 화력이 강하지 않아, 주로 조리거나 데치는 데 사용한다.	문무화(文武火, wén wǔ huǒ)]라고 한다. 화력이 일직선으로 강하게 올라와 붉은 색상을 띠며 열기 분출현상이 높다.	왕화(旺火, wàng huǒ)라고 한다. 광도가 강하고 열기가 무척 강해서 팬을 놓는 즉시 닿아 오른다.

05. 식재료 계량방법

1 계량기구

계량컵	부피를 측정 (1컵 : 200ml)
계량스푼	양념 등 소량을 측정 큰술 : Table Spoon (T.S.)/ 작은술 : tea spoon (t.s.)
저울	중량을 측정할 때 사용. "0"점에 바늘을 고정(g, kg)
온도계	조리 온도 측정할 때 사용 기름, 액체 : 봉상 액체 온도계(200-300℃) 육류 : 육 온도계 사용(육류 내부온도 측정)
시간 측정기	조리시간을 측정하고자 할 때 사용(스톱 워치/ 타이머_

2 계량컵, 계량스푼 사용법

가루상태	밀가루, 설탕	수북한 상태에서 평평하게 밀어서 평면이 되도록 깎아서 계량
액체상태	간장, 식초, 물, 기름	투명한 용기 사용/ 가득 채워 눈금과 액체의 밑선이 동일하게 맞도록
고체식품	버터, 다진 고기	계량도구의 빈공간이 없도록 채워서 표면이 평면이 되도록 깎아서 계량
알갱이상태	쌀, 깨, 통후추	살짝 흔들어서 표면이 평면이 되도록 깎아서 계량
농도양념	고추장, 조청	계량도구에 눌러 담아 평평한 것으로 고르게 밀어 평면이 되도록 계량

Chapter ❺ 중식 기초 조리 실무

06. 조리장의 시설 및 설비 관리

1 조리장의 기본 조건

1) 조리장의 3원칙 : 위생 > 능률 > 경제
   ① 위생 : 가장 우선적으로 고려한다.
   ② 능률 : 저장, 식당연결이 효율적이다.
   ③ 경제 : 구입이 쉽고 경제적이다.

2) 조리장의 구조
   ① 충분한 내구력이 있는 구조일 것
   ② 객실 및 객석과는 구획의 구분이 분명한 것
   ③ 통풍, 채광, 배수 및 청소가 쉬운 구조일 것
   ④ 바닥과 바닥으로부터 1.5m 까지의 내벽은 타일 등 내수성 자재를 사용한다.
   ⑤ 조리장 바닥의 배수로에는 덮개를 설치한다.
   ⑥ 주방설비 구역 중 채소·과일처리 구역
      ㉠ 물을 많이 사용하므로 급·배수 시설이 중요하다.
      ㉡ 흙이나 오물, 쓰레기 등의 처리가 용이하다.
      ㉢ 냉장 보관 시설이 잘 되어야 한다.

2 조리장의 설비

(1) 급수 설비 : 급수관은 보통 아연 도금 강관을 사용하며 수도관의 동파를 막기 위하여 충분한 보온 시설이 필요
(2) 작업대 : 동선을 짧게 작업대를 설치한다. (ㄷ형, ㄴ형, ㄱ형, ㅡ형)

> **TIP** 냉장고 → 준비대 → 개수대 → 조리대 → 가열대 → 배수대

(3) 냉장고·냉동고·창고 : 냉장고는 5℃ 내외의 내부 온도를 유지하는 것이 표준
(4) 배수 설비 : 싱크, 배수관(트랩 설치 : 악취 방지)
(5) 열원 설비 : 효율이 가장 높은 것을 택한다.
(6) 환기 시설 : 자연 환기법, 송풍기(Fan), 후드(Hood)의 모양은 사방 개방형이 가장 효율적
(7) 조명 : 조리실의 조명은 100Lux 이상.(반간접조명)
(8) 방충·방서 시설 : 조리장의 방충망은 30매시 이상

> **TIP** 매시(mesh) : 가로 세로 1인치(inch) 크기의 구멍수
> ex) 30매시란 가로, 세로 1인치 크기에 구멍이 30개인

3 급식 시설 면적

(1) 식당의 면적 취식자 1인당 1.0㎡
(2) 조리장의 면적 식당면적의 1/3
(3) 일반급식소에서 급식수 1식당 주방 면적 : 0.1㎡ 정도
(4) 식기회수 공간 : 취사 면적의 10%
(5) 일반급식소에서 급수설비 용량 환산 시 1식당 사용물량 6.0~10L

제2절 식품의 조리원리

01. 농산물의 조리 및 가공·저장

식품을 가공 및 저장함으로써 영양가 및 기호성을 향상시키며 수송·저장에도 간편하고, 보존성을 높일 수 있다.

1 곡류

1) 쌀

(1) 쌀의 구성 : 아밀로오스와 아밀로펙틴이 20% : 80%으로 구성.
  ① 벼 : 현미 80%, 왕겨층 20%로 구성.
  ② 현미
    ㉠ 건조한 벼를 탈각하여 왕겨층만 벗겨낸 것이다.
    ㉡ 과피, 종피, 호분층과 배유, 배아로 구성된다.
    ㉢ 호분층과 배아에 단백질, 지방, 비타민 등이 많이 함유되어 있으나, 소화흡수율이 낮다.

(2) 쌀의 가공품
  ① 강화미 : 백미에 부족한 영양소, 비타민 B를 보충.
  ② 건조쌀 : 밥이 뜨거울 때 급속히 탈수, 건조하여 수분 함량을 10% 정도로 한 것이다.
  ③ 팽화미 : 고온으로 가열하여 압착한 것으로 뻥튀기, 튀밥 등.

> **TIP** 황변미 : 저장되었던 쌀이 곰팡이(푸른 곰팡이) 류에 오염되어 그 대사 산물에 의해 적홍색 또는 황색으로 착색되는 현상, 수분함량이 15% 이상 되는 조건에서 저장 시 발생.

(3) 전분의 호화, 노화

① 전분의 호화

전분을 물속에서 가열하면 전분 입자가 물을 흡수하여 반투명해지고 내부구조가 느슨해지며 미셀구조가 파괴되어 걸쭉한 상태가 되는 것을 호화(α화)라 한다.

가열온도, 쌀의 도정도, 수침시간이 길어짐에 따라 호화시간이 빨라지며 호화된 α-전분은 맛도 좋고 소화도 잘 된다.

$$\text{날 전분}(\beta\text{-전분}) + \text{물} \xrightarrow{\text{가열 (호화)}} \text{익은 전분}(\alpha\text{-전분})$$

② 전분의 노화(β화, 베타화) : 호화된 전분을 냉온이나 실온에 두게 되면 점점 불투명해지면서 본래의 전분 구조와 유사하게 된다.

$$\text{익은 전분}(\alpha\text{-전분}) \xrightarrow{\text{냉장온도 (노화)}} \text{생 전분}(\beta\text{-전분})$$

③ 전분의 호정화(덱스트린화) : 호정화란 전분에 물을 가하지 않고 비교적 높은 온도인 160℃ 이상으로 가열

ex) 팝콘, 토스트, 뻥튀기, 미숫가루

$$\text{날 전분}(\beta\text{-전분}) \xrightarrow{\text{가열 (호정화)}} \text{익은 전분}(\alpha\text{-전분})$$

2) 보리

(1) 보리의 성분과 영양

① 보리의 주성분은 전분이며 탄수화물이 70% 전후, 단백질이 8~12%이고 비타민류는 B군이 많으며 도정하더라도 손실이 비교적 적다. β글루칸이 함유되어 있어 콜레스테롤 저하 및 변비 예방에 도움이 된다.

② 보리밥은 쌀밥보다 비타민, 단백질, 지방의 함량이 많으나 셀룰로오스의 함량도 많아서 소화율이 나쁘다.

③ 단백질(호르데인), 무기질(인, 칼륨) 함유 되어 있다.

(2) 보리의 가공품

① 정맥 : 보리의 과피와 종피를 제거하고 배유만 남긴 것이다.

② 압맥(납작보리) : 보리쌀의 수분을 14~16%로 하여 예열통에 넣고 약 60~80℃에서 간접 가열시킨 다음 가열증기나 포화증기로 수분을 25~30%로 하여 조직을 변화시킨다.

③ 할맥 : 보리쌀은 중심부에 있는 골에 섬유소가 많아 소화하기 어려우므로 홈을 따라 쪼개어 섬유소를 제거시켜 도정하여 쌀 모양으로 만든 것이다.

3) 밀가루

(1) 글루텐 형성 : 밀가루에 물을 가하여 반죽하면 밀의 단백질인 글리아딘(gliadin)과 글루테닌(glutenin)이 물과 결합하여 글루텐(gluten)을 형성한다. 글리아딘은 점성, 글루테닌은 탄성을 부여한다.

(2) 밀가루의 종류 : 글루텐 함량에 따른 밀가루의 종류

(3) 밀가루 반죽 시 다른 물질이 글루텐에 주는 영향

종류	글루텐 함량	용 도
강력분	13% 이상	식빵, 마카로니
중력분	10~13%	국수류(면류)
박력분	10% 이하	튀김, 과자, 케이크

① 팽창제 : 반죽을 팽창시키는 것은 CO_2(이스트, 베이킹파우더, 중조), 공기, 수증기.
　㉠ 이스트(효모) : 최적온도 27~30℃, 제빵에 사용
　㉡ 베이킹파우더(BP) : 제과에 사용
　㉢ 중조(중탄산나트륨) : 밀가루는 플라보노이드 색소가 있어 중조(알칼리)를 넣으면 제품이 황색으로 변하며 특히 비타민 B_1, B_2가 손실
② 지방 : 층을 형성하여 음식을 부드럽고 바삭하게 한다.(파이, 약과) – 가소성 마가린
③ 설탕 : 열을 가했을 때 음식의 표면을 착색시켜 보기 좋게 만들지만, 글루텐을 분해하여 부풀지 못하게 방해한다.
④ 소금 : 글루텐의 늘어나는 성질이 강해져 잘 끊어지지 않도록 만든다.
⑤ 달걀 : 밀가루 반죽의 형태를 형성하는 것을 돕지만 많이 사용하면 질겨진다. 튀김반죽을 심하게 젓거나 오래 두면 글루텐이 형성되어 튀김옷이 바삭하지 않고 질겨진다.

4) 옥수수
탄수화물은 주로 전분이고 단백질은 제인으로 리신, 트립토판 함량이 적고 트레오닌 함량이 많다.

2 두류

단백질과 지질의 공급원으로 영양학적 가치가 높고 대두, 팥, 강낭콩, 잠두, 녹두, 리마콩 등 완숙 종자와 그린피스(Green peas, 녹색 완두)나 풋콩 등 미숙한 종자, 대두와 녹두를 발아시킨 콩나물이나 숙주나물 등으로 구분할 수 있다.

① 대두
　단백질 40%, 지방 18~22%, 탄수화물 22~29% 함유, 소화율은 낮으나 두부 등으로 가공하면 소화율이 높아진다. 싹을 길러 콩나물이나 기름으로 가공하여 사용한다.

② 팥
당질 64%, 단백질 20%, 지방 0.1% 함유, 전분이 많다.
③ 녹두
탄수화물 57%, 단백질 20~25% 함유, 전분 34% 함유한다.
④ 강낭콩
당질 54%, 단백질 21% 함유, 많은 양의 전분으로 구성되어 있다.
⑤ 완두
당질 54.4%, 단백질 21.7% 함유, 비타민 C 함유한다.
⑥ 땅콩
탄수화물 20~30%, 단백질 35%, 지방 45% 함유, 비타민 B군 함유, 식용유, 버터 등에 이용한다.

3 서류

① 감자
수분 81%, 당질 14%, 단백질 3%이며, 탄수화물은 전분이며 소화가 빠르다. 비타민 C, 칼슘, 칼륨 함량이 많은 알칼리성 식품이다.
② 고구마
수분 66.3%, 당질 30.3%, 단백질 1.4%이며, 성인병을 예방하는 식물성 섬유 다량 함유, 각종 비타민과 미네랄이 풍부하다.

4 과일류

① 인과류 : 꽃받이가 성장 발육한 것(사과, 배 등).
② 핵과류 : 자방(씨방)이 발달하여 과육이 된 것으로 한가운데에 핵 층이 있고, 그 안에 종자가 있다. (복숭아, 매실, 살구 등)
③ 장과류는 중과피와 내과피가 유연하고 과즙이 많은 육질로 구성. (포도, 딸기, 무화과 등).
④ 견과류는 종실을 식용으로 하는 것으로, 외과피가 단단하다. (밤, 호두 등).

5 채소류

① 엽채류 잎 : 배추, 양배추, 상추, 양상추, 시금치, 청경채, 케일, 물냉이, 치커리, 엔다이브, 파슬리, 겨자잎 등
② 근채류 뿌리 : 무, 당근, 마늘, 양파, 생강, 비트, 순무, 파스닙, 야콘, 고추냉이, 샬롯 등
③ 인경채류 줄기 : 파, 아스파라거스, 셀러리, 콜라비, 달래 등
④ 과채류 열매 : 오이, 가지, 고추, 호박, 애호박, 토마토, 아보카도, 오크라 등
⑤ 화채류 꽃 : 브로콜리, 콜리플라워, 아티초크 등

6 버섯류

버섯은 엽록소가 없어 다른 생물에 기생해야 살 수 있는 식물이다. 식물학상 곰팡이와 같은 종류로 담자균류에 속한다. 토양이나 나무 속으로 뻗어 있는 균사로 이루어져 있고, 독립적 영양소를 확보하지 못하여 기생 또는 부생 생활을 한다. 전 세계적으로 18,000여 종의 버섯 중 200여 종이 식용 가능하다. 대개 20~30여 종이 보편적으로 식품으로 사용된다.

① 표고버섯
비타민D를 많이 함유하며, 비타민 B_1과 B_2 다량 함유, 무기질 칼륨(K)과 인(P) 다량 함유한다.

② 송이버섯
소나무 숲에서 자생, 비타민 B_1, B_2, D, C, 니아신 등 함유. 위암, 직장암 발생을 억제하는 항암작용한다.

③ 양송이버섯
단백질 함량이 표고버섯보다 2.5배 많고 무기질 함량이 높음. 비타민 B_1, B_2, 니아신, 에르고스테롤 등을 함유한다.

④ 느타리버섯
송이과에 속하며 굴 껍데기와 유사하다고 하여 Oyster Mushroom이라 한다.

⑤ 목이버섯
활엽수에 자생하며 철분, 베타카로틴, 식이섬유 함유. 칼로리가 낮고 칼륨 풍부, 흰목이버섯과 흑목이버섯이 있다.

⑥ 팽이버섯
팽나무의 고목에서 자라며, 아미노산과 비타민 다량함유, 혈압 조절, 암과 성인병 예방 효과가 있다.

Chapter 5 중식 기초 조리 실무

02. 축산물의 조리 및 가공 · 저장

1 육류

1) 고기의 변화
① 도살과 사후강직 : 도살 직후 근육의 수축이 일어나 경직 현상이 된다.
② 숙성 : 도살 후 근육의 수축으로 경직된 후 시간이 지나면 자가 분해되어 근육이 연화되고 보수성이 커지며 맛이 좋아지는 상태(자가 소화)가 된다.

2) 가열에 의한 육류의 변화
① 육류의 섬유상 단백질(미오신, 액틴)은 가열하면 약 50℃에서 응고되기 시작하여, 약 65℃에서 완전 응고(엑토미오신)되며, 고기의 수축(용적수축 20~30%, 중량수축 20~40%)이 일어난다.
② 고기를 고열에서 단시간 조리하면 겉면이 응고하여 내부의 성분이 유출되는 것을 막을 수 있어 고기 자체를 맛있게 할 수 있다.
③ 중량 및 보수성이 감소되며, 지방 및 육즙이 손실된다.
④ 결합조직인 콜라겐(뼈, 피부 결체조직)이 많은 질긴 고기는 약한 불에서 은근히 끓여 결합조직인 콜라겐이 젤라틴으로 분해되도록 하여 고기를 연하게 한다.
⑤ 지방이 융해된다.

2 알류

1) 달걀

(1) 달걀의 구성
- 껍질 약 10%
- 난황 (노른자) 약 30%
- 난백 (흰자) 약 60%

(2) 열 응고성
달걀 응고 온도 : 난백 60~65℃, 난황 65~70℃에서 응고. 설탕을 첨가하면 응고되는 온도가 높아지고 달걀 응고물을 부드럽게 해준다.

> **TIP** 달걀의 소화성 : 반숙 → 완숙 → 생달걀 → 달걀 후라이

(3) 난백의 기포성

① 원리

달걀 흰자를 강하게 저으면 기포가 생기는데, 설탕은 거품을 안정시키므로 마지막 단계에서 넣어야한다.(스폰지케이크나 케이크의 장식, 머랭, 튀김옷, 엔젤케이크)

② 영향 요인
- 온도 : 난백은 상온 30℃에서 거품이 잘 일어난다.(상온 보관)
- 신선도 : 수양난백이 많은 달걀, 즉 오래된 달걀은 거품이 잘 일어나나 안정성은 적다.
- 첨가물
  - 설탕 : 거품을 완전히 낸 후 마지막 단계에서 넣어주면 거품의 안정화
  - 산(오렌지쥬스, 식초, 레몬즙) : 기포형성에 도움을 준다.
- 그릇 : 밑이 좁고, 둥근 바닥을 가진 것이 좋으며, 속도가 빠를수록 기포력이 크다.

(4) 달걀의 녹변 현상

① 난백과 난황 사이에 생기는 검푸른 색을 녹변현상이라 하며, 이는 난백의 황화수소(H_2S)가 난황의 철분(Fe)과 결합하여 황화 제1철(유화철(FeS))을 만들기 때문이다.

② 가열시간이 길수록 가열온도가 높을수록 오래된 달걀일수록 녹변속도가 빠르다. 삶은 후 바로 찬물에 담가두면 녹변시간이 늦어진다.

(5) 달걀의 신선도 감별법

① 비중법 : 6~10% 소금물에서 가라앉는 것

② 난황계수 = $\dfrac{난황의 높이}{난황의 직경}$ (0.37 이상이면 신선)

③ 진음법 : 흔들어보면 출렁거림이 없는 것

④ 투시법 : 등불에 비추어보면 어둡지 않은 것 (등불검사법)

⑤ 외관법 : 표면이 까칠까칠한 것

(6) 달걀의 저장 – 냉장법, 냉동법, 가스 저장법, 표면 도포법, 침지법

(7) 달걀의 가공품 – 건조란, 동결란, 마요네즈, 피단(송화단)

2) 송화단(松花蛋; 피단 皮蛋)

오리알에 진흙을 바르고 겨에 묻어 발효시키면 흰자는 까맣게 되어 쫀득해지고 노른자는 푸딩처럼 변한다. 고급품은 표면에 소나무같은 무늬가 꽃처럼 보인다.

Chapter 5 중식 기초 조리 실무

03. 수산물의 조리 및 가공 · 저장

1 어패류
어패류는 신선도가 빠르게 저하되므로 어획 직후부터 선도를 잘 관리해야 한다.

1) 생선의 근육
① 단백질과 비타민 B의 급원
② 흰색어류 : 해저 가까이 서식하며 지방이 적다.(도미 · 민어 · 광어 · 조기) / 수분이 적다.
③ 적색어류 : 해면 가까이 서식하며 지방이 많다.(연어 · 꽁치 · 고등어 · 정어리 등)
④ 산란기 직전의 생선이 가장 살찌고 지방이 많으며 맛도 좋다.

2) 가열에 의한 어류의 변화
① 결합조직 단백질인 콜라겐의 수축 및 용해
② 근육섬유 단백질의 응고수축
③ 지방의 용출
④ 열 응착성 강화

> **TIP** 열 응착성 : 금속과 접촉한 채 가열하면 금속에 붙는 것으로, 석쇠에 기름발라서 구우면 붙는 것을 방지한다.

3) 어패류 조리법
① 소금구이의 경우 생선중량의 2~3% 소금을 뿌리면 간이 적절하다.
② 생선은 결합조직이 적으므로 물이나 양념장이 끓을 때 넣어야 생선의 원형을 유지할 수 있으며, 처음 가열할 때 뚜껑을 열고 가열하면 비린내를 휘발시킨다.
③ 생선튀김의 옷은 박력분을 사용하고 180℃에서 2~3분간 튀김한다.
④ 전유어는 생선의 비린 냄새를 없애는데 효과적인 조리법이다.
⑤ 오징어와 같이 결체조직이 치밀한 것은 오징어 안쪽에 칼집을 넣어주면 모양도 살리고 소화도 쉽게 하도록 하는 조리법이다.

4) 어취의 제거
① 생선비린내 성분 : 트리메틸아민(Trimethylamine, TMA), 암모니아(알칼리성), 황화수소, 인돌
② 비린내를 제거하기 위한 방법
  ㉠ 트리메틸아민은 수용성이므로 물에 잘 씻는다.
  ㉡ 간장, 된장, 고추장 등의 장류 첨가나 생강, 파, 양파, 마늘, 겨자, 고추냉이, 술(정종, 포도주 첨가) 등의 향신료 등을 사용한다.
  ㉢ 식초, 레몬즙 등의 산 첨가한다.
  ㉣ 우유에 담가둔다.

5) 어패류 가공품
① 연제품(생선묵) : 염용성 단백질
  ㉠ 신선한 생선을 소금과 함께 갈아 섞어 가열한 후 응고하여 만든 것
  ㉡ 흰살 생선(도미, 광어, 동태, 명태 등)을 이용하고 소금 농도는 3% 정도
② 젓갈 : 어패류의 내장, 알 등을 20~30%의 소금을 넣어 저장
③ 건어류

6) 염장 가공 – 염수법, 건염법

2 해조류

	한천	젤라틴
주성분	우뭇가사리를 동결, 냉각시키거나 압착, 탈수해 건조시킨 것 (식물성)	동물의 가죽과 뼈에 존재하는 콜라겐을 가수분해하여 얻을 수 있는 물질 (동물성)
영양소	탄수화물 (다당류)	단백질 (유도단백질, 불완전 단백질)
응고 온도	38–40℃	10℃ 이하 (냉장고)
이용한 음식	양갱	마시멜로, 젤리, 족편
특징	• 한천에 수분을 가하면 흡수, 팽윤하고, 한천에 열을 가하면 쉽게 녹는다. • 한천에 설탕을 넣으면 점성과 탄성, 투명도가 증가하고 설탕의 농도가 높을수록 겔의 강도도 강해진다. • 한천은 영양가를 가지고 있지 않고 체내에서 소화되지 않지만 물을 흡수하고 팽창해 장운동을 돕는다.	젤라틴에 열을 가하면 다시 액체가 된다.

04. 유지 및 유지 가공품

1) 유지의 종류
① 액체 : 유(油 : 대두유, 면실유, 참기름)
② 고체 : 지(脂 : 소기름, 돼지기름, 버터)

2) 유지의 발연점
(1) 기름을 가열하면 일정 온도에서 열분해를 일으켜 지방산과 글리세롤로 분해되고, 글리세롤이 탈수되어 자극성 냄새를 가진 연기가 나기 시작하는데, 이때의 온도를 발연점이라 한다.
(2) 발연점에 초과한 경우 → 연기에 아크롤레인(발암성 물질)이 생성된다.
(3) 튀김용으로는 발연점이 높은 식물성 기름이 좋다.(대두유, 면실유, 옥수수유)
(4) 발연점에 영향을 미치는 인자
  ① 그릇의 넓이 : 기름을 담은 그릇이 넓을수록 발연점이 낮아지므로 기름을 조리할 때에는 되도록 좁은 그릇을 이용한다.

Chapter 5 중식 기초 조리 실무

② 이물질 : 기름 이외의 이물질이 섞여 있으면 기름의 발연점이 낮아진다.
③ 유리지방산의 함유량 : 유리지방산의 함량이 높은 기름일수록 발연점이 낮아진다.
④ 사용 횟수 : 반복 사용한 기름은 발연점이 낮아져 튀김하기에 부적절하다.(산패)

3) 유화성

기름과 물은 그 자체로서는 섞이지 않으나 유화제는 한 분자내에 친수성기와 친유성기를 함께 가지고 있으므로 서로 잘 섞이게 된다. (난항의 유화성)

레시틴(Lecithin) : 천연 유화제(친수성, 친유성)

수중 유적형 (O/W)	유중 수적형 (W/O)
물속에 기름이 분산	기름에 물이 분산
아이스크림, 마요네즈	버터, 마가린

4) 연화

밀가루 반죽에 지방을 넣었을 때 유지가 글루텐 표면을 둘러싸 글루텐이 형성되는 것을 방해하고 음식이 부드러워지는 현상을 말한다.

5) 유지의 채취와 정제

① 유지 채취법 – 압착법, 추출법, 용출법 (건열 처리)
② 유지의 정제 – 물리적 정제, 화학적 정제, 가공 유지

05. 냉동식품의 조리

1 냉동식품

식품을 영하로 얼려 저장한 식품을 말하며, 미생물이 생육이 억제되므로 −40℃ 이하에서 급속 동결시 식품의 품질저하를 방지할 수 있다.

2 해동방법

(1) 냉장 해동 : 냉장온도에서 서서히 해동해야 맛과 질이 유지될 수 있다.
(2) 공기 해동 : 상온에서 자연스럽게 해동하는 방법으로 냉장고에서 해동하는 것보다는 시간이 적게 걸리지만, 품질과 맛이 저하할 수 있다.
(3) 수중 해동 : 포장한 채로 흐르는 물에서 물을 흘려 보내면서 해동하므로 시간이 단축된다.
(4) 가열 해동 : 뜨거운 물에 해동하면서 가열을 동시에 진행하지만 조직이 파괴되기 쉽다.
(5) 전자렌지 해동 : 전자렌지를 이용해 해동하는 방법으로 가장 단시간에 해동이 되긴 하지만 온도 조절이 중요하다.

06. 조미료와 향신료

1 조미료 (소스류)

해선장		① 대두, 고구마, 향신료 등을 첨가 하여 짭짤하고 매콤, 달콤한 맛을 내는 소스 ② 절임, 볶음, 북경오리 요리, 국수 요리 등에 활용한다.
두반장		발효시킨 메주콩에 고추를 갈아 넣고 양념을 첨가하여 발효 숙성하여 만든다.
두시장		황두와 흑두를 삶아서 찐뒤 발효시킨 것
춘장		대두, 소금을 이용하여 발효시킨 것
검은 콩소스 (막장)		① 검은 콩, 밀, 누에, 콩, 고추를 발효시킨 장류로 검고 윤기가 난다. ② 냄비요리에 국물로 사용하거나 생채소에 그대로 찍어 먹기도 한다.
바비큐 소스		식초, 토마토 페이스트, 마요네즈, 액체 연기, 양파가루, 겨자, 후추, 설탕 등으로 만든 소스 (BBQ소스)
XO 소스		말린 가리비, 기름, 고추, 마늘이 주재료이며, 말린 새우, 햄, 절인 생선을 넣기도 한다. 딤섬 소스, 국수 버무릴 때 사용한다.
칠리소스		고추와 마늘이 배합된 매콤 달콤한 소스
굴소스		신선한 생굴을 으깬 다음 끓여 졸인 후 농축시켜 만든 소스
매실소스		매실과 생강, 고추를 섞어 만든 소스
땅콩 버터		땅콩, 식물성 오일, 설탕, 소금, 액당을 섞어 만든 것
치킨 파우더		닭뼈 육수를 건조시켜 가루로 만든 것
기름	고추기름	식용유를 끓인 후 고춧가루, 팔각, 파, 생강, 양파 등의 향신료를 으깨서 넣었다가 걸러내서 매운맛과 향을 낸 것
	파기름	뜨거운 기름에 대파를 끓여 걸러낸다. (감칠맛이 좋다)
간장	노추	관동 일대에서 쓰는 색깔이 진한 간장으로 노두유라고도 한다.
	생추왕 간장	광동 일대에서 사용하는 색이 짙은 간장을 통털어 말하는 것으로 노추 보다 약간 묽고 짠 간장
	새우 간장	① 간장에 새우, 야채와 설탕을 넣어 숙성시킨 간장 ② 새우젓 같은 독특한 향이 나며, 멸치 같은 생선을 사용하기도 한다.
식초	흑초	검은 콩을 발효시켜 만든 식초
	미추	쌀을 발효시켜 만든 중국 전통 식초
	홍초	쌀식초, 찹쌀, 아니스, 계피, 정향 등으로 만든 식초

Chapter 5 중식 기초 조리 실무

2 향신료

오향	팔각	8개의 꼭짓점이 있는 별모양의 열매 (달콤, 매콤한 맛의 향신료)
	정향	꽃 봉오리를 사용하며 상쾌하고 달콤한 향신료 (못 모양처럼 뾰족하다.)
	회향	미나리과에 속한 다년생 초본 (성숙한 것은 소회향이라 함)
	계피	육계나무의 껍질 (시나몬)
	후추	쌍떡잎 후추목 후추과의 상록 덩굴 식물로 흑후추, 백후추 등이 있다.
산초		초피 나무의 일종의 열매. 옅은 매운맛이 나며 산초 기름을 만들어 사용하기도 한다.
마라		사천 요리에 많이 쓰는 향신료. 혀가 마비될 정도로 맵고 얼얼하다. (마라탕)
건고추		홍고추를 건조시킨 것
계지		계피나무의 어린 가지를 말린 것으로 맵고 단맛이 있다.
진피		귤 껍질 말린 것으로 씁쓸하고 비리고 느끼한 맛을 제거 시 사용

제3절 식생활 문화

1 중국 음식의 문화와 배경

중국의 음식문화는 불을 발견하고, 소금을 이용하고, 토기, 청동기, 철기 등의 도구를 사용하면서 시작되어 만한전석(滿漢全席)에 도달하기까지 오랜 세월을 거쳐 오늘에 이르렀다. 이 오랜 세월동안 광활한 대륙과 넓은 해양에서 얻은 다양한 산물과 풍부한 해산물을 이용하여 중국의 조리기술을 크게 발달시켰다. 다양한 재료의 이용, 손쉽고 합리적인 조리법, 음식 종류의 다양성, 풍부한 영양, 풍성한 외양 등이 오늘날의 중국요리의 초석이 되었다. 또한 지역별 풍토, 기후, 풍속, 습관이 다양하여 지방색이 두드러진 독특한 지방 요리로 발전시켰다. 이러한 각 지방의 요리는 잦은 민족의 이동과 더불어 한족과 소수민족으로부터 영향을 받아 다민족적인 음식문화를 이루었고 이는 융합과 동화의 산물이라고 할 수 있다. 즉, 언제나 외부의 새로운 것과 상호교류하고, 쉽게 다른 것을 인정하고 수용, 보완하여 일면에서 융합적인 성격이 강하게 나타나지만, 궁극적으로 한족 중심체제로 동화한다는 것이다. 오늘날의 중국조리는 만한전석(滿漢全席)의 다양함과 정묘함에 서구의 합리성과 과학성을 더하여 중국 특유의 조리이론과 조리기술로 발전되어 세계적인 요리로 거듭나고 있다.

2 중국 음식의 분류 (지역별 특징)

구분	산동 요리	강소 요리	사천요리	광동 요리
지역	북부 (북경/베이징)	중부 (남경/상해)	서부 내륙 지역	동남부 (홍콩 주변 지역)
특징	궁중 요리, 고급 요리가 많다	양쯔강 유역의 민물고기 이용한 요리 많다	분지 지역이라서 기온의 차이가 심하고 습도가 높다	기후가 온화하고, 해산물이 풍부하다
	추운 날씨 영향으로 기름 사용이 많다	재료가 갖고 있는 본래의 형태와 맛을 중시하고 신선함 강조	강한 향신료 사용하다	외국과의 교류 발달하여 서양요리 혼합
조리법 특징	강한 화력으로 짧은 시간에 튀겨낸 바삭한 느낌	간장, 설탕 사용 많다	채소와 육류를 이용한 볶음이나 찜요리 발달	소금, 기름 사용 적다
맛의 특징	맑고 신선하며 부드러운 것 중시, 담백한 맛	맛이 진하지 않고 느끼하지 않고, 살짝 단맛이 난다	자극적이고 매운 맛	부드럽고 담백하며, 기름 지거나 느끼하지 않다
대표 요리	총소해삼(대파와 해삼 불린 것 볶음)	동파육, 상해 게요리, 두부요리, 만두 요리	마파두부, 양고기 요리	상어 지느러미, 제비집, 기상천외한 동물 요리 (원숭이, 뱀, 너구리 등)

3 중국 음식의 특징 및 용어

1) 중국 음식의 특징

(1) 식재료의 다양성

① 국토면적이 넓어 산물이 풍부하고, 각 지역마다 기후와 환경이 달라서 재배되는 농작물, 가축, 가금류, 수산물의 종류가 다양
② 모든 식재료를 요리에 자유롭게 응용하여 맛이 풍부
③ 같은 종류의 식품이라 할지라도 산지에 따라 질적으로 차이

(2) 재료 썰기의 합리성

① 재료 써는 기술이 발달
② 편(片), 사(絲), 정(丁), 조(條), 괴(塊), 입(粒), 미(米), 용(蓉) 등 여러 가지 형태의 썰기
③ 크기와 두께를 아주 가지런하고 고르게 썬다.
④ 손재주가 뛰어나, 각종 새, 꽃, 동물 등 여러 모양으로 조각하여 자료의 아름다움을 표현하고 음식의 품격을 높이는 데 사용

(3) 조리방법의 다양성

① 사용하는 재료, 재료의 형태, 불의 세기, 조리시간 등 다양한 조건에 따라 조리방법이 달라짐
② 크게 분류하면 몇 십 종에 이르며, 크게 분류한 각각의 조리방법은 또 여러 가지 작은 유형의 조리법으로 분류

(4) 기름의 사용

① '끓는 기름에 야채를 넣어 데친다' 할 정도로 기름 사용량이 많음
② 기름을 이용하여 볶거나, 튀기는 조리방법이 많음
③ 전처리한 재료를 기름에 넣어 강한 불로 단시간에 볶기
  → 재료 본래의 식감이나 향, 영양성분 파괴하지 않고 본연의 풍미와 향미를 끌어냄

(5) 전분의 사용

① 중식 요리에서는 전분의 사용량이 매우 많다.
② 튀김, 찜 요리 시 마른 전분을 묻혀 튀기거나, 달걀과 마른 전분을 혼합하여 걸쭉한 농도를 맞춰 식재료 표면에 바른 다음 튀기기도 한다.
③ 물과 전분을 1 : 1 비율로 담고 혼합하여 요리의 완성 마지막 단계에 천천히 휘저으면서 투하시킨다.
④ 전분은 요리와 양념, 국물 등이 잘 결합되도록 하는 역할도 하지만 기름과 수분을 결합시키고 요리의 온도를 따뜻하게 유지시켜주는 역할도 한다.

❶ **전분의 특징**

㉠ 감자와 곡류의 주성분이며, 젤화 되는 성질로 음식을 서로 연결 시키거나 도포하는 역할을 한다.
㉡ 외관에도 영향을 주며, 향미 보존, 수분 유지에 영향을 주며, 전분은 다당류로서 곡류와 감자, 고구마 등에 많이 포함되어 있다.

❷ **전분의 변화와 조리**

물을 첨가하여 가열하고 냉각, 저장하는 과정에서 호화 → 젤화 → 노화 등의 변화가 일어난다.

호화	– 팽윤, 수화, 콜로이드 상태로 형성된다. – 온도가 높거나 물의 함량이 많을수록 호화가 빠르게 일어난다.
노화	– 호화 된 전분을 실온에 방치하면 식으면서 노화가 일어난다. – β–전분의 형태로 되돌아 가는 현상이다.

❸ **전분으로 농도를 조절 시 주의 점**
  ㉠ 전분을 그릇에 담고 물을 넣어 침전시켜 준비한다.
  ㉡ 요리 완성 단계에서 전분을 넣기 전 물과 전분을 다시 버무려 잘 섞어 놓는다.
  ㉢ 전분을 넣을 때는 요리의 온도에 주의하여 뜨거울 때 전분을 넣는다.
  ㉣ 전분을 넣을 때는 한번에 너무 많은 양을 넣지 않도록 한다.

(6) 색, 향, 맛, 형 : 요리의 조화와 균형을 중요하게 여김

색(色)	– 재료의 색과 조미료의 색을 유기적으로 조합하여 색 배합
향(香)	– 진한 향 : 주재료 향이 적거나 특유한 냄새를 가진 식재료 – 연한 향 : 주재료가 고유한 향을 가지고 있는 식재료 사용
맛(味)	– 주재료의 독특한 맛과 질감을 잘 조합하여 적절히 조리
형(形)	– 식재료의 형태와 그릇의 선정, 담는 형태, 식탁에 배치 – 시각적으로 아름답게 하고, 식욕을 돋구며, 분위기 주도

2) 용어

① 농산물

가지(茄子, qiézi) 고구마(地瓜, di gua) 고추(辣椒, la jiao) 당근(红萝卜, hong luo bo) 두부(豆腐, dou fu) 땅콩(花生, hua sheng) 마늘(蒜, suan) 목이버섯(黑蘑耳, hei mo er) 무(萝卜, luo bo) 배추(白菜, bai cai)	부추(韭菜, jiu cai) 브로콜리(西兰花, xi lan hua) 생강(姜, jiang) 셀러리(芹菜, xi jin) 시금치(菠菜, bo cai) 아스파라거스(芦笋, lu sun) 양상추(洋生菜, yang sheng cai) 양송이버섯(洋蘑菇, yang mo gu) 양파(洋葱, yang cong) 오이 黄瓜(huang gua)	옥수수(玉米, yu mi) 완두콩(莞豆, wan dou) 죽순(竹笋, zhu sun) 청경채(青根菜, qing gen cai) 파(葱, cong) 팽이버섯(金针菇, jin zhen gu) 표고버섯(香菇, xiang gu) 피망(青椒, qing jiao) 호박(南瓜, nánguā)

② 축산물

계란(鸡蛋, ji dan) 닭(鸡, ji)	돼지고기(猪肉, zhu rou) 쇠고기(牛肉, yang rou)	오리고기(鸭肉, ya rou) 양고기(羊肉, yang rou)

Chapter 5 중식 기초 조리 실무

③ 수산물

관자(帶子) 소라(海螺, hai luo) 새우(虾, xia)	오징어(鱿鱼, you yu) 조기(黃鱼, huang yu) 해삼(海滲, hai shen)	해파리(海蜇, hai zhe)

④ 소스류

고추마늘 소스(辣椒酱, la jiao jiang) 굴소스(蚝油, hao you) 노두유(老抽, lao chou) 닭요리 소스(鸡汁, ji zhi) 두반장(豆瓣酱, dou ban jiang)	마늘콩 소스(豆豉酱, dou chi jiang) 매실소스(梅實腸, mai shi jiang) 바비큐소스(烤肉酱, kao rou jiang)	칠리소스(干燒汁, gan shao zhi) 케찹(番茄酱, fan qie jiang) 탕수육 소스(酸甜酱, suan tian jiang) 해선장(海鮮醬, hai xian jang) X.O 소스

⑤ 기타류

간장(酱油, jiang you) 겨자(芥末, jie mo) 고추기름(辣油, la you) 누룽지(锅巴, guo ba) 밀가루(面粉, mian fen) 소금(盐, yan) 소다(苏打, su da)	시미로(西米露, xi mi ru) 식용유(油, you) 식초(醋, cu) 설탕(糖, tang) 술(酒, jiu) 오향(五香, wu xiang) 작채(榨菜, zha cai)	조미료(味精, wei jing) 전분(淀粉, dian fen) 참기름(香油, xiang you) 화권(花卷, hua juan) 후추(糊椒粉, hu jiao fen)

Chapter 6 중식 절임·무침 조리

제1절 절임·무침 준비

1 절임·무침이란

채소류, 과일류, 야생식물류, 수산물, 향신료 등을 주 원료로 하여 식염, 식초, 당류, 장류에 절이거나 무친 것을 말하며, 다른 식품을 다양하게 넣기도 한다.

2 중식 절임과 무침에 많이 사용되는 채소

청경채	중국 배추의 일종으로 특유의 아삭한 식감이 나며 모양과 색깔이 좋아 고기요리에 많이 곁들여 진다.
자차이	① 중국의 대표적인 절임 김치(장아찌) ② 착채 (搾菜) : 중국 채소로 잎은 배추처럼 생겼으며, 무처럼 생긴 뿌리는 울퉁불퉁 하고 굵다. ③ 착채를 가늘게 썰어 물에 헹군 후 양파 잘게 썬 것과 설탕, 식초 넣고 고추기름, 참기름 더해 버무린다.
향차이 (고수)	① 파슬리과에 속하는 일년초 ② 줄기와 어린잎에서 특이하고 독특한 향이 강하며 '고수'라고도 한다.
기타 재료	무, 당근, 양파, 마늘, 배추, 양배추, 땅콩

제2절 절임류 만들기

김치 절임	지방에 따라 다르며, 고춧가루와 젓갈의 사용량에 따라 다양하다.
피클	오이, 양파, 토마토, 피망, 양배추, 당근, 비트, 등을 소금에 절인 후 식초, 설탕, 향신료를 섞은 액에 담드어 절인 음식이다.
장아찌	채소(무, 오이, 고추, 가지, 깻잎 등), 어패류(굴비, 전복 등), 해조류(김, 파래 등)를 간장, 된장, 고추장 등에 담그어 저장 발효시킨 음식이다.

Chapter 6 중식 절임 · 무침 조리

제3절 무침류 만들기

1) 무침 주재료(채소나 말린 생선, 해산물, 해초류)에 국물 없이 무치는 조리법으로, 먹기 직전에 무쳐야 신선하고 재료 특유의 맛을 그대로 낼 수 있다.
2) 무침에 사용할 양념류를 선택하되, 양념이 너무 강하지 않도록 한다. 파 기름, 고추 기름, 고춧가루, 식초, 설탕, 소금, 후추, 마늘, 향신료를 많이 사용한다.
3) 주재료를 손질하여 버무린다.

제4절 절임 보관 · 무침 완성

1 숙성

영양적 가치, 기호적 가치, 위생적 가치 등을 포함한 식품의 품질을 변하지 않게 보전하는 것.

원 인	요 인	대 책
물리적 요인	수분 / 온도 / 빛	건조 / 냉동,냉장 / 광선 차단
화학적 요인	공기 / pH / 식품성분 반응 / 금속이온	진공 / 산화제 / 가열 / 사용억제
생물학적 요인	미생물 / 효소	가열 / 훈증 / 저온 / pH조절

2 식품 변질을 방지하는 원리

수분 활성	탈수 건조, 농축, 염장, 당장
온도 조절	냉장, 냉동 보존
pH 조절	산 저장
가열 살균	통조림, 병조림, 레토르트 식품
광선 조사	자외선 조사, 방사선 조사
산소 제거	가스 치환(CA 저장), 진공포장, 탈산소제사용

※ **가스 치환** : 포장 용기 안의 공기를 질소, 이산화탄소, 이들의 혼합물로 바꾸어 포장하는 것

Chapter ❼ 중식 육수 · 소스 조리

제1절 육수 · 소스 준비

1 육수의 정의
① 육수 : 소뼈, 닭 뼈, 생선 뼈, 갑각류 뼈, 채소, 향신료 등을 물과 함께 끓여 우려낸 국물
② 부재료나 주재료를 혼합할 때나 또는 소스를 만들 때 음식의 맛과 소스의 맛을 결정하는 가장 중요한 과정

2 육수의 주재료
① 육수에서 가장 중요한 것이 뼈의 선택이다.
② 신선한 뼈를 사용해야 맛과 향이 좋으므로 뼈의 선별이 중요하다.
③ 뼈 속에는 연골, 콜라겐이 함유되어 있으므로, 물과 함께 가열하여 이러한 성분들이 용해되어 추출 된다.

$$콜라겐 \xrightarrow{물 + 열} 젤라틴$$

④ 뼈의 종류 : 소뼈, 닭 뼈, 돼지 뼈, 갑각류 뼈, 생선 뼈

제2절 육수 · 소스 만들기

1 육수 만들기

1) 찬물로 시작
① 뼈 속 내용물의 용해를 쉽게 해준다.
② 열을 가하면 불순물이 응고되어 표면 위로 떠오르면 걷어내준다.
③ 물이 뼈 밑으로 내려가면 산소와 접하게 되어 색깔이 변해서 육수 색상에 영향을 미치게 된다.

2) 센불로 올렸다가 약한 불로 낮춰준다

3) 오랜 시간 은근히 끓인다
거품 및 불순물 제거 : 스톡이 혼탁해 지는 것을 방지해준다.

4) 육수 걸러내기
① 재료와 국물을 분리하여 투명하게 걸러낸다.
② 대량 생산 시에는 쿨링 탱크에 육수를 넣어 빠른 시간내 기름기를 응고시킨 후 걷어 낸다.

5) 냉각
① 순환 냉수에 급속 냉각시키어 스톡이 상하는 것을 방지 한다.
② 육수를 걸러낸 후 재빨리 식히는 것이 좋으며, 열 전달이 빠른 금속 기물을 사용하는 것이 좋다.

6) 저장 : 생산 일자 기록하여 선입 선출 하도록 한다.

2 소스 만들기

1) 소스의 정의
① 서양 요리에서 맛이나 빛깔을 더 좋게 하기 위해 식품에 넣거나 위에 끼얹는 액체 또는 반유동 상태의 조미료를 말한다.
② 주로 육수에 향신료를 넣고 풍미를 낸 후 농후제(전분가루)로 농도 조절을 하여 음식에 뿌려 먹는다.
③ 소스의 어원은 고대 라틴어 'Salus'에서 유래, '소금 첨가' 'Salted'의 옛말로 이것이 발전되어 소스의 어원이 된다.

2) 소스의 구성요소

육수	① 소스의 맛을 좌우하는 가장 기본이 되는 요리 ② 소고기, 돼지고기, 갑각류, 야채류, 향신료 등 재료의 본 맛을 낸 국물이다.
농후제	① 녹말이 젤라틴화 되는 원리를 이용한 것 ② 젤라틴화된 물과 함께 열을 가하면 끈끈해진다. ⇨ 구강 내 머무르는 시간이 늘어나 맛을 느낄 수 있는 시간이 길어진다. ③ 음식의 감촉을 좋게 하여 맛의 느낌을 후각이나 촉각으로 확대시킬 수 있다. ④ 옥수수, 감자, 고구마, 애로우 루트(칡) 등

3) 소스 조리시 주의 사항
① 조화 : 소스의 농도, 광택, 색채 등 모든 요소가 잘 조화를 이루어야 한다.
② 맛 : 인공적이지 않고 주재료의 순한 맛을 느낄 수 있어야 한다.
③ 색채 : 주재료와 담는 그릇과 소스의 색깔이 조화를 이룬다.
④ 시각적으로 혐오감을 주는 색채는 피해야 한다.

4) 농도 조절시 전분의 역할

① 수분과 기름은 분리되는 성질이 있으므로 녹말의 힘을 빌려 융화시키는 역할을 한다.
② 재료를 고온의 기름으로 처리하면 그 표면이 거친데, 녹말로 소스 조리 후 튀긴 재료에 뿌려 먹으면 혀가 매끄럽게 느끼도록 해주는 역할을 한다.
③ 중국요리는 뜨거울 때 먹는 것이 많기 때문에 녹말로 농도를 맞추면, 온도를 따뜻하게 유지시켜주는 역할을 한다.

제3절 육수·소스 완성 보관

1) 만들어진 육수, 소스는 빠른 시간에 사용하도록 하고 불가피한 경우 밀봉 냉장, 냉동 등 적절한 조치를 강구해야 한다.
2) 특히 온도 및 pH 관리를 철저히 해야 시간이 지나도 신선한 육수·소스를 이용할 수 있으며, 산패 또는 부패의 진행을 최대한 지연시킬 수 있다.

온도 관리	① 세균은 0℃ 이하나 80℃ 이상에서는 증식이 어렵다. ② 대체로 고온보다 저온에서 저항력이 강하다. ③ 세균은 20℃~50℃에서 가장 빠르게 증식한다. ④ 따라서 60℃ 이상으로 가열하여 4℃ 이하로 냉각시켜 보관해야 한다.
pH 관리	① 세균은 중성 혹은 알칼리성에서 잘 번식하고 곰팡이는 산성에서 증식이 잘 된다. ② pH 6.6~7.5 증식이 활발하다. ③ pH 4.6 이하일 경우 증식이 정지

Chapter ⑧ 중식 튀김 조리

제1절 튀김 준비

1 튀김조리의 정의

① 고온에서 단시간에 조리하여 바삭한 식감과 영양소 손실이 적은 조리법
② 육류, 가금류, 해산물, 어패류 등에 밀가루나 전분을 묻히거나 재료 그대로를 끓는 기름에 익히는 것
③ 음식의 특징에 따라 기름(유지)의 온도와 종류를 달리함

2 튀김조리의 특징 및 유의사항

① 튀김을 할 때는 물기 반드시 제거한다.
② 생선의 눈알은 터뜨려서 튀긴다.
③ 기름 온도는 반드시 체크 후에 튀긴다.
④ 바삭함을 원할 때는 같은 온도에서 두 번 정도 튀긴다.
⑤ 튀김 후에는 반드시 기름기를 제거한다.
⑥ 튀김 후에는 바로 먹을 수 있도록 한다.
⑦ 깨끗한 기름을 사용한다.
⑧ 육류 및 가금류는 조리 전에 연육(물리적 방법) 한다.
⑨ 해산물은 어취 제거에 유의한다.
⑩ 새우튀김은 튀김 전 반드시 꼬리 부분의 물총을 제거한다.
⑪ 재료의 투입은 기름양의 60%를 넘지 않는다.
　→ 다량 투입 시 기름 온도가 급격히 떨어져 기름 흡유량을 상승시킨다.
⑫ 두꺼운 팬 사용한다.
　→ 튀김 온도의 변화가 적어야 맛있는 튀김이 된다.
⑬ 기름에 튀김을 넣은 다음 나무 젓가락으로 살짝 흔들어준다.
　→ 가지런히 튀겨진다.
⑭ 물 반죽으로 튀김을 할 때 재료 표면에 전분가루를 묻힌다.
　→ 재료 표면에 마찰력이 커져 튀김 옷이 잘 붙고 모양이 단정하게 나온다.

3 유지의 종류

콩기름(대두유)	콩으로부터 채취한 원유
옥수수기름(옥배유)	옥수수의 배아로 부터 채취한 원유
채종유(카놀라유)	유채로 부터 채취한 원유
미강유(현미유)	미강으로부터 채취한 원유 (현미 : 왕겨를 벗겨내지 않은 상태 도정 전)
참기름	참깨를 압착, 초임계 추출 참기름, 원유를 정제한 추출 참깨유
들기름	들깨를 압착, 초임계 추출 들기름, 원유를 정제한 추출 들깨유
홍화유	홍화씨로 부터 채취한 원유
해바라기유	해바라기씨로 부터 채취한 원유
목화씨 기름(면실유)	목화씨로부터 채취한 원유 목화씨 기름, 목화씨 샐러드유, 목화씨 스테아린 유
땅콩기름(낙화생유)	땅콩으로부터 채취한 원유 땅콩기름, 정제 땅콩기름
올리브유	압착.여과한 압착 올리브유, 정제 올리브유, 혼합 올리브유
팜유류	팜의 과육으로부터 채취한 팜유, 팜유를 분별한 팜올레인유, 팜스 테아린유, 팜의 핵으로부터 채취한 팜핵류
야자유	야자 과육으로부터 채취한 원유
혼합 식용유	2종 이상의 식용유지(압착한 참기름, 들기름, 향미유 제외)를 단순히 혼합한 것
가공유지	식용 유지류에 수소 첨가, 분별 또는 에스테르 교환의 방법에 의해 유지의 물리, 화학적 성질을 변화시킨 것
쇼트닝	식용 유지를 그대로 또는 식품첨가물을 가하여 가소성, 유화성 등의 가공성을 부여한 고체
마가린류	식용 유지에 물, 식품, 식품 첨가물을 혼합하고 유화시켜 만든 고체
고추씨 기름	고추씨로부터 채취한 원유
향미유	식용유지에 향신료, 향료, 천연추출물, 조미료를 혼합(식용유지 50% 이상)
기타 식용유지	단일 유지성 원료로 부터 채취한 원유를 식용에 적합하도록 처리한 것

Chapter 8 중식 튀김 조리

제2절 튀김 조리

1 기름을 이용한 볶기

명칭	조리방법
초(炒)	– 소량의 기름을 사용하여 강불/중불로 단시간 가열 (가장 많이 사용하는 조리법) ex) 부추잡채, 채소볶음(炒蔬菜, 차우 수 차이), 새우볶음밥(蝦仁炒飯, 샤인 차우 반)
폭(爆)	– 초(炒)와 비슷, 먼저 끓는 물에 넣고 익히는 과정 거쳐 다시 기름에 넣고 볶기
전(煎)	– 예열한 팬에 기름 두르고 중불/약불에서 지져내기 ex) 난자완스(南煎丸子, 난젠완즈), 군만두(煎餃子, 지엔 쟈우즈)

2 기름을 이용한 튀기기

명칭	조리방법
유침 (油浸)	– 기름 온도 180~200℃ 재료 투입, 바로 불 끄고, 기름 온도 100℃ 되면 꺼내기 ex) 유림기 (油淋鷄–유린지)
작 (炸)	– 기름 온도 160~190℃ – 겉 바삭, 속 촉촉 ex) 유니짜장면(肉泥炸醬麵, 러우 니 자짱미엔), 짜춘권(炸春卷, 짜춘 쥐엔)

3 중식 튀김 조리법 및 튀김 옷 재료

1) 중식 튀김 조리법

① 기름을 이용하여 전 처리 과정을 거친 재료를 익혀 내는 대표적인 방법으로 '작(炸)'과 '팽(烹)'이 있다.

② 기름의 양과 기름 온도의 고저에 따라 조리기술을 달리 한다.

③ 바삭하게 튀겨야 맛있는 식품은 그대로 튀기고 탕수육처럼 재료의 수분을 유지시켜야 하는 것은 튀김 옷을 입혀서 튀긴다.

2) 중식 튀김 옷 재료

전분	감자, 옥수수, 고구마 전분 사용
밀가루	글루텐이 적고 탈수가 잘되는 박력분 사용
물	찬물을 이용 (글루텐 형성 저해)

달걀	튀김 옷의 경도를 도와주고 맛을 좋게 함
식소다	소량의 식소다는 튀김 옷의 수분함량을 낮춰 가볍게 튀겨진다.
설탕	소량의 설탕은 튀김 옷의 색이 적당히 갈변, 글루텐 형성 저해로 튀김 옷이 부드럽고 바삭해진다.

제3절 튀김 완성

1) 튀김은 두 번 튀기도록 한다.
2) 재료 안에 있는 여분의 수분과 기름기가 빠지게 되므로, 두 번째 튀김 온도는 1차 보다 높은 온도에서 튀긴다.
3) 물 전분을 사용하여 소스의 농도를 맞출 때는 소스가 탁해지거나 윤기가 떨어질수 있으므로, 물 전분을 너무 일찍 넣거나 너무 많은 양을 넣지 않도록 한다.
4) 소스 속에서 물전분이 익는 속도와 퍼지는 속도가 적당하여, 소스에 전분 덩어리가 없는 매끈한 소스가 되게 하기 위해서는 소스가 끓기 바로 직전에 물전분을 사용해야 한다.

Chapter ❾ 중식 조림 조리

제1절 조림 준비

1 조림의 정의

식재료(육류, 생선류, 채소, 가금류, 두부)를 선택하여 팬에 담아 불에 올려 양념을 하면서 불 조절을 하여 끓여서 국물(즙)이 거의 없을 때까지 자박하게 끓여내는 요리

2 중식 조림 조리법

1) 물을 이용한 조리(조림)

명칭	조리방법
소 (燒)	- 강불로 가열 →조미료와 탕 / 물을 넣고 약한 불로 조림 →전분 넣고 강한 불로 걸쭉하게 ex) 홍쇼두부(紅燒豆腐, 홍샤우 뜨우프), 새우칠리소스(乾燒明蝦, 깐 샤오 밍샤)
탑(塌)	소(燒)와 비슷, 재료에 전분을 묻혀서 볶거나 튀김
배(扒)	소(燒)와 비슷, 약한 불로 오래 끓이다가 전분 풀기
민(燜)	- 소(燒)와 동일, 장시간 약한 불로 졸이는 것 - '뜸을 들이다' 의미를 가지고 있으며, 뚜껑을 닫고 약한 불에 익히는 것

2) 기름을 이용한 조리(볶기)

명칭	조리방법
초(炒)	- 소량의 기름을 사용하여 강불 / 중불로 단시간 가열 (가장 많이 사용하는 조리법) ex) 부추잡채(炒韭菜-차우 지우차이), 채소볶음(炒蔬菜, 차우 수 차이) 새우볶음밥(蝦仁炒飯, 샤인 차우 반)
전(煎)	- 예열한 팬에 기름 두르고 중불 / 약불에서 지져내기 ex) 난자완스(南煎丸子, 난젠완즈), 군만두(煎餃子, 지엔 자우즈)

3 조림의 특성

- 조림은 정선된 재료를 양념하여 불 조절을 강한 불과 중간 불, 약불로 조절하여 자박하게 끓여 내는 것
- 중식에서는 주로 물 전분을 이용하여 농도를 조절하고 음식의 식감과 풍미를 더하는 것이 특징

4 조림 재료 준비

① 식품 유통기간과 보관 온도를 확인한다. (냉장 5℃, 냉동 -18.5℃ 이하)
② 교차오염이 생기지 않도록 칼과 도마의 위생에 주의한다.
③ 야채는 가식부를 최대한 살려서 조리한다.
④ 생선의 비늘을 확인 시 손가락을 이용하여 꼬리 부분부터 머리 부분으로 쓸어 올려 감촉으로 확인한다.

제2절 조림 조리

1 생선류, 육류 등 열에 의한 물리적 변화와 특성

- 생선류 : 콜라겐이 열에 의해 젤라틴으로 변함 → 생선 조림의 국물이 식으면서 굳어진다.
- 생선류는 결합 조직이 적으므로 반드시 끓는 물에 넣어야 단백질이 순간 응고되어 살이 부스러지지 않게 된다.

1) 생선류
① 조림 시 생선 내부에 맛을 잘 배이도록 하고, 생선 자체의 맛 성분이 외부로 빠져 나가지 않도록 해야 한다.
② 생선 조림 시 생선의 익히는 정도가 중요하다.
③ 92~94% 정도 익었을 경우 불을 끄고 잔열로 익힌다.
④ 생선의 비린 맛 감소를 위해 뚜껑을 열고 조리하며, 비린 맛이 휘발되면 뚜껑을 닫고 서서히 조림한다.
⑤ 생강이나 마늘은 거의 익은 상태에서 첨가한다.
⑥ 장시간 조리하면 생선이 질겨지고 수분이 빠져 나와서 맛이 저하된다.

2) 육류
① 가열 조리하여 섭취하여야 소화와 영양 흡수가 더 좋다.
② 육류의 지방은 가열 하면 녹아 부드러워지고 가열 초기에는 육즙이 많다.
③ 가열 단계인 75~83℃ 사이에는 수분이 손실되고 육즙이 감소 부피와 길이가 감소, 육질이 건조해 진다.
④ 가열 시 색상의 변화가 생기며 단백질의 수축, 결합된 조직의 변화, 지방의 변화와 맛의 변화, 영양의 손실이 발생한다.

Chapter 9 중식 조림 조리

제3절 조림 완성

① 장식이 너무 크지 않게 주의한다.
② 플라스틱 그릇에 담지 않도록 주의한다.
③ 접시에 담을 때 완성물이 부서지지 않도록 도구를 사용한다.
④ 전분을 넣을 때 반드시 끓으면 전분을 넣는다.
⑤ 접시에 담을 때 지저분하게 담지 않으며 접시 주변을 깨끗하게 닦아준다.
⑥ 담을 때는 접시를 따뜻하게 하여 완성품을 담는다.
⑦ 담을 때는 음식물 이외에 이물질이 혼입 되지 않도록 세심한 주의가 필요하다.

Chapter ⑩ 중식 밥 조리

제1절 밥 준비

1 쌀의 분류

1) 형태에 따른 쌀의 분류

구분	내용
형태에 따른 분류	인디카형, 자포니카형, 자바니카형
전분의 화학적 성질에 따른 분류	멥쌀, 찹쌀
도정도에 따른 분류	현미, 백미

❶ 인디카형
 ① 쌀알의 길이가 길어, 장립종
 ② 찰기가 적고 잘 부서지고 불투명하며, 부슬부슬 흩어짐
 ③ 세계 생산량의 90% 차지 (인도, 파키스탄, 베트남, 태국 등 재배)

❷ 자포니카형
 ① 쌀알의 길이가 짧고 둥글다.(단립종)
 ② 기름지고 찰기가 있음
 ③ 세계 생산량의 10% 차지 (한국, 일본, 중국 등 주로 섭취)

❸ 자바니카형
 ① 낟알의 길이와 찰기가 인디카형과 자포니카형의 중간
 ② 인도네시아의 자바섬과 그 근처의 일부 섬에서만 재배

2) 전분의 화학적 성질에 따른 쌀의 분류

❶ 멥쌀

아밀로오스가 약 20%~25%, 아밀로펙틴이 약 80%. 점성이 약하다.

❷ 찹쌀

아밀로펙틴이 100%. 점성이 강하다.

Chapter 10 중식 밥 조리

3) 도정도에 따른 쌀의 분류
   ❶ 현미
      왕겨층을 벗겨냄
   ❷ 백미
      배유로 구성

제2절 밥 짓기

1 밥 조리하기

① 용도별로 분비된 쌀, 물을 확인한다. (볶음밥 / 덮밥)
② 준비된 쌀의 종류 및 양이 정확한지 확인한다.
③ 준비된 물의 양이 정확한지 확인한다.
④ 용도에 따라 준비된 쌀을 씻어 놓는다.
⑤ 첨가물의 혼합 순서를 정한다.
⑥ 용도에 맞게 준비된 쌀에 계량된 물을 혼합한다.
⑦ 밥 짓는 도구를 선정하여 밥을 짓는다.

2 밥 조리 시 가수량

품종, 재배조건, 저장기간에 따라 침지 및 취반 시 가수량의 조건이 결정된다.

쌀의 종류	쌀 중량에 대한 물의 분량	쌀 부피에 대한 물의 분량
백미	1.5 배	1.2 배
햅쌀	1.4 배	1.1 배
찹쌀, 불린 쌀(침수)	1.1~1.2 배	0.9~1 배(동량)

제3절 밥 완성

〈밥맛에 영향을 주는 인자〉

1) 쌀 입자의 단단한 정도
① 쌀은 가열과정에서 쌀알 내의 전분이 팽윤, 호화되고 쌀의 2.5배 정도로 부피 팽창이 일어난다.
② 부피 팽창은 쌀의 아밀로오스의 함량과 쌀 전분의 최고 점도와 관계가 있다.
③ 일반적으로 단단하고 찰기가 적은 밥은 세포벽의 붕괴가 적고 부드러우며, 찰진 밥은 붕괴 정도가 크다.

2) 밥맛은 일반성분 중 수분 함량과 단백질 함량이 가장 중요하다.
① 취반한 밥의 수분함량은 60~65%의 수분 범위가 가장 맛있다.
② 밥의 함수율은 원료 쌀의 밥맛을 판정하는 기준이 된다.
③ 단백질 함량은 쌀의 식미와 관계가 있다. 이는 전분립 주변에 전분의 호화 특성에 직접적인 영향을 주기 때문이다.

3) 물의 pH와 소금의 첨가함량
① pH 7~8일 때 밥맛과 외관이 좋다.
② 산성이 높을수록 밥맛이 좋지 않아지며, 0.03% 소금 첨가 시 밥맛이 좋아진다.

4) 수확 시기와 쌀 입자의 건조상태
① 수확한 후 시일이 오래 지난 쌀은 지방이 산패되고 맛을 내는 물질들이 감소하여 밥맛이 좋지 않아진다.
② 지나치게 건조된 쌀은 갑자기 수분을 흡수하므로 불균등한 팽창을 하고 조직이 파괴되며, 공간이 생겨 질감이 나빠진다.

5) 토질
토질과 쌀의 품종이 적절하게 조화된 것이 밥맛이 좋다.

6) 조리기구 및 연료
① 조리기구는 열전도가 작고 열용량이 큰 무쇠나 돌로 만든 것이 좋다.
② 연료는 장작불에 가마솥이 맛은 좋으나 시간과 시설이 불편하므로 대부분 가스나 전기를 많이 사용하게 된다.
③ 밥 지을 때 평균 열효율 : 전력 50~60%, 가스 45~55%, 장작 25~45%, 연탄 30~40%의 열효율

Chapter ⑪ 중식 면 조리

제1절 면 준비

1 '면'의 정의

면류란 곡분 또는 전분 류를 주 원료로 하여 성형하거나 이를 열처리, 건조 등을 한 것으로 종류로는 '국수, 냉면, 당면, 유탕 면류, 파스타 류' 등이 있다. 국수 류는 원료에 물과 기타 원료를 넣어 반죽하고 면대를 형성한 다음 만들거나 반죽을 압출하여 만든 제품이다. 국수류의 원료로는 주로 밀가루가 쓰이나 전분, 메밀가루, 녹두 가루(또는 전분), 쌀가루 등이 쓰이기도 한다.

2 면의 분류

구분	압출면			중국식 국수	한국식 국수 일본식 국수
	파스타	냉면	당면(전분)		
원료	세몰리나 물	밀가루 메밀가루 알칼리제	전분 알루미늄명반	밀가루 알칼리용액	밀가루 소금 물
색상	호박색	–	–	노란색	흰색
공정	압출,익힘	압출,익힘	압출,익힘	면대형성 자름	면대형성 자름

■ 유탕 면류는 국수류의 면발을 익힌 후 유탕 처리하므로 따로 분류하지 않음

3 면의 종류

1) 밀가루 국수

① 밀가루 등의 곡분을 주 원료로 하여 제조한 것
② 수분 함량과 익힘 공정에 따라 분류 할 수 있다.
③ 밀가루 품질(우리나라): 단백질 9.5%, 회분 0.5%,
　밀가루 품질(중국): 단백질 함량 10.5%, 생 국수 12%
④ 밀가루 국수의 제조공정 : 혼합→면대 형성→자름
⑤ 밀가루에 소금 2% 정도 또는 알칼리제를 1~2% 첨가하고, 물(30~35%)로 반죽 한 후 6단 롤러를 이용하여 점차 반죽의 두께를 줄여 면대를 형성한 후 자른다.

⑥ 최근 유통기한을 연장하고자 생면을 반 건조하여 제조, 판매 (수분 함량 20%로 조절)
⑦ 라면은 면대 형성 후 두께 1.25mm, 폭 1.36mm 정도로 자른 다음 스팀으로 2분 정도 증자하여 전분을 호화 시킨 후 성형한 다음 140~160℃의 유탕에서 튀겨 수분 제거한 것이다. (유탕면의 지방질 함량은 20% 정도로 조절)

2) 전분 국수
① 전분 국수의 대표는 당면이며, 전분을 80% 이상으로 제조한 것이다.
② 우리나라는 고구마 전분과 옥수수 전분 주로 이용한다.
③ 일본에서는 감자, 고구마, 녹두 전분 이용, 중국은 녹두 전분을 이용한다.
④ 기계 당면 : 옥수수 전분, 압출 성형기를 이용한다.
⑤ 손 당면 : 고구마 전분, 반죽을 자연 낙하/압출성형기로 단순 압출한다.

3) 냉면
① 메밀가루, 곡분, 전분을 주원료
② 압출, 압연 또는 이와 유사한 방법으로 성형한 것

4) 유탕 면류
면발을 익힌 후 유탕 처리를 한 것

5) 기타 면류
수제비나 만두피 등

> **TIP** 「식품공전」상 면류의 규격
> (1) 검출되어서는 안 되는 성분
>   타르색소, 보존료
> (2) 세균 수
>   1g 당 1,000,000 이하(주정 처리 제품)
>   1g 당 1,00,000 이하(살균 제품)
> (3) 대장균
>   음성

Chapter 11 중식 면 조리

제2절 반죽하여 면 뽑기

1 생 면류 면발 형성

면대	① 반죽을 얇게 편 것 ② 다단 롤러를 이용하여 반죽을 얇고 넓적하게 펴서 만든다.
면발	① 면대를 썰어서 만든 면 가닥 ② 절출기 또는 칼날을 이용하여 면 가닥을 만든다.

1) 면발의 특성에 따른 구분

면수분 함량	다가수 면발, 일반 면발, 반 건조 면발, 건조 면발 등으로 구분
면발의 굵기	세면, 소면, 중면, 중화면, 칼국수면, 우동면 등으로 구분

2) 면발의 굵기에 따른 요리 소재

세면	면발의 굵기가 가장 가는 면 (일본, 중국음식)
소면	① 세면보다 조금 굵은 면발 (잔치 국수 등) ② 메밀면은 소면의 면발과 유사하거나 조금 굵다.
중화면	① 소면보다 조금 굵은 면발 (자장면, 일본식 라면) ② 수타로 뽑은 면은 굵기가 일정치 않다.
칼국수면	① 중화면 보다 조금 굵은 면발 (칼국수) ② 넓적하고 얇거나 좁고 굵은 면발 등이 있다.
우동면	① 칼국수 면 보다 조금 굵은 면발 (우동 요리) ② 일본 사누끼 지방이 면 두께를 표준으로 한다.

2 면발의 규격

면발 번호의 의미	30mm의 길이를 해당 번호로 나눈 값이 그 번호의 면발의 폭이라는 의미 ex) 10번 면이라 함은 30mm÷10으로 계산해서 나온 값인 3mm가 10번 면의 폭이다.
번호 표현 방식	#10, #15, #20 등의 형태로 # 뒤에 숫자를 표시 ex) #10이란 10번 면이란 의미이고 면발의 폭이 3mm라는 의미

면발 두께의 규격

면발의 규격	① 주로 면발의 폭의 길이를 기준 ② 두께의 규격에 대한 번호 매기기 방식이나 기준이 정하여 지지 않는다.
면발의 두께	각종 면의 특성과 소비자의 기호도에 따라 얇거나, 두껍게 자율적으로 정한다.
우동면	면발의 폭과 두께의 비율이 4:3 정도가 가장 소비자 선호도가 높다.

3 면 뽑아 내기 할 때 주의점

① 중식 면 조리 메뉴의 종류에 따라 기계, 칼, 또는 수타면을 뽑을 수 있어야 한다.
② 면을 뽑을 때 면의 탄력과 면의 굵기에 주의한다.
③ 면을 뽑기 전에 면을 삶을 물이 충분히 끓고 있는지 확인하여야 한다.
④ 반죽의 수분 증발을 막기 위하여 밀봉하여 보관하는 것을 잊지 않아야 한다.

제3절 면 삶아 담기

1) 기계면, 도삭면(칼, 가위), 수타면 등을 삶을 시 각각의 면류의 성질에 따라 삶는 방법의 차이를 두어야 한다. 수분함량에 따라 차이가 다양하게 나타나기 때문에, 각각의 반죽 상태를 이해하는 것이 중요하다.
2) 모든 면에 들어가는 부식재료는 소금, 물, 수산화나트륨 등이다.

제4절 면 조리 완성

1	면 삶을 물이 끓고 있는지 확인 → 면발의 탄력성을 위해 끓는 물에 소금 넣기
2	면이 익으면 씻을 찬물 준비 → 면의 잡내를 제거하고 면의 탄력성을 유지
3	중식 면 조리의 메뉴에 맞는 그릇 준비 → 요리의 용도에 맞는 그릇에 면을 담아내기(국물여부)
4	면이 완성되면 끓는 물에 넣고 잘 저어가며 익히기 → 서로 엉켜 붙는 부분이 없어야 한다.
5	기계 면과 수타 면의 삶는 시간이 다르다. → 기계 면의 반죽은 수분 함량을 잘 조절해야 한다.
6	면이 익으면 건져서 찬물에 담가 깨끗이 주무르면서 씻기 → 밀가루에 함유한 전분질은 차가워 질수록 조직이 단단해 지는 성질이 있어, 면의 탄력이 생긴다.
7	찬물을 한 번 버리고 다시 씻는다. → 최소 두 번을 씻어 주어야 면의 잡 냄새를 완전히 제거
8	씻어낸 면을 중식 면 조리 메뉴에 따라 차거나 따뜻하게 그릇에 담아 낸다. → 뜨거운 물에 면을 데워야 한다.

Chapter ⑫ 중식 냉채 조리

제1절 냉채 준비

1 냉채 조리의 정의

① 냉채(冷菜)는 맨 처음 나가는 요리로서 차갑게 두었다가 내가는 요리
② 중국음식은 순서에 맞추어서 요리를 한가지씩 상에 내가기 때문에 요리의 제공 순서가 다르게 제공된다.
③ 냉채는 소화가 잘 되게 구성해야 하고, 뒤에 나오는 요리에 대해 기대를 갖게 해야 하며, 그날 연회에 대한 성격에 상징적 표현을 할 수 있어야 한다.
④ "량반(涼拌)", "냉반(冷拌)", "냉훈(冷燻)"이란 말을 사용하기도 한다.

2 냉채 요리 선정 시 주의점

① 주 요리의 가격대에 따라 결정한다.
② 주 요리의 품목을 고려하여 보고 냉채를 결정한다.
③ 주 요리는 계절과 연회에 따라 자주 바꾸어야 하므로 냉채도 주 요리에 따라 변화를 주어야 한다.
④ 재료와 부재료에 균형을 이루어야 한다.
⑤ 조리 방법이 겹치지 않아야 한다.

3 냉채 조리 시 고려 사항

① 냉채요리의 온도는 4℃ 정도가 적당하다.
② 냉채를 만드는 재료는 매우 신선해야 한다.
③ 냉장고에 넣어두었던 재료로 냉채를 만들지 않는다.
④ 냉채는 향이 있고 부드러워야 하고 국물이 없어야 한다.
⑤ 냉채는 느끼하지 않아야 한다.
⑥ 냉채에서는 비린내가 나면 안 되기 때문에 신중하게 만들어 낸다.
⑦ 입에 넣었을 때 냉채요리는 상큼한 맛이 나야 한다.

4 냉채 요리의 재료 손질법

새우	① 용도에 맞는 크기 선택, 수염, 머리, 물총 제거 ② 칼로 등을 갈라 모래집 제거
해파리, 해파리 머리	① 물에 소금기 완전히 제거 ② 물에 데쳐 사용(너무 온도가 뜨겁지 않게 데침)
오징어	배를 갈라 내장을 제거, 껍질을 벗겨 사용
갑오징어	몸통의 단단한 부분 제거, 껍질 벗기고 다리 떼어내고 몸통만 사용
숭어	비늘과 내장을 제거
피단(皮蛋)	신선한 것을 선택, 한 개씩 껍질 제거, 어둡고 차가운 곳에 보관
분피	상온의 창고에 보관, 사용 시 끓는 물에 담근 후 사용
오이	소금으로 문질러 씻은 다음 사용
셀러리	줄기의 껍질을 벗겨서 사용
땅콩	햇 땅콩을 사용, 전날 물에 불려 맑은 물이 나올 때까지 씻기

> **TIP 냉채 요리의 재료 준비 시**
> ① 냉동새우 구입 시 박스에 탈각 여부와, 개수 등 확인 후 구입한다.
> ② 박스에 내용물의 숫자가 적을수록 새우는 큰 사이즈이다.
> ③ 해파리, 해파리 머리 등은 상온보관(염장)한다.
> ④ 피단 : 달걀이나 오리 알을 삭힌 것
>   - 완전히 익은 것을 좋아하면 찜통에 넣어 쪄서 익힌 후 사용한다.
> ⑤ 향신료는 어둡고 건조한 곳에 보관한다.
> ⑥ 해물은 전 처리 한 후 물로 씻지 않는다.
> ⑦ 해물과 채소 등은 각각 분리하여 보관한다.

제2절 냉채 조리

1 냉채 조리법

명칭	조리방법
노 (鹵)	노즙(鹵汁) : 익힌 재료에 탕과 조미료를 넣고 조리할 때 생긴 국물
장 (醬)	조미즙으로 배합한 원료를 강한 불로 끓이다가 약하게 조절하여 걸쭉하게 농축 ex) 오향장육(五香醬肉, 우샹 장러우), 경장육사(京醬肉絲, 징장 러우쓰), 　　짜장면(炸醬麵, 자짱미엔)

Chapter 12 중식 냉채 조리

◆ 장국물에 끓이기

① 냉채에 사용할 재료를 양념과 향료 등을 넣어 만든 국물에 넣고 약한 불로 끓이는 것이다.
② 깊은 맛이 나고 부드러운 것이 특징이다.
③ 고기류, 해물류, 채소류, 버섯류 등을 사용한다.
④ 소금, 간장, 설탕, 술, 파, 마늘, 생강의 양념에 산초, 팔각, 계피, 감초, 진피, 초과, 정향, 월계수 잎을 넣어 장국 물을 만든다.
⑤ 불 조절을 유의 하여 끓인다.

명칭	조리방법
창(熗) 반(拌)	① 가늘고 길게 채를 썰거나, 편으로 썬 재료를 데치거나 기름에 볶은 후(창, 熗), 조미료에 무치는(반, 拌) 조리법 ② 과일, 채소는 가열하지 않고 무친다. ex) 오징어냉채(凉拌魷魚, 량반 유위), 해파리냉채(凉拌海蜇, 량반 하이쩌), 짜사이무침(痄腮拌菜, 반 짜차이), 삼선냉채(冷拌三鮮, 량반 산 씨엔), 피단냉채(皮蛋凉拌, 피단 릉판)

◆ 무치기

① 생으로 썰어서 무치거나 익혀서 무친다.
② 생 것과 익은 것을 섞어서 무쳐도 좋다.
③ 무칠 때는 부드럽고 상큼하고 깔끔한 맛이 나게 하는 것이 좋다.
④ 생으로 무칠 경우 반드시 신선한 재료를 선택한다.
⑤ 양념으로는 소금, 간장, 식초, 다진 마늘, 파기름, 생강즙, 산초기름, 고추기름, 겨자가루, 후추가루, 참기름, 고수 등을 사용한다.

명칭	조리방법
엄제류 (腌制類)	재료를 조미료(소금)에 침지하거나 잘 섞어서 재료 중의 수분과 나쁜 맛을 제거하고 재료에 맛이 스며들게 하여 재료 본래의 질감과 풍미를 갖도록 조리 (절임) ex) 양배추절임(卷心菜腌制, 쥐엔 신 차이 엔지), 양파절임(洋葱腌制, 양송 엔지), 무절임(腌萝卜, 엔 로버)
조엄(糟腌) 취(醉)	① 재료를 술과 소금을 사용한 노즙에 푹 절이는 조리 ② 해산물, 가금류, 조개류

◆ 양념에 담그기

① 장시간 보관 가능하다.
② 소금물에 담그기
– 재료를 소금으로 문지른 다음 소금물에 넣어 담근다.

- 수분만 빠지고 소금물이 들어가기 때문에 단단한 질감이 있다.
- 배추, 무, 셀러리 등은 소금물에 절였다가 바로 냉채로 낼 수 있다.

③ 간장에 담그기
- 간장에 절였다가 사용하는 방법
- 배추 밑동, 오이 등과 같은 시선한 채소를 절여서 사용한다.

④ 술에 담그기(게, 새우 등을 담그기)
소홍주에 소금을 넣어 절이는 방법

⑤ 설탕과 식초에 담그기
미리 소금에 절이는 과정으로 수분을 뺀 후 단맛이 베이게 하는 방법이다.

명칭	조리방법
훈 (薰)	재료를 밀봉된 용기 안에 넣고, 불완전 연소로 생기는 연기로 익혀 훈제하는 조리방법
괘상 (掛霜)	① 단맛을 내는 당점류를 이용하여 냉채를 만드는 방법 ② 재료를 기름에 튀긴 후, 설탕을 끓여 재료의 표면에 한 겹의 설탕 층을 입히는 방법
동 (凍)	① 가열한 재료에 젤라틴이나 한천의 즙액을 입히고 냉각, 동결시켜 만드는 조리방법 ② 단 음식, 간식에 이용

◆ 훈제하기
① 가공하거나 재웠던 재료를 삶거나 찌거나, 장국물에 삶거나 튀기는 방법으로 익힌 후 설탕, 찻잎, 쌀 등을 솥에 넣고 밀봉하여 냉채로 이용할 재료에서 훈제한 향이 느껴지도록 한 것
② 돼지고기, 닭고기, 오리, 돼지 내장, 메추리, 달걀, 생선, 오징어, 소라 등을 이용한다.
③ 재료는 통으로 사용하거나 덩어리로 잘라서 사용한다.

◆ 수정처럼 만들기
① 돼지 껍질 등 아교질 성분이 많은 것을 끓여서 차갑게 만들어 두면 수정처럼 맑게 응고되는 원리를 이용하여 만든다.
② 돼지다리, 생선살, 새우 살, 닭고기, 게살 등으로 냉채 조리 시 사용한다.
③ 단맛을 낼 경우는 귤, 수박, 파인애플 등을 넣어서 만들기도 한다.

Chapter 12 중식 냉채 조리

2 냉채 종류에 적합한 소스의 선택

구분	맛의 종류	주요 양념
육류의 내장	고추기름 맛	고추기름, 간장, 설탕, 참기름
	얼얼하게 매운 맛	간장, 고추기름, 산초가루, 참기름
오징어	생강즙 맛	소금, 생강, 식초, 참기름
육류	마늘즙 맛	다진 마늘, 간장, 고추기름, 참기름
닭고기	고소한 맛	참기름, 간장
	깨장 맛	간장, 참깨장, 참기름, 설탕
채소	겨자 맛	소금, 간장, 겨자, 참기름, 식초
	샐러드 맛	달걀노른자, 식용유, 식초, 레몬즙

제3절 냉채 완성

1 숙성이 필요한 소스조리

냉채의 소스를 만들어 놓은 후 일정 시간이 지나면 양념들이 서로 어우러지므로 숙성하는 시간이 필요하다.

ex) 탕수 소스 : 설탕, 식초 또는 레몬즙을 넣어서 설탕이 모두 녹을 때까지 20~30분간 숙성
깐소 소스 : 물, 소금, 참기름, 토마토 케첩, 고추장 등을 넣고 잘 섞은 후 1시간 정도 숙성

2 발효가 필요한 소스조리

냉채의 소스에 사용하는 소스는 이미 발효 되어진 장 등을 이용한 소스가 다양하므로 요리에 적합한 양념을 선택하여 활용한다.

ex) 간장, 두반장, 춘장 등
간장 : 콩으로 메주를 쑤어서 말렸다가 소금과 물을 넣고 오랫동안 발효한 소스이다.
두반장 : 고추와 '잠두'라는 콩을 섞은 후 소금을 넣고 오랫동안 발효를 시켜서 사용한다.

Chapter ⑬ 중식 볶음 조리

제1절 볶음 준비

1 중식 볶음 조리의 특징

① 정확한 재료를 사전에 준비한다.
   중식 볶음 요리는 재료를 단시간에 빠르게 익혀서 완성시켜야 하므로 재료, 조미료 미리 준비하고, 조리기구 미리 철저하게 정비한다.

② 불 조절 이 중요하고, 화력을 나누어 사용한다.
   - 고온에서 짧은 시간 안에 음식을 만드는 '불의 요리'
   - 높은 화력을 바탕으로 재료의 고유한 맛을 그대로 유지하고, 영양소의 손실 최소화
   - 볶을때는 강하게 전분을 잡을 때는 약하게 화력을 잘 조절해야 한다.

③ 향신료와 조미료의 향을 잘 활용한다.
   볶음 요리를 위해 팬을 가열한 후, 마늘, 파, 고추 등 향채소나 간장, 청주 등 조미료를 뜨거운 기름에 먼저 익혀 향을 낸 후, 볶음 요리 하고 완성 후에는 참기름, 후추 등을 첨가해서 풍미 높인다.

④ 식재료가 다양하고 조리법 과 맛내기도 다양하고 풍부하다.

⑤ 재료 고유의 맛, 색, 향을 살리고 풍요롭고 화려하다.
   오색을 기반으로 육류, 해산물, 채소 등을 조화시켜 재빨리 볶아내어 각 재료의 색이 살아 있어 화려하고 풍요로운 음식이 만들어지게 된다.

2 중식 볶음 재료 준비하기

1) 조리용 매개체- 기름
   ① 조리용 매개체
   ② 영양 공급원
   ③ 향을 부가하는 역할

2) 볶음 재료의 선정
   ① 주재료의 선택 : 육류, 생선류, 채소류, 두부 등
   ② 부재료 : 음식의 질과 양, 주재료의 종류와 맛 조화할 수 있는 부재료 파, 마늘, 생강 등의 향신료와 채소류

Chapter 13 중식 볶음 조리

제2절 볶음 조리

1 전처리하기

1) 재료의 초기 가공
- 생선, 육류 : 비늘, 내장 제거, 껍질 벗기거나 뼈 분리, 핏물 제거한다.
- 채소류 : 껍질 벗기고 뿌리 제거, 깨끗이 세척한다.

2) 건재료 불리기
- 버섯류, 건 해산물 : 물 또는 기름에 불려 전처리 과정을 거친다.
    ex) 동물의 심줄, 상어지느러미, 해삼 등 건재료
     : 엷은 소금물에 담가두고 끓이거나 튀겨서 찜통에 찌는 등 전처리한다.
       → 여러 번 반복하여 건 재료를 원래 상태와 가장 비슷하게 만들어주어야 질 좋은 요리를 만들 수 있다.

3) 요리에 맞게 썰기
① 재료 써는 방법이 다양하다.
   ex) 가늘게 썰기, 얇게 썰기, 주사위 모양으로 썰기, 꽃 모양으로 썰기, 다지기, 편 썰기 등
② 부재료는 항상 주재료의 크기에 맞게 써는 것이 기본이다.
③ 당근, 무 등을 이용한 장식 조각
   ex) 나비, 꽃 등의 모양으로 조각하거나 칼집을 넣어, 아름답게 보이게 하고,
       소스 및 조미료 접하는 면 증가 → 맛 향상

4) 데치기
① 중국요리는 뜨거운 물에 데치거나, 기름에 데치는 등 먼저 애벌조리를 한 다음 조리를 하는 것이 일반적
② 기름에 볶는 방법이 전체 조리법의 거의 대부분 차지
③ 쪄서 튀겨내고 다시 볶는 식의 복합적인 조리법 발달
④ 밑 손질을 해서 볶으면 물기가 적어지며, 간이 잘 스며들고, 조리시간이 단축되므로 영양소의 파괴가 적고 맛과 질감, 색깔 좋아지면서 재료가 고루 익게 됨

2 볶음 재료에 따라 조리하기

1) 육류요리 : 소고기, 돼지고기
① 고루 익도록 일정한 크기로 썰기, 잘 익지 않는 재료들은 미리 데치기
② 청주, 간장, 소금, 생강즙으로 미리 밑간 → 맛 향상, 누린내 제거
③ 센 불로 단시간 완성

2) 어패류 요리 : 오징어, 새우
① 오징어 : 볶기 전에 데치거나 튀겨 1차 열 가하고 살짝 볶기
② 새우 : 내장 제거 후 조리해야 부드러운 맛

3) 채소 요리 : 센 불로 한꺼번에 볶기 (약한 불 : 채소의 수분 우러나와 맛이 떨어짐)

3 육수 만들기

① 볶음 조리를 할 때 기름을 사용하여 볶아내는 것이 일반적이지만, 약간의 육수를 넣어 맛과 농도를 조정하기도 함
② 대부분 닭을 손질한 후 남은 뼈와, 붙은 살 부분 사용
③ 닭 뼈를 한번 끓는 물에 살짝 끓여내어 올라오는 부유물을 씻어낸 다음 많은 양의 물에 넣어 끓여줌
④ 물이 끓으면 파의 푸른 부분과 편으로 썬 생강, 정종을 넣어 불을 잘 조절하여 약 2시간 이상 끓이기

4 전분 사용 여부에 따른 볶음 조리

1) 물전분을 사용하지 않는 볶음류
① 초채(炒菜, 차오차이)
② 부추잡채, 고추잡채, 당면잡채, 토마토달걀볶음, 깐풍기 등

2) 물전분을 사용하는 볶음류
① 류채 (熘菜, 리우차이)
② 마파두부, 채소볶음, 라조기, 새우케찹볶음, 경장육사, 유니자장면, 궁보계정, 마라우육, 죽순표고버섯볶음, 전가복

Chapter 13 중식 볶음 조리

5 볶음 조리와 관련된 대표적인 썰기

구분	방법	대표적인 음식
정(丁)	1.5cm 크기의 정육면체 크기	궁보계정(宮保鷄丁, 야오궈 지띵)
편(片)	얇고 넓게 써는 방법	라조기(辣椒鷄片, 라 지아오 지), 죽순계편(竹筍鷄片, 주순지펜)
사, 쓸(絲)	실처럼 가늘게 써는 방법 두께 0.1~0.4cm	경장육사(京醬肉絲, 징쟝 러우쓰), 고추잡채, 류산슬(溜三絲, 리우 산쓰)

6 볶음 조리와 관련된 대표적인 조리법

명칭	조리방법
초(炒)	① '볶는다'라는 뜻 ② 소량의 기름을 사용하여 강불 / 중불로 단시간 가열 (가장 많이 사용하는 조리법) 　ex) 부추잡채(炒韭菜, 차우 지우차이), 채소볶음(炒蔬菜, 차우 수 차이), 　　 새우볶음밥(蝦仁炒飯, 샤인 차우 반)
폭(爆)	뜨거운 물, 탕, 기름 등으로 고온에서 빨리 열처리를 한 뒤 볶아내는 방법
전(煎)	예열한 팬에 기름 두르고 중불 / 약불에서 지져내기 ex) 난자완스(南煎丸子, 난젠완즈), 군만두(煎餃子, 지엔 쟈우즈)
류(溜)	① 튀김옷을 입혀 기름에 튀기거나 삶거나 찐 뒤, 여러 가지 조미료로 걸쭉한 소스를 얹어내는 것 ② 보통 3~4가지 이상의 복합적인 맛이 난다. ③ 류산슬(溜三絲, 리우 산쓰), 라조기

제3절 볶음 완성

1) 각 볶음 요리에 맞는 그릇의 준비
2) 뜨거운 요리는 온장고 이용하여 그릇의 온도 뜨겁게 유지
3) 국자를 이용하여 소복하게 모양을 잡아 올려 담기
4) 완성된 음식 장식하기
　　여러 가지 채소를 조각칼로 자르거나 형태를 변형시켜 그 색과 형태를 잘 나타낸 장식을 만든다.
　　(ex. 당근으로 용 조각)
5) 접시 가장자리 깨끗이 하기
6) 운반 시 조심하며 뜨거운 요리는 뜨겁게 서빙이 되어야 함

Chapter ⓴ 중식 후식 조리

제1절 후식 준비

1 '후식' 이란

① 후식(後食) : 디저트(dessert)와 같은 의미
② 음식을 먹고 난 뒤 입가심으로 먹는 것을 뜻하며, 그 종류가 여러가지 프랑스어로는 '식사를 끝마치다', '식탁 위를 치우다'란 뜻을 가지고 있으며, 영국이나 미국에서는 젤리, 푸딩, 케이크, 아이스크림, 과일 등을 낸다.

2 후식의 유래

① 후식은 선사시대 부터 있었는데, 이후 고대 이집트부터 초콜릿, 과일 등이 스페인, 유럽 등으로 퍼졌다.
② 프랑스 디저트가 전 세계에 명성을 떨치게 된 것은 앙토낭 카렘이라는 요리사가 얇게 벗겨지는 과자인 푀이타주를 최초로 만들면서 부터 이다.
③ 19세기 이후부터는 더욱 훌륭한 디저트들이 나오게 되었고, 러시아식의 요리를 순서대로 한 가지씩 내놓는 식단에 의해 유럽 전역에 퍼지게 되었다.

제2절 더운 후식류 조리

1 중식 후식조리의 대표적인 조리법

발사(撥絲)	재료를 썰어 기름에 튀긴 후, 설탕 시럽을 부어 설탕이 늘어지도록 조리하는 방법 ex) 빠스 고구마(撥絲地瓜, 빠스 띠과), 빠스 옥수수 (撥絲玉米, 빠스 위미)
밀즙(密汁)	증(蒸), 소(燒), 민(憫)으로 조리한 후, 설탕시럽 → 투명하면서 광채가 나게 조리

Chapter 14 중식 후식 조리

2 빠스류

① 중국어로 빠스(拔絲)는 '실을 뽑다'라는 의미이다.
② 설탕을 녹여 시럽을 만든 후 여러 식재료에 입히는 후식용 음식이다.
③ 고구마 빠스, 바나나 빠스, 사과 빠스, 은행 빠스, 귤 빠스, 아이스크림 빠스, 딸기 빠스 등의 종류가 있다.

3 파이류

① 파이는 식용 가능한 모든 것을 이용 가능하다.
② 주로 디저트로 많이 이용되는 것은 과일을 넣은 것이다. (호두파이, 사과파이 등)

제3절 찬 후식류 조리

1 시미로

① 전분의 한 종류인 타피오카를 주재료로 사용한 후식류이다.
② 열대 뿌리 채소인 카사바에서 타피오카를 추출하고, 여러 가지 식재료와 혼합하여 냉장고에 차게 보관 후 후식으로 사용한다.
③ 모든 과일에 사용하며, 타피오카 전분은 소화력이 우수하여 건강 증진에 도움이 된다. (멜론 시미로, 망고 시미로, 연시 시미로 등)

2 행인두부

행인(살구씨)이나 아몬드에 우유 등을 혼합한 후 한천 등의 식용 응고제를 첨가하여 만드는 중국식 젤리

 타피오카
전분의 일종으로 시미로와 행인 두부의 응고제 역할

3 과일

① 과일은 과육, 과즙이 많고 향기와 단맛이 높아 모든 종류의 과일은 후식으로 활용한다.
② 비타민 A, 비타민 C, 무기질의 함량이 매우 높아 영양적 가치가 크다.
③ 과일은 생과 및 가공품으로 유통되고 있으며 과실주, 통조림, 주스, 넥타, 잼, 젤리, 건과 등으로 사용한다.

4 무스류

① 프랑스어로 '거품'이란 뜻이다.
② 부드럽고 차가운 크림 상태의 과자를 말한다.
③ 계란과 휘핑크림을 주재료로 이용하여 만든다.
④ 몰드에 넣어 냉각시켜 모양을 내는 것이다.
⑤ 초콜릿, 커피, 과일, 바닐라 등을 첨가하기도 하며 아이스크림과 젤리의 중간 형태이다.
  (딸기 무스케이크, 단호박 무스케이크 등이 있다.)

제4절 후식류 완성

1) 후식의 썰기는 조각하거나 정교 하고 세밀해야 한다.
2) 작게 썰거나 칼집을 내서 먹기 쉽고 소스류가 접할 때 표면적이 크게 한다.
3) 시각적으로 보기 좋은 용기에 담아낸다.

Part 02

중식 기능사 문제풀이

Chapter 1. 음식 위생 관리 _ 154

Chapter 2. 음식 안전 관리 _ 207

Chapter 3. 음식 재료 관리 _ 210

Chapter 4. 음식 구매 관리 _ 233

Chapter 5. 중식 기초 조리 실무 _ 238

Chapter 6. 중식 절임 · 무침 조리 _ 256

Chapter 7. 중식 육수 · 소스 조리 _ 259

Chapter 8. 중식 튀김 조리 _ 262

Chapter 9. 중식 조림 조리 _ 265

Chapter 10. 중식 밥 조리 _ 268

Chapter 11. 중식 면 조리 _ 271

Chapter 12. 중식 냉채 조리 _ 274

Chapter 13. 중식 볶음 조리 _ 277

Chapter 14. 중식 후식 조리 _ 280

중식조리기능사 필기 모의고사 1 _ 283

중식조리기능사 필기 모의고사 2 _ 290

Chapter ❶ 음식 위생 관리

제1절 개인 위생 관리

01 개인 위생관리에 해당 하지 않는 것은?
① 조리 종사자의 건강 진단은 6개월에 한번씩 실시 하고 보건증을 반드시 보관한다.
② 개인 위생관리에는 건강 관리, 복장 관리, 행동 관리가 해당 된다.
③ 건강에 대한 아무런 자각 증상과 질병이 없으면 건강 진단은 필요 없으며 보건증을 재 확인 하지 않아도 된다.
④ 사람의 피부 온도는 미생물 생육에 적합하며 모든 분비물은 미생물에게 필요한 영양분을 제공하고 있다.

02 조리 업무를 함에 있어서 위생 관리 기준에 적합하지 않는 사항은?
① 조리복, 조리모, 앞치마, 조리 안전화 착용, 두발, 손톱, 손등, 신체 청결 유지에 신경 써야 한다.
② 작업시 위생습관에 유의 하며, 근무 중의 흡연, 음주, 취식 등에 대한 수칙을 반드시 지켜야 한다.
③ 위생 습관은 작업장에 따라 다르므로, 소규모 작업장에서는 건강 진단서나 보건증을 요구 할 수는 없다.
④ 위생관련 법규에 따라 질병, 건강 검진등 건강 상태 관리 및 보고는 필수 사항이다.

03 개인 위생 점검 일지 항목에 적합하지 않는 내용은?
① 점검자, 점검 날짜
② 점검 장소명, 평가 방법
③ 개선 조치 사항
④ 청소도구 관리 구입 날짜

04 다음 중 식품위생 행정의 목적인 것은?
① 식품위생의 위해 방지
② 식품의 판매 촉진
③ 식품포장의 간편화
④ 식품의 안전한 유통

TIP 식품위생 행정의 목적 : 국민보건의 증진에 이바지함을 목적으로 상품으로 인한 위생상의 위해를 방지, 식품영양의 질적 향상을 도모한다.

정답 01 ③ 02 ③ 03 ④ 04 ①

05 식품의 위생적 장해와 가장 거리가 먼 것은?
① 기생충 및 오염물질에 의한 장해
② 식품에 함유된 중금속 물질에 의한 장해
③ 세균성식중독에 의한 장해
④ 영양결핍으로 인한 장해

> TIP 영양결핍은 영양적 장해

06 다음 중 식품위생법에서 다루는 내용은?
① 영양사의 면허 결격사유
② 디프테리아 예방
③ 공중이용 시설의 위생관리
④ 가축감염병의 검역 절차

> TIP 디프테리아 예방, 공중이용 시설의 위생관리, 가축감염병의 검역 절차 : 공중위생법에 관련된 내용

07 판매나 영업을 목적으로 하는 식품의 조리에 사용하는 기구, 용기의 기준과 규격을 정하는 기관은?
① 보건소   ② 농림수산식품부   ③ 환경부   ④ 식품의약품안전처

> TIP 식품의약품안전처에서는 국민보건상 필요하다고 인정하는 때에는 판매를 목적으로 하거나 영업상 사용하는 기구 및 용기, 포장의 제조방법에 관한 기준과 규격을 정할 수 있다.

08 식품위생에 관한 지방행정업무에 직접 참여하고 있는 자는?
① 식품위생감시원   ② 영양사   ③ 위생사   ④ 조리사

> TIP 특별시, 광역시, 도마다 식품위생 행정기구가 있고 군청, 구청의 위생과에는 식품위생감시원을 배치하여 일선업무를 담당한다.

09 우리나라에 식품위생법에 그 기초를 두고 식품위생 행정을 지휘, 감독하는 부서는?
① 농촌진흥청
② 행정자치부
③ 고용노동부
④ 식품의약품안전처

> TIP 식품, 의약품, 화장품, 위생용품, 마약 등의 안전에 관한 사무를 포함한 식품위생행정은 식품위생법에 그 기초를 두고 보건행정의 일부분으로 식품의약품안전처에서 지휘, 감독을 한다.

정답 05 ④ 06 ① 07 ④ 08 ① 09 ④

Chapter ❶ 음식 위생 관리

제2절 식품 위생 관리

01. 미생물의 종류와 특성

01 미생물이 자라는데 필요한 조건이 아닌 것은?

① 온도 ② 햇빛 ③ 수분 ④ 영양분

> TIP 미생물은 영양소, 수분, 온도, 산소, pH 등이 있어야 생육하는데, 이중에서 영양소, 수분, 온도를 미생물의 생육에 가장 중요한 3대 요소라고 한다. 햇빛은 미생물이 자라는데 영향을 미치지 않는다.

02 식품의 변질에 관계하는 세균의 발육을 억제하는 조건은?

① 중성의 pH
② 30~40℃의 온도
③ 10%이하의 수분
④ 풍부한 아미노산

> TIP 미생물의 생육조건 : 영양소, 온도, 수분, 수소이온 농도, 산소 등

03 일반 미생물의 발육, 증식을 방지하기 위한 수분함량으로 올바른 것은?

① 10% 이하 ② 15% ③ 20% ④ 25%

> TIP 세균은 수분함량이 15% 이하에서는 발육, 증식이 불가능하다.

04 병원 미생물을 큰 것부터 나열한 것은?

① 바이러스 – 세균 – 효모 – 곰팡이
② 곰팡이 – 효모 – 스피로헤타 – 바이러스
③ 스피로헤타 – 효모 – 리케차 – 세균
④ 세균 – 스피로헤타 – 리케차 – 효모

> TIP 미생물의 크기 : 곰팡이〉효모〉스피로헤타〉세균〉리케차〉바이러스

05 곰팡이와 같이 산소가 있어야 생육이 가능한 미생물을 무엇이라고 하는가?

① 혐기성균 ② 호기성균 ③ 저온선균 ④ 통성혐기성균

06 건조한 환경에서 생육하는 능력이 강한 것은?

① 박테리아 ② 효모 ③ 곰팡이 ④ 바이러스

> TIP 곰팡이 : 건조한 환경에서 생육하는 능력이 가장 강하다.

정답 01 ② 02 ③ 03 ② 04 ② 05 ② 06 ③

07 다음 중 식품위생과 관련된 미생물이 아닌 것은?

① 세균 ② 곰팡이 ③ 효모 ④ 기생충

> TIP 식품위생과 관련된 미생물은 육안으로는 식별이 불가능하고 현미경으로만 식별이 가능한 생물로 곰팡이, 효모, 스피로헤타, 세균, 리케챠, 바이러스 등이 있다. 기생충은 다른 생물체의 몸속에 기생하는 해충이다.

08 미생물의 생육에 필요한 수분활성도의 크기로 옳은 것은?

① 세균 > 효모 > 곰팡이
② 곰팡이 > 세균 > 효모
③ 효모 > 곰팡이 > 세균
④ 세균 > 곰팡이 > 효모

> TIP 미생물의 생육에 필요한 수분량 : 세균 > 효모 > 곰팡이

09 다음 중 대장균의 최적 증식 온도 범위는?

① 0~5℃ ② 5~10℃ ③ 30~40℃ ④ 55~75℃

> TIP 대장균 – 최대증식 온도 : 30~40℃, 최대성장가능 온도 : 8~45℃

10 중온균 증식의 최적온도는?

① 10~12℃ ② 25~37℃ ③ 55~60℃ ④ 65~75℃

> TIP
>
> | 구 분 | 특 징 | 증식최적온도 |
> |---|---|---|
> | 저온균 | 냉장식품에 부패를 일으키는 세균 | 15~20℃ |
> | 중온균 | 질병을 일으키는 병원균을 비롯한 대부분의 세균 | 25~37℃ |
> | 고온균 | 온천물에 서식하는 세균 | 50~60℃ |

11 다음 중 위생 지표세균에 속하는 것은?

① 리조푸스균 ② 캔디다균 ③ 대장균 ④ 페니실리움균

> TIP 위생지표 세균이란 위생적으로 지표가 되는 세균을 말하며, 식품을 오염시킨 세균의 정도(수)와 식품의 안정성 및 보존성 여부를 간접적으로 평가한다. 일반적으로 대장균을 위생지표 세균으로 이용한다.

12 식품 속에 분변이 오염되었는지의 여부를 판별할 때 이용하는 지표균은?

① 장티푸스균 ② 살모넬라균 ③ 이질균 ④ 대장균

> TIP 식품이나 수질의 분변오염지표 세균은 대장균이다.

정답 07 ④ 08 ① 09 ③ 10 ② 11 ③ 12 ④

Chapter ❶ 음식 위생 관리

02. 식품과 기생충병

01 다음 중 중간 숙주 없이 감염이 가능한 기생충은?

① 아니사키스 ② 회충 ③ 폐흡충 ④ 간흡충

> TIP 아니사키스 : 갑각류-오징어
> 폐흡충 : 다슬기-게, 가재
> 간흡충 : 왜우렁이-담수어

02 기생충과 인체 감염원인 식품의 연결이 틀린 것은?

① 유구조충 – 돼지고기 ② 무구조충 – 쇠고기
③ 동양모양선충 – 민물고기 ④ 아니사키스 – 바다생선

> TIP 동양모양선충은 채소류를 통해 감염된다.

03 주로 동물성 식품에서 기인하는 기생충은?

① 구충 ② 회충 ③ 동양모양선충 ④ 유구조충

> TIP 유구조충은 수조육류를 통해 매개되는 기생충으로, 중간숙주(돼지)가 1개이다.

04 다음 중 중간숙주의 단계가 하나인 기생충은?

① 간디스토마 ② 폐디스토마 ③ 무구조충 ④ 광절열주조충

> TIP 무구조충의 중간숙주는 소이다.

05 폐흡충증의 제2 중간숙주는?

① 잉어 ② 연어 ③ 게 ④ 송어

> TIP 폐흡충의 제1 중간숙주 : 왜우렁이
> 폐흡충의 제2 중간숙주 : 게, 가재

06 기생충과 중간숙주와의 연결이 틀린 것은?

① 간흡충 – 쇠우렁, 참붕어
② 요꼬가와흡충 – 다슬기, 은어
③ 폐흡충 – 다슬기, 게
④ 광절열두조충 – 돼지고기, 소고기

> TIP 광절열두조충 = 물벼룩, 연어, 송어, 농어

07 간흡충증의 제2 중간 숙주는?

① 잉어 ② 쇠우렁이 ③ 물벼룩 ④ 다슬기

정답 01 ② 02 ③ 03 ④ 04 ③ 05 ③ 06 ④ 07 ①

08 그 질병으로 인하여 죽음 동물의 고기·뼈·젖·장기 또는 혈액을 식품으로 판매하거나 판매 할 목적으로 채취·수입·가공·사용·조리·저장 또는 운반하거나 진열하지 못하는 질병과 관련이 없는 것은?

① 리스테리아병　　　　　② 살모넬라병
③ 선모충증　　　　　　　④ 아니사키스

　TIP 아니사키스는 돌고래가 숙주인 기생충이다.
　　　병든 가축고기의 판매를 금지하는 질병: 리스테리아병, 살모넬라병, 파스투렐라병, 구간낭충, 선모충이다.

09 위생해충과 이들이 전파하는 질병과의 관계가 잘못 연결된 것은?

① 바퀴 – 사상충　　　　 ② 모기 – 말라리아
③ 쥐 – 유행성출혈열　　　④ 파리 – 장티푸스

　TIP 모기(말라리아, 일본뇌염, 뎅기열, 사상충증,황열) / 이(발진티푸스, 재귀열) / 벼룩(페스트, 발진열, 재귀열) /
　　　파리, 바퀴(장티푸스, 콜레라, 이질, 파라티푸스)

10 채소류를 매개로 감염될 수 있는 기생충이 아닌 것은?

① 회충　　② 아니사키스　　③ 구충　　④ 편충

　TIP 아니사키스충 : 고래, 돌고래

11 다음 중 돼지고기에 의해 감염될 수 있는 기생충은?

① 선모충　　② 간흡충　　③ 편충　　④ 아니사키스충

　TIP 간흡충 : 왜우렁이, 민물고기(붕어,잉어)　아니사키스충 : 고래회

12 광절열두조충의 제1 중간 숙주와 제2 중간 숙주를 옳게 짝지은 것은?

① 연어 – 송어　　　　　② 붕어 – 연어
③ 물벼룩 – 송어　　　　④ 참게 – 사람

　TIP 간흡충 : 왜우렁이–민물고기　폐흡충 : 다슬기–게,가재

13 다음 기생충 중 주로 채소를 통해 감염되는 것으로만 짝지어 진 것은?

① 회충, 민촌충　　　　　② 회충, 편충
③ 촌충, 광절열두조충　　④ 십이지장충, 간흡충

　TIP 채소에 의해 감염되는 기생충 : 회충, 구충, 요충, 편충, 동양모양선충

정답 08 ④　09 ①　10 ②　11 ①　12 ③　13 ②

Chapter ❶ 음식 위생 관리

14 중간숙주가 제1중간숙주와 제2중간숙주로 두 가지인 기생충은?
① 요충　　② 간디스토마　　③ 회충　　④ 아메바성 이질

> TIP 간디스토마는 제1중간숙주(왜우렁이), 제2중간숙주(붕어,잉어)

15 어패류 매개 기생충 질환의 가장 확실한 예방법은?
① 환경위생 관리　　② 생식 금지　　③ 보건교육　　④ 개인위생 철저

> TIP 어패류는 생식을 금지하고 반드시 익혀 먹도록 한다.

16 오염된 토양에서 맨발로 작업할 경우 감염될 수 있는 기생충은?
① 회충　　② 간흡충　　③ 폐흡충　　④ 구충

> TIP **구충의 감염경로** : 경구감염, 경피의 침입을 통해 감염
> **증상** : 기침, 구토, 구역질, 빈혈, 소화장애 등 유발

17 간디스토마는 제2중간숙주인 민물고기 내에서 어떤 형태로 존재하다가 인체에 감염을 일으키는가?
① 피낭유충(Metacercaria)　　② 레디아(Redia)
③ 유무유충(Miracadium)　　④ 포자유충(Sporocyst)

> TIP **간흡충(간디스토마)** : 민물고기의 생식으로 감염-민물고기 내에 피낭유충으로 기생하다가 인체에 감염
> **제1중간숙주** : 왜우렁이-민물고기(잉어,붕어)

18 음식물 섭취와 관계가 없는 기생충은?
① 회충　　② 사상충　　③ 광절열두조충　　④ 요충

> TIP **사상충** : 모기

19 구충의 감염 예방과 관계가 없는 것은?
① 분변 비료 사용금지　　② 밭에서 맨발 작업금지
③ 청정채소의 장려　　④ 모기에 물리지 않도록 주의

> TIP **모기** : 뎅구열, 말라리아, 일본뇌염, 사상충증

20 충란으로 감염되는 기생충은?
① 분선충　　② 동양모양선충　　③ 십이지장충　　④ 편충

> TIP **편충** : 우리나라에서 감염률이 가장 높고 경구감염, 대장과 맹장에 충란으로 상부에 기생한다.

정답　14 ②　15 ②　16 ④　17 ①　18 ②　19 ④　20 ④

03. 살균 및 소독의 종류와 방법

01 부패의 물리 화학적 판정에 이용되기 어려운 것은?

① 결정의 크기　② 점도　③ pH　④ 탄성

TIP 식품이 부패하면 탄력성이 떨어지고 점도가 높아지며, 휘발성 염기 질소량이 증가하며 수소이온 농도가 변한다.

02 식품의 변질 및 부패를 일으키는 주원인은?

① 미생물　② 기생충　③ 농약　④ 자연독

TIP 식품의 변질 및 부패는 미생물, 효소, 온도, 산소, 수분, 광선 등의 여러 가지 요인들이 화학적·생물학적·물리학적으로 작용하여 발생한다.

03 다음 중 식품의 부패와 가장 거리가 먼 것은?

① 토코페롤　② 단백질　③ 미생물　④ 유기물

TIP 부패란 단백질식품이 혐기성세균(미생물)에 의해 분해되어 유해물질(유기물)을 생성하는 현상이다. 토코페롤은 비타민E로 항산화제로서 작용한다.

04 단백질의 부패 생성물이 아닌 것은?

① 암모니아　② 아민류　③ 글리세린　④ 황화수소

TIP 부패란 단백질식품이 혐기성세균에 의해 분해되어 유해물질을 생성하는 현상으로 황화수소, 아민류, 암모니아, 인돌 등의 유해물질이 발생한다.

05 식품의 부패 과정에서 생성되는 불쾌한 냄새 물질과 거리가 먼 것은?

① 암모니아　② 포르말린　③ 황화수소　④ 인돌

TIP 포르말린은 메탈알코올을 산화하여 만든 유해 화학물질이다.

06 일반적으로 미생물이 관계하여 일어나는 현상은?

① 유지의 자동산화 (autoxidation)　② 생선의 부패 (puterifaction)
③ 과일의 호흡작용(후숙)　④ 육류의 강직해제

TIP 부패란 단백질식품이 혐기성세균(미생물)에 의해 분해되어 악취나 유해물질을 생성하는 현상이다.

정답 01 ①　02 ①　03 ①　04 ③　05 ②　06 ②

Chapter ❶ 음식 위생 관리

07 금속부식성이 강하고, 단백질과 결합하여 침전이 일어나므로 주의를 요하며 소독시 0.1% 정도의 농도를 사용하는 소독약은?

① 석탄산   ② 승홍수   ③ 크레졸   ④ 알코올

> **TIP** **승홍수** : 맹독성으로 금속의 부식성이 강하므로 식기류나 피부소독에는 부적합하고 비금속 기구의 소독에 이용한다.
> 단백질과 결합하면 침전이 발생하므로 소독시 주의한다.

08 역성비누에 대한 설명이 틀린 것은?

① 양이온 계면활성제
② 살균제, 소독제 등으로 사용된다.
③ 자극성 및 독성이 없다.
④ 무미, 무해하나 침투력이 약하다.

> **TIP** **역성비누(양성비누)** : 손,식기, 야채, 과일의 소독에 사용된다. 원액을 200~400배 희석하여 사용한다.
> 과일, 야채, 식기등의 소독은 0.01~0.1%의 용액으로 희석하여 사용한다.
> 무미, 무해, 무독이면서도 침투력과 살균력이 강하다.
> 세척력이 없으므로 중성세제로 세척한 후에 역성비누로 소독한다.

09 급속여과법에 대한 설명으로 옳은 것은?

① 보통침전법을 한다.   ② 사면대치를 한다.
③ 역류세척을 한다.   ④ 넓은면적이 필요

> **TIP** **급속여과법** : 약품침전(황산알루미늄) – 급속여과(여과막제거 – 역류세척)

10 석탄수계수가 2이고, 석탄산의 희석배수가 40배인 경우 실제 소독약품의 희석배수는?

① 20배   ② 40배   ③ 80배   ④ 160배

> **TIP** **석탄수계수** = 다른소독약의 희석배수/석탄산의 희석배수
> 80/40=2

11 살균 소독제를 사용하여 조리 기구를 소독한 후 처리 방법으로 옳은 것은?

① 마른 타월을 사용하여 닦아낸다.
② 자연건조(air dry)시킨다.
③ 표면의 수분을 완전히 마르지 않게 한다.
④ 최정 세척시 음용수로 헹구지 않고 세제를 탄 물로 헹군다.

> **TIP** 조리기구는 살균 후 자연건조 시키는 것이 좋다.

정답 07 ②   08 ④   09 ③   10 ③   11 ②

12 다음의 상수 처리 과정에서 가장 마지막 단계는?

① 급수　　② 취수　　③ 정수　　④ 도수

> TIP 상수처리과정 : 침사–침전–여과–소독–급수

13 드라이오븐을 이용하여 유리기구 주사형 소독을 위하여 보통 170℃에서 1~2시간 처리하는 소독법은?

① 자비소독법　　② 고압증기멸균법　　③ 건열멸균법　　④ 유통증기멸균법

> TIP 건열멸균법은 건열멸균기를 사용해서 아포까지 살균 가능한 소독법이다.

14 각 수질 판정기준과 지표간의 연결이 틀린 것은?

① 일반세균수 : 무기물의 오염지표
② 질산성질소 : 유기물의 오염지표
③ 대장균균수 : 분변의 오염지표
④ 과망간산칼륨 소비량 : 유기물의 간접적 지표

> TIP 음용수 미생물에 관한 기준
> 일반세균수 : 1ml중 100을 넘지 않을 것 / 대장균 : 50ml에서 검출되지 아니할 것

15 승홍수에 대한 설명으로 틀린 것은?

① 단백질을 응고시킨다.
② 강력한 살균력이 있다.
③ 금속기구의 소독에 적합하다.
④ 승홍의 0.1% 수용액이다.

> TIP 승홍수는 살균력은 좋으나 금속을 부식시키므로 비금속 기구 소독에 이용한다.

16 저지대에 쓰레기를 버린 후 복토하는 쓰레기 처리방법은?

① 소각법　　② 퇴비화법　　③ 투기법　　④ 매립법

> TIP 매립시는 진개의 두께가 2m를 초과하지 않아야 하며, 복토의 두께는 60~100cm가 적당하다.

17 소독약의 살균력 측정 지표가 되는 소독제는?

① 석탄산　　② 생석회　　③ 알코올　　④ 크레졸

> TIP 석탄산 : 소독력 측정시 표준 환자의 오염의류, 오물, 배설물, 하수도, 진개등의 소독에 사용

18 하수처리방법 중 혐기성 분해처리에 해당하는 것은?

① 부패조　　② 활성오니법　　③ 살수여과법　　④ 산화지법

> TIP 2차 본처리 { 혐기성 : 부패조
> 호기성 : 활성오니법, 살수여과법, 산화지법

정답　12 ①　13 ③　14 ①　15 ③　16 ④　17 ①　18 ①

Chapter ❶ 음식 위생 관리

19 석탄산수(페놀)에 대한 설명으로 틀린 것은?
① 염산을 첨가하면 소독효과가 높아진다.
② 바이러스와 아포에 약하다.
③ 햇볕을 받으면 갈색으로 변하고 소독력이 없어진다.
④ 음료수의 소독에는 적합하지 않다.
> TIP 산성도가 높고 고온일수록 소독효과가 크고, 살균력이 안정하나 햇빛이나 유기물질 등에는 약화되지 않는다.

20 다음 중 음료수 소독에 가장 적합한 것은?
① 생석회　　② 알코올　　③ 염소　　④ 승홍수
> TIP **음료수** : 염소, 표백분, **분변** : 생석회, 석탄산, 크레졸, **알코올** : 손소독

21 분변소독에 가장 적합한 것은?
① 생석회　　② 약용비누　　③ 과산화수소　　④ 표백분
> TIP **분변소독** : 생석회, 석탄산, 크레졸

22 역성비누를 보통비누와 함께 사용할 때 가장 올바른 방법은?
① 보통비누로 먼저 씻어낸 후 역성비누를 사용
② 보통비누와 역성비누를 섞어서 거품을 내며 사용
③ 역성비누를 먼저 사용한 후 보통비누를 사용
④ 역성비누와 보통비누의 사용 순서는 무관하게 사용
> TIP **역성비누** : 세척력은 없고 소독력 있다. 보통비누와 동시에 사용하거나, 유기물이 존재하면 살균효과가 떨어지므로 세제로 씻은 후 사용해야 한다.

23 일반적으로 사용되는 소독약의 희석농도로 가장 부적합한 것은?
① 알코올 : 75% 에탄올　　② 승홍수 : 0.001%의 수용액
③ 크레졸 : 3~5%의 비누액　　④ 석탄산 : 3~5% 수용액
> TIP **승홍수** : 0.1%

정답　19 ③　20 ③　21 ①　22 ①　23 ②

04. 식품의 위생적 취급기준

01 식품의 변질현상에 대한 설명 중 틀린 것은?

① 통조림 식품의 부패에 관여하는 세균에는 내열성인 것이 많다.
② 우유의 부패 시 세균류가 관계하여 적변을 일으키기도 한다.
③ 식품의 부패에는 대부분 한 종류의 세균이 관계한다.
④ 가금육은 주로 저온성 세균이 주된 부패균이다.

TIP 부패시 세균은 여러 종류의 세균이 관여 한다.

02 식품의 부패 정도를 측정하는 지표로 가장 거리가 먼 것은?

① 휘발성 염기질소(VBN)　　② 트리메틸아민(TMA)
③ 수소이온농도(pH)　　　　④ 총질소(TN)

TIP 식품의 부패정도를 판정하는 방법에는 관능검사, 생균수 검사, 화학적 검사[수소이온농도(pH), 휘발성염기질소(VBN), 트리메틸아민(TMA), 히스타민(Histaminde)]등이 있다.
총질소(TN)는 수질오염의 측정지표로 사용한다.

03 병원성 미생물의 발육과 그 작용을 저지 또는 정지시켜 부패나 발효를 방지하는 조작은?

① 산화　　② 멸균　　③ 방부　　④ 응고

TIP **멸균** : 병원성과 비병원성의 모든 미생물을 완전 사멸
소독 : 병원 미생물의 생활력을 파괴시켜 감염 및 증식력을 없애는것

04 식품위생 대책에 대한 설명으로 틀린 것은?

① 한번 가열. 조리된 식품은 저장시 미생물의 오염 염려가 없다.
② 젖은 행주에는 공기 중의 세균이나 곰팡이가 오염되어 온도가 높아지면 미생물이 증식하기 쉬우므로 건조한 상태로 비치해 둔다.
③ 식품 찌꺼기는 위생해충의 서식에 이용될 수 있으므로 철저히 처리한다.
④ 식품취급자의 손은 식중독과 경구감염병균의 침입경로가 되므로 손의 수세 및 소독에 유의한다.

05 용어에 대한 설명 중 틀린 것은?

① 소독 : 병원성 세균의 감염력을 없애는 것
② 멸균 : 모든 세균을 제거하는 것
③ 방부 : 모든 세균을 완전히 제거하여 부패를 방지하는 것
④ 자외선 살균 : 살균력이 가장 큰 250~260nm의 파장을 써서 미생물을 제거하는 것

TIP **방부** : 세균의 증식을 방지. 더 이상 증식을 못하게 한다.

정답 01 ③　02 ④　03 ③　04 ①　05 ③

> Chapter ❶ 음식 위생 관리

05. 식품첨가물과 유해물질

01 식품첨가물의 사용 목적과 거리가 먼 것은?
① 식품의 상품가치 향상　② 영양 강화　③ 보존성 향상　④ 질병의 치료

> TIP **식품첨가물의 사용목적** : 기호성 향상, 품질개량, 향미 및 보존성 향상, 품질적 가치증

02 식품첨가물의 사용제한 기준이 아닌 것은?
① 사용 할 수 있는 식품의 종류 제한　② 식품에 대한 사용량 제한
③ 사용 방법에 대한 제한　④ 사용 장소에 대한 제한

> TIP 총칙, 제조기준, 첨가물의 일반적 사용기준, 품목별 규격 및 기준, 일반 시험법, 시약, 시액, 용량분석용 표준용액 및 표준용액으로 구성되어 있다. (식품의 종류, 사용량, 사용방법은 제한 한다.)

03 식품첨가물의 사용 목적이 아닌 것은?
① 변질, 부패방지　② 관능개선　③ 원가절감　④ 품질개량, 유지

04 식품첨가물이 갖추어야 할 조건으로 옳지 않은 것은?
① 식품에 나쁜 영향을 주지 않을 것
② 다량 사용하였을 때 효과가 나타날 것
③ 상품의 가치를 향상시킬 것
④ 식품성분 등에 의해서 그 첨가물을 확인할 수 있을 것

05 식품첨가물의 사용이 잘못된 경우는?
① 값이 싸고 색이 아름다우며 사용상 편리하여 과자를 만들 때 아우라민을 사용하였다.
② 허용된 첨가물이라도 과용하면 식중독이 유발될 수 있으므로 사용량을 잘 지켜 사용하였다.
③ 롱가릿은 밀가루 또는 물엿의 표백작용이 있으나 독성 물질의 잔류 때문에 사용하지 않았다.
④ 보존료로서 식품첨가물로 지정되어 있는 것은 사용기준이 정해져 있으므로 이를 잘지켜 사용하였다.

> TIP **아우라민** : 유해 착색제

06 사용함량이 규정되어 있지 않는 것은?
① 천연감미료　② 발색제　③ 보존료　④ 항산화제

> TIP **천연감미료** : 식품과 음료에 단맛을 부여하기 위하여 사용되는 첨가물로 사용량의 규제가 없다.

정답　01 ④　02 ④　03 ③　04 ②　05 ①　06 ①

07 식품첨가물에 대한 설명으로 틀린 것은?

① 보존료는 식품의 미생물에 의한 부패를 방지 할 목적으로 사용된다.
② 규소수지는 주로 산화방지제로 사용된다.
③ 산화형 표백제로서 식품에 사용이 허가 된 것은 과산화벤조일이다.
④ 과황산암모늄은 소맥분 이외의 식품에 사용하여서는 안 된다.

> TIP 소맥분 개량제(표백, 숙성) : 과산화벤조일, 브롬산칼륨, 과황산암모늄
> 규소수지 : 소포제로 거품을 소멸시키는데 사용

08 식품제조 공정 중 거품이 많이 날 때 거품제거의 목적을 사용되는 식품첨가물은?

① 용제 ② 소포제 ③ 피막제 ④ 보존제

> TIP 용제 : 천연물의 유효성분이나 식품첨가물등을 식품에 균일하게 혼합하도록 하기 위해 사용
> 피막제 : 과일이나 채소등의 표면에 피막을 형성함으로써 호흡작용을 억제하고 수분증발을 막아 외관을 좋게 하고 신선도유지
> 소포제 : 규소수지

09 계면 활성제라고도 불리우며 두 종류의 액체를 혼합 및 분산시켜 분리되지 않도록 하기 위해 사용되는 첨가물은 무엇인가?

① 유화제 ② 발색제 ③ 보존료 ④ 산화방지제

> TIP 서로 잘 혼합되지 않는 두 종류의 액체를 혼합이 잘 되도록 유화시키는 첨가물 종류 : 레시틴, 지방산 에스테르류

10 유지의 산패를 차단하기 위해 상승제와 함께 사용하는 물질은?

① 보존제 ② 발색제 ③ 항산화제 ④ 표백제

> TIP 항산화제 : 산패방지
> 자연항산화제 : 토코페롤(비타민E), 아스코르빈산(비타민C), 세사몰(참기름)

11 다음 중 산화방지를 위해 사용하는 식품 첨가물은?

① 아스파탐(aspartame)
② 디부탈히드록시톨루엔(BHT)
③ 이산화티타늄(titanium dioxide)
④ 글리신(Glycine)

> TIP 지용성 산화 방지제 : 디부탈히드록시톨루엔(BHT), BHA, 몰식자산프로필, 비타민 E(토코페롤)

12 천연 산화방지제가 아닌 것은?

① 세사몰(sesamol)
② 티아민(thiamin)
③ 토코페롤(tocopherol)
④ 고시폴(gossypol)

> TIP 티아민은 비타민B_1으로 산화방지제가 아니다.

정답 07 ② 08 ② 09 ① 10 ③ 11 ② 12 ②

Chapter ❶ 음식 위생 관리

13 과채, 식육 가공 등에 사용하여 식품 중 색소와 결합하여 식품 본래의 색을 유지하게 하는 식품 첨가물은?

① 식용타르색소   ② 천연색소   ③ 발색제   ④ 표백제

TIP 발색제는 과채, 식육가공 등에 사용하며 식품 중 색소와 결합하여 식품 본래의 색을 선명하게 하거나 안정화시키기 위해 사용하는 물질로, 종류에는 육류 발색제(아질산나트륨, 질산나트륨, 질산칼륨)와 식물성 발색제(황산 제1철, 황산 제2철)가 있다.

14 쇠고기 가공시 발색제를 넣었을 때 나타나는 선홍색 물질은?

① 옥시 미오글로빈(oxymyoglobin)   ② 니트로소 미오글로빈(nitrosomyoglobin)
③ 미오글로빈(myoglobin)   ④ 메트 미오글로빈(metmyoglobin)

TIP 발색제는 수육의 색소 미오글로빈과 결합하여 니트로소 미오글로빈이 생성되기 때문

15 우리나라에서 허가된 발색제가 아닌 것은?

① 질산칼륨   ② 질산나트륨   ③ 아질산나트륨   ④ 아우라민

TIP 아우라민 : 유해 착색제

16 식품 중에 존재하는 색소단백질과 결합함으로써 식품의 색을 보다 선명하게 하거나 안정화시키는 첨가물은?

① 질산나트륨(sodium nitrate)   ② 동클로로필린나트륨(sodium chlorphyll)
③ 삼이산화철(iron sesquixide)   ④ 이산화티타늄(titanium dioxde)

TIP 식품 중에 존재하는 색소단백질과 결합함으로써 식품의 색을 보다 선명하게 하거나 안정화시키는 첨가물질은 발색제로, 종류에는 아질산나트륨, 질산나트륨, 질산칼륨, 황산 제1철, 황산 제2철 등이 있다.

17 다음 식품 첨가물 중 주요 목적이 다른 것은?

① 과산화벤조일   ② 과황산암모늄   ③ 이산화염소   ④ 아질산나트륨

TIP 아질산나트륨 : 발색제, 나머지는 소맥분 계량제

18 식육 및 어육제품의 가공시 첨가되는 아질산염과 이급 아민이 반응하여 생기는 발암물질은?

① 벤조피렌(Benxopyrene)   ② PCB(Polychlorinated Biphenyl)
③ 니트로사민(N-nitrisamine)   ④ 말론알데히드(Malonaldehyde)

TIP 니트로사민 : 육류의 발색제로 사용되는 아질산염이 산성조건에서 식품성분과 반응하여 생성되는 발암성 물질이며, 비타민C는 산화방지제로 작용할 뿐 아니라, 아질산염이 강력한 발암물질인 니트로사민으로 변환되는 것을 방지해 준다.

정답   13 ③   14 ②   15 ④   16 ①   17 ④   18 ③

19 통조림 식품의 통조림 관에서 유래될 수 있는 식중독 원인물질은?

① 카드뮴　　② 주석　　③ 페놀　　④ 수은

20 미생물의 발육을 억제하여 식품의 부패나 변질을 방지할 목적으로 사용되는 것은?

① 안식향산나트륨　　　　② 호박산나트륨
③ 글루타민나트륨　　　　④ 실리콘수지

🔖TIP 보존료(방부제) : 데히드로초산, 소르빈산, 안식향산나트륨, 프로피온산

21 보존제를 가장 잘 설명한 것은?

① 식품 중에 부패세균이나 감염병의 원인균을 사멸
② 식품에 발생하는 해충을 사멸시키는 물질
③ 식품의 변질 및 부패를 방지하고 신선도를 보존하는 물질
④ 곰팡이의 발육을 억제시키는 물질

🔖TIP 보존제(방부제)는 미생물 번식을 억제작용 한다.

22 식품첨가물 중 보존료의 목적을 가장 잘 표현한 것은?

① 산도 조절
② 미생물에 의한 부패 방지
③ 산화에 의한 변패 방지
④ 가공과정에서 파괴되는 영양소 보충

🔖TIP 보존제는 식품의 변질 및 부패를 방지하여, 식품의 신선도를 유지하고 보존성을 높이기 위해 사용한다.

23 식품첨가물 중 보존제의 목적과 가장 거리가 먼 것은?

① 수분 감소의 방지　　　② 신선도 유지
③ 미생물 번식 억제　　　④ 변질 및 부패 방지

🔖TIP 보존제의 목적과 수분 감소의 방지는 상관이 없다.

24 유해보존료에 속하지 않는 것은?

① 붕산　　② 소르빈산　　③ 불소화합물　　④ 포름알데히드

🔖TIP 소르빈산 : 허용된 보존료(식육, 어육, 염제품 등)

정답　19 ②　20 ①　21 ③　22 ②　23 ①　24 ②

Chapter ① 음식 위생 관리

25 다음 중 보존료가 아닌 것은?

① 안식향산(Benzoicacid) ② 소르빈산(Sorbic acid)
③ 프로피온산(Propionice acid) ④ 구아닐산(Guanylic acid)

> TIP 구아닐산 : 표고버섯의 맛난 맛
> 안식향산 : 청량음료의 보존료
> 프로피온산 : 빵, 과자류의 보존료

26 다음 식품첨가물 중 보존료가 아닌 것은?

① 데히드초로산   ② 소르빈산   ③ 과산화수소   ④ 부틸히드록시 아니솔

> TIP 부틸히드록시아니졸(BHA) : 항산화제
> 과산화수소 : 표백제

27 식품 첨가물 중 유해한 착색료는?

① 아우라민   ② 둘신   ③ 롱가릿   ④ 붕산

> TIP
>
> | 사용이 금지되는 첨가물 | |
> |---|---|
> | 감미료 | 둘신, 사이클라메이트, 에틸렌글리콜, 파릴라르틴 |
> | 보존료 | 포름알데히드(포르말린), 붕산, 승홍, 유로트로핀 |
> | 표백제 | 롱가릿, 삼염화질소, 형광표백제 |
> | 착색제 | 아우라민, 로다민 |

28 우리나라에서 식품첨가물로 허용된 표백제가 아닌 것은?

① 무수아황산   ② 차아황산나트륨   ③ 롱갈릿   ④ 과산화수소

29 빵을 비롯한 밀가루 제품에서 밀가루를 부풀게 하여 적당한 형태를 갖추게 하기 위해 사용되는 첨가물은?

① 팽창제   ② 유화제   ③ 피막제   ④ 산화방지제

> TIP 팽창제는 과자류, 빵류를 제조할 때 가스를 발생시켜 부풀리기 위해 사용하는 물질로, 탄산수소나트륨(중조, 베이킹소다), 효모(이스트), 탄산수소암모늄, 명반 등이 있다.

30 밀가루의 표백과 숙성을 위하여 사용하는 식품첨가물은?

① 유화제   ② 개량제   ③ 팽창제   ④ 점착제

> TIP 밀가루(소맥분) 개량제는 밀가루의 표백과 숙성 기간을 단축시키고 제빵에 있어서의 저해물질을 파괴시킴으로써 분질을 개량하기 위해 사용하는 물질이다.

정답 25 ④ 26 ④ 27 ① 28 ③ 29 ① 30 ②

31 아이스크림 제조시 사용되는 안정제는?
① 전화당   ② 바닐라   ③ 레시틴   ④ 젤라틴

🗝️ **전화당** : 포도당과 과당의 동량일때, **바닐라** : 착향제, **레시틴** : 유화제, **젤라틴** : 안정제 점착제

32 사용이 허가된 산미료는?
① 구연산   ② 계피산   ③ 말톨   ④ 초산에틸

🗝️ 사용이 허가된 산미료에는 구연산, 젖산, 사과산, 주석산, 클루콘산, 이타콘산 등이 있다.
 – 초산 및 빙초산(피클,케첩에 사용)
 – **구연산** : 청량음료, 치즈, 잼에 사용 *주석산 : 포도

33 5'–이노신산나트륨, 5'–구아닐산나트륨, L–글루탐산나트륨의 주요 용도는?
① 표백제   ② 조미료   ③ 보존료   ④ 산화방지제

🗝️ 5'–이노신산나트륨, 5'–구아닐산나트륨, L–글루탐산나트륨 : 식품자체의 맛을 더욱 증가시키 위해 사용하는 식품첨가물(조미료)

34 인산을 함유하는 복합지방질로서 유화제로 사용되는 것은?
① 레시틴   ② 글리세롤   ③ 스테롤   ④ 글리콜

🗝️ **인지질(레시틴)** : 인산을 함유하는 복합지질. 난황의 유화제 역할(마요네즈), 세팔린

35 유해감미료에 속하는 것은?
① 둘신   ② D–소르비톨   ③ 자일리톨   ④ 아스파탐

36 다음 중 국내에서 허가된 인공감미료는?
① 둘신(dulcin)   ② 사카린 나트륨(sodium saccharin)
③ 사이클라민산나트륨(sodium cyclamate)   ④ 에틸렌글리콜(ethylene glycol)

🗝️ **허용된감미료** : 사카린, D–솔비톨, 글리시린친산나트륨, 아스파탐, 스테비오스

37 식품의 보존료가 아닌 것은?
① 데히드로초산(dehydroacetice acid)   ② 소르빈산(sorbic acid)
③ 안식향산(benzoic acid)   ④ 아스파탐(aspartam)

🗝️ **아스파탐** : 감미료

정답 31 ④   32 ①   33 ②   34 ①   35 ①   36 ②   37 ④

Chapter ❶ 음식 위생 관리

38 다음 중 식품첨가물과 주요 용도의 연결이 바르게 된 것은?

① 안식향산 – 착색제
② 토코페롤 – 표백제
③ 질소나트륨 – 산화방지제
④ 피로인산칼륨 – 품질개량제

>TIP 안식향산 : 보존제 / 토코페롤 : 산화방지제 / 질산나트륨 : 발색제

39 다음 식품첨가물 중 영양강화제는?

① 비타민류, 아미노산류
② 검류, 락톤류
③ 에테르류, 에스테르류
④ 지방산류, 페놀류

>TIP 영양강화제는 식품의 비타민류, 아미노산류, 무기염류등의 영양을 강화시키기 위한 첨가물로 이용

40 강화식품에 대한 설명으로 틀린 것은?

① 식품에 원래 적게 들어 있는 영양소를 보충한다.
② 식품의 가공 중 손실되기 쉬운 영양소를 보충한다.
③ 강화영양소로 비타민A, 비타민B, 칼슘 등을 이용한다.
④ α-화 쌀은 대표적인 강화식품이다.

>TIP α-화 쌀(알파미)은 쌀로 밥을 지은 후 탈수, 건조시킨 즉석 밥으로, 이는 즉석식품이다.

제3절 작업장 위생 관리

01 작업장 위생 관리에 있어서 적합하지 않은 점은?

① 교차 오염 방지를 위해서 식재료 별로 어류, 육류, 채소류를 취급하는 칼, 도마는 각각 구분하여 사용하여야 하며, 도마는 다른 색을 사용하면 구분하기 쉽다.
② 주방내에서 조리생산 단계별 작업 공간을 구분 해서 사용한다.
③ 주방 위생에 있어 위해요소를 파악하고 예방한다.
④ 시설 및 도구는 노후했어도 작동이 멈출 때 까지 교체할 필요가 없이 안심하고 계속 사용한다.

정답 38 ④ 39 ① 40 ④   01 ④

02 HACCP에 대한 설명으로 틀린 것은?

① 어떤 위해를 미리 예측하여 그 위해요인을 사전에 파악하는 것이다.
② 위해 방지를 위한 사전 예방적 식품안전관리체계를 말한다.
③ 미국, 일본, 유럽연합, 국제기구(Codex, WHO) 등에서도 모든 식품에 HACCP을 적용할 것을 권장하고 있다.
④ HACCP 절차의 마지막 단계는 위해요소 분석이다.

> **TIP** 위해요소 분석 → 중요 관리점 확인 → 관리기준의 선정 → 모니터링 방법의 설정 → 개선조치의 설정 → 기록유지 및 문서작성 규정의 설정 → 검증방법의 설정 식품의 원료관리, 제조가공 조리 및 유통의 모든 과정에서 위해한 물질이 식품에 혼입 되거나 식품이 오염되는 것을 방지하기 위하여 각 과정을 중점적으로 관리하는 기준을 말한다.

03 식품의 위생적인 준비를 위한 조리장의 관리로 부적합한 것은?

① 조리장의 위생해충은 약제사용을 1회만 실시하면 영구적으로 박멸된다.
② 조리장에 음식물과 음식물 찌꺼기를 함부로 방치하지 않는다.
③ 조리장의 출입구에 신발을 소독 할 수 있는 시설을 갖춘다.
④ 조리사의 손을 소독할 수 있도록 손소독기를 갖춘다.

> **TIP** 위생 해충의 약제사용을 수시로 사용하여 조리장 위생에 철저한 관리가 필요하다.

04 식품 등의 위생적 취급에 관한 기준으로 틀린 것은?

① 어류와 육류를 취급하는 칼·도마는 구분하지 않아도 된다.
② 유통기한이 경과된 식품 등을 판매하거나 판매의 목적으로 진열, 보관하여서는 안된다.
③ 식품원료 중 부패·변질되기 쉬운 것은 냉동·냉장시설에 보관·관리하여야 한다.
④ 식품의 조리에 직접 사용되는 기구는 사용 후에 세척 및 살균하는 등 항상 청결하게 유지 관리하여야 한다.

> **TIP** 식품 등의 제조, 가공, 조리에 직접 사용되는 기계, 기구 및 음식기는 사용 후에 세척, 살균하는 등 항상 청결하게 유지, 관리하여야 하며, 어류, 육류, 채소류를 취급하는 칼, 도마는 각각 구분하여 사용하여야 한다. (교차오염 예방)

05 작업장 위생 관리에 대한 설명 중에서 적합하지 않은 것은?

① 주방, 시설, 도구의 세척, 살균, 해충, 해서 방제 작업을 정기적으로 수행한다.
② 위생 해충은 업체에 정기 계약을 하면 알아서 소독 해주므로 평소엔 전혀 신경 쓰지 않아도 된다.
③ 식품이 조리되어 섭취되는 전 과정의 주방 위생 상태를 점검하고 관리한다.
④ HACCP 적용 업장인 경우 HACCP 관리 기준에 의해 관리한다.

정답 02 ④ 03 ① 04 ① 05 ②

Chapter ❶ 음식 위생 관리

06 HACCP 인증 단체급식업소(집단급식소, 식품접객업소, 도시락류 포함)에서 조리한 식품은 소독된 보존식 전용 용기 또는 멸균 비닐봉지에 매회 1인분 분량을 담아 몇 ℃ 이하에서 얼마 이상의 시간동안 보관하여야 하는가?

① 4℃ 이하, 48시간 이상
② 0℃ 이하, 100시간 이상
③ −10℃ 이하, 200시간 이상
④ −18℃ 이하, 144시간 이상

🔖TIP 집단급식소를 설치·운영하는 자는 조리·제공한 식품의 매회 1인분 분량을 섭씨 영하 18도 이하로 144시간 이상 보관해야 한다.

07 HACCP의 7가지 원칙에 해당하지 않는 것은?

① 위해요소분석
② 중요관리점(CCP) 결정
③ 개선조치방법 수립
④ 회수명령의 기준 설정

🔖TIP **HACCP의 7가지 원칙**: ① 위해요소 분석, ② 중요관리점 결정, ③ CCP 한계기준 설정, ④ CCP 모니터링 체계 확립, ⑤ 개선조치 방법 수립, ⑥ 검증절차 및 방법 수립, ⑦ 문서화 기록 유지 방법 설정

08 다음 중 위해요소중점관리기준(HACCP)을 수행하는 단계에 있어서 가장 먼저 실시하는 것은?

① 중점관리점 규명
② 관리기준의 설정
③ 기록유지방법의 설정
④ 식품의 위해요소를 분석

🔖TIP 식품의 원료관리, 제조, 가공 및 유통의 전과정에서 유해한 물질이 당해 식품에 혼입, 오염되는 것을 방지하기 위한 각 과정을 관리하는 기준

09 급식산업에 있어서 위해요소관리(HACCP)에 의한 중요 관리점(CCP)에 해당하지 않는 것은?

① 교차오염 방지
② 권장된 온도에서의 냉각
③ 생물학적 위해요소 분석
④ 권장된 온도에서의 조리와 재가열

🔖TIP HACCP : 위해분석 HA, 중요관리점 CCP로 구성
HA : 혹시라도 식품에 위해 가능성이 있는 요소를 찾아내어 분석하는 것
CCP : 해당 위해 요소의 방지, 제거, 안전성을 확보하기 위해 관리할 것(위생 안전 보장)

10 다음 중에서 위해분석(HA. Hazard Analysis)에 해당되지 않는 것은?

① 생물학적 요인
② 화학적인 요인
③ 물리적인 요인
④ 과학적인 요인

🔖TIP 위해분석 : 생물학적 요인, 화학적인 요인, 물리적인 요인

정답 06 ④　07 ④　08 ④　09 ③　10 ④

제4절 | 식중독 관리

01 식중독 발생시 즉시 취해야 할 행정적 조치는?
① 식중독 발생신고 ② 원인식품의 폐기처분 ③ 연막 소독 ④ 역학 조사

> **TIP** 지체없이 신고 : 의사 – 보건소장 – 시장군수 – 시.도지사 – 보건복지부장관

02 식품위생법상 식중독 환자를 진단한 의사는 누구에게 이사실을 제일 먼저 보고하여야 하는가?
① 보건복지부장관
② 경찰서장
③ 질병관리본부
④ 관할 시장·군수·구청장

> **TIP** 식중독 발생시 보고체계
> (한)의사 → 보건소장 → 시장·군수·구청장 → 시·도지사 → 식품의약품안전처

03 집단 식중독이 발생하였을 때의 조치사항으로 부적합한 것은?
① 보건소 또는 해당관청에 신고한다.
② 의사 처방전이 없더라도 항생물질을 즉시 복용시킨다.
③ 원인식을 조사한다.
④ 원인을 조사하기 위해 환자의 가검물을 보관한다.

> **TIP** 식중독 발생 시 항생물질 등은 식중독 발생원인의 역학조사를 힘들게 하므로 복용해서는 안되며, 식중독 환자의 가검물(배설물 따위)과 원인식품은 식중독 발생 원인을 조사하기까지 보관하여야 한다.

04 집단 식중독 발생시 처치사항으로 잘못된 것은?
① 원인식을 조사한다.
② 구토물 등은 원인균 검출에 필요하므로 버리지 않는다.
③ 해당 기관에 즉시 신고한다.
④ 소화제를 복용시킨다.

> **TIP** 식중독 발생시 소화제 등은 식중독 발생원인의 역학조사를 힘들게 하므로 복용해서는 안 된다.

05 식중독 예방과 가장 관련이 적은 것은?
① 식재료 및 기구의 청결
② 기생충 구제
③ 식품의 적절한 온도관리
④ 조리자의 위생관리

> **TIP** 기생충은 다른 생물체의 몸속에 기생하는 해충으로, 이를 구제(해충을 몰아내서 없애는 것)하는 것은 식중독 예방과 관련이 없다.

정답 01 ① 02 ④ 03 ② 04 ④ 05 ②

Chapter ❶ 음식 위생 관리

06 일반적으로 식중독을 방지하는데 기본적으로 가장 중요한 사항은?
① 취급자의 마스크 사용
② 감염자의 예방접종
③ 식품의 냉장과 냉동보관
④ 조리자의 위생관리

> TIP 식중독을 예방하는 데에는 많은 방법이 있지만, 그 중에서 식중독을 방지하는데 가장 기본적이고 중요한 방법은 식품을 냉장과 냉동으로 보관하는 것이다.

07 식중독에 관한 설명으로 틀린 것은?
① 자연독이나 유해물질이 함유된 음식물을 섭취함으로써 생긴다.
② 발열, 구역질, 구토, 설사, 복통 등의 증세가 나타난다.
③ 세균, 곰팡이, 화학물질 등이 원인물질이다.
④ 대표적인 식중독은 콜레라, 세균성이질, 장티푸스 등이 있다.

> TIP 콜레라, 세균성이질, 장티푸스는 수인성감염병이다.

01. 세균성 및 바이러스성 식중독

01 세균성 식중독의 일반적인 특성으로 틀린 것은?
① 주요 증상은 두통, 구역질, 구토, 복통, 설사이다.
② 살모넬라균, 장염 비브리오균, 포도상구균 등이 원인이다.
③ 감염 후 면역성이 획득된다.
④ 발병하는 식중독의 대부분은 세균에 의한 세균성 식중독이다.

> TIP 식중독은 감염 후에도 면역성이 획득되지 않는다.

02 장염 비브리오균 식중독에 대한 예방법이 아닌 것은?
① 비브리오 중독 유행기에는 어패류를 생식하지 않는다.
② 저온저장하여 균의 증식을 억제한다.
③ 식품을 먹기 전에 충분히 가열한다.
④ 쥐, 바퀴벌레, 파리가 매개체이므로 해충을 구제한다.

> TIP 원인식품은 어패류(생식, 칼, 도마, 식기에 의한 2차오염)

정답 06 ③ 07 ④   01 ③ 02 ④

03 60℃에서 30분간 가열하면 식품 안전에 위해가 되지 않는 세균은?
① 살모넬라균
② 클로스트리디움 보툴리눔균
③ 황색포도상구균
④ 장구균

04 장염비브리오 식중독균의 특징으로 틀린 것은?
① 해수에 존재하는 세균이다.
② 3~4%의 식염농도에서 잘 발육한다.
③ 특정조건에서 사람의 혈구를 용혈시킨다.
④ 그람양성균이며 아포를 생성하는 구균이다.

💡TIP 원인균은 비브리오균이다.

05 호염성의 성질을 가지고 있는 식중독 세균은?
① 황색 포도상구균
② 병원성 대장균
③ 장염 비브리오
④ 리스테리아 모노사이토제네스

06 장염 비브리오균 식중독 예방 방법으로 맞는 것은?
① 어류의 내장을 제거하지 않는다.
② 식품을 실온에서 보관한다.
③ 어패류를 바닷물로만 씻는다.
④ 먹기 전에 가열한다.

07 어패류의 생식 시 주로 나타나며, 수양성 설사증상을 일으키는 식중독의 원인균은?
① 살모넬라균
② 장염 비브리오균
③ 포도상구균
④ 클로스트리움 보툴리눔균

08 다음 중 잠복기가 가장 짧은 식중독은?
① 황색 포도상구균 식중독
② 살모넬라균 식중독
③ 장염 비브리오 식중독
④ 장구균 식중독

💡TIP 포도상구균은 잠복기 3시간으로 가장 짧다.

09 황색 포도상구균에 의한 식중독 예방대책으로 적합한 것은?
① 토양의 오염을 방지하고 특히 통조림의 살균을 철저히 해야한다.
② 쥐나 곤충 및 조류의 접근을 막아야 한다.
③ 어패류를 저온에서 보관하며 생식하지 않는다.
④ 화농성 질환자의 식품 취급을 금지한다.

정답 03 ② 04 ④ 05 ③ 06 ④ 07 ② 08 ① 09 ④

> Chapter ❶ 음식 위생 관리

10 황색 포도상구균의 특징이 아닌 것은?
① 균체가 열에 강함
② 독소형 식중독 유발
③ 화농성 질환의 원인균
④ 엔테로톡신 생성

11 다음 중 일반적으로 사망률이 가장 높은 식중독은?
① 살모넬라 식중독
② 장염비브리오 식중독
③ 클로스트리디움 보툴리눔 식중독
④ 포도상구균 식중독

> 📘TIP **클로스트리디움 보툴리눔 식중독** : 진공 포장된 햄, 소시지 등의 식품에서 주로 발생.
> **증상** : 신경마비증상 및 시력저하 호흡곤란, 동공이 확대 치사율 : 30~70%

12 경구감염병과 비교하여 세균성식중독이 가지는 일반적인 특성은?
① 소량의 균으로도 발병한다.
② 잠복기가 짧다.
③ 2차 발병률이 매우 높다.
④ 감염환(infection cycle)이 성립한다.

> 📘TIP **세균성식중독의 특징**
> ① 식중독균에 오염된 식품을 섭취하여 발생
> ② 대량의 균 또는 독소에 의해 발병
> ③ 살모넬라 외에 2차감염이 없다.
> ④ 잠복기가 비교적 짧다.
> ⑤ 면역이 되지 않는다.

13 포도상구균의 특징이 아닌 것은?
① 감염형 식중독을 일으킨다.
② 내열성 독소를 생성한다.
③ 손에 상처가 있을 경우 식품 오염 확률이 높다.
④ 주 증상은 급성 위장염이다.

> 📘TIP 세균성 식중독의 독소형 식중독에 속한다.

14 다음 중 살모넬라에 오염되기 쉬운 대표적인 식품은?
① 과실류 ② 해조류 ③ 달걀 ④ 통조림

> 📘TIP **원인균** : 살모넬라 속균, 쥐, 소, 돼지, 달걀, 분변 등에 광범위하게 분포

정답 10 ① 11 ③ 12 ② 13 ① 14 ③

15 살모넬라 식중독의 원인식품으로 관계가 있는 식품은?

① 오염된 어패류 ② 환자, 보균자의 분변
③ 육류 및 육가공품 ④ 조리식품

> **TIP** 살모넬라 식중독
> - 증상 : 급격한 발열
> - 원인식품 : 육류 및 육가공품
> - 60℃에서 30분이면 사멸됨

16 살모넬라 식중독 원인균의 주요 감염원은?

① 채소   ② 바다생선   ③ 식육   ④ 과일

> **TIP** 살모넬라 식중독의 오염원 : 쥐, 파리, 바퀴, 가축, 가금류(닭, 달걀), 어패류 및 그 가공품

17 세균성 식중독과 병원성 소화기계 감염병을 비교한 것으로 틀린 것은?

	세균성 식중독	병원성 소화기계 감염병
①	식품은 원인물질 축적체	식품은 병원균 운반체
②	2차 감염이 빈번함	2차 감염이 없음
③	식품위생법으로 관리	감염병 예방법으로 관리
④	비교적 짧은 잠복기	비교적 긴 잠복기

> **TIP** 세균성식중독은 2차감염이 없고, 병원성 감염병은 2차감염이 있다.

18 엔테로톡신(enterotoxin)이 원인이 되는 식중독은?

① 살모넬라 식중독 ② 장염 비브리오 식중독
③ 병원성 대장균 식중독 ④ 황색 포도상구균 식중독

> **TIP** 엔테로톡신은 황색포도상구균이 내포하고 있는 독소성분이다.
> 열에 강해 일반 조리법으로는 예방이 불가능하다.

19 세균성 식중독을 예방하는 방법과 가장 거리가 먼 것은?

① 조리장의 청결유지 ② 조리기구의 소독
③ 유독한 부위의 제거 ④ 신선한 재료의 사용

> **TIP** 유독한 부위 제거는 자연성식중독의 예방법이다.

정답 15 ③ 16 ③ 17 ② 18 ④ 19 ③

Chapter ❶ 음식 위생 관리

20 살모넬라에 대한 설명으로 틀린 것은?
① 그람음성 간균으로 동식물계에 널리 분포하고 있다.
② 내열성이 강한 독소를 생성한다.
③ 발육 적온은 37℃이며 10℃이하에서는 거의 발육하지 않는다.
④ 살모넬라균에는 장티푸스를 일으키는 것도 있다.

🔑TIP 살모넬라 : 감염형으로 독소생성이 없고 60℃에서 30분이면 사멸된다.

21 세균성 식중독 중에서 독소형은?
① 포도상구균 식중독
② 장염비브리오균 식중독
③ 살모넬라 식중독
④ 리스테리아 식중독

🔑TIP 독소형 : 포도상구균 식중독, 보툴리누스 식중독
   감염형 : 살모넬라, 장염비브리오, 병원성대장균

22 황색포도상구균 식중독의 일반적인 특성으로 옳은 것은?
① 설사변이 혈변의 형태이다.
② 급성위장염 증세가 나타난다.
③ 잠복기가 길다
④ 치사율이 높은 편이다.

🔑TIP 포도상구균 식중독 – 잠복기가 짧다.
   치사율이 높은 식중독 – 보툴리누스 식중독

23 세균성 식중독의 전염 예방 대책이 아닌 것은?
① 원인균의 식품오염을 방지한다.
② 위염환자의 식품조리를 금한다.
③ 냉장, 냉동 보관하여 오염균의 발육, 증식을 방지한다.
④ 세균성 식중독에 관한 보건 교육을 철저히 실시한다.

🔑TIP 세균성 식중독은 2차 감염이 없다.

24 살모넬라(Salmonella)균으로 인한 식중독에 대한 설명으로 틀린 것은?
① 주요 증상으로 급성위장염을 일으킨다.
② 주로 통조림 등의 산소가 부족한 식품에서 유발된다.
③ 장내세균의 일종 이다.
④ 계란, 육류 및 어육가공품이 주요 원인식품이다.

🔑TIP 통조림 등 산소가 부족한 식품 : 클로스트리디움 보툴리늄 식중독

정답   20 ②   21 ①   22 ②   23 ②   24 ②

25 웰치균에 대한 설명으로 옳은 것은?

① 아포는 60℃에서 10분 가열하면 사멸한다.　② 혐기성 균주이다.
③ 냉장온도에서 잘 발육한다.　　　　　　　④ 당질식품에서 주로 발생한다.

> **웰치균(클로스트리디움) 식중독** : 가스 괴저의 원인균, 편성 혐기성균(아포형성균)
> **오염원** : 식육류 및 그 가공품, 어패류 및 그 가공품 등　**증상** : 심한설사, 복통, 복부 팽만감 등　**원인균** : A형

26 세균성 식중독의 가장 대표적인 증상은?

① 요통　　② 시력장애　　③ 두통　　④ 급성위장염

> 세균성 식중독의 대표적 증상은 급성 위장염으로 구토와 설사 등이다.

27 베로 독소를 생산하며 용혈성 요독성과 신부전증을 발생하는 대장균은?

① 장관 독소원성 대장균　　　　② 장관 침투성 대장균
③ 장관 병원성 대장균　　　　　④ 장관 출혈성 대장균

28 노로바이러스에 대한 설명으로 잘못된 것은?

① 크기가 매우 작고 구형이다.
② 발병 후 자연 치유되지 않는다.
③ 급성 위장염을 일으키는 식중독 원인체이다.
④ 감염되면 설사, 복통, 구토 등의 증상이 나타난다.

> **바이러스성 식중독 (노로 바이러스)**
> ① 그람 음성 간균이며 크기가 매우 작고 구형이다.
> ② 유행성 바이러스성 (비세균성) 급성 위장염
> ③ 감염자의 대변이나 구토물, 음식, 물, 접촉한 물건에서 감염된다.
> ④ 굴, 어패류 섭취가 주 원인이며, 지하수를 조심하도록 한다.
> ⑤ 맨손으로 식품을 만지거나 입에 넣지 않도록 한다. (손 씻기 철저)
> ⑥ 나이와 관계 없이 감염되며 증상은 복통, 구토, 설사 증세가 있고 발병 후 자연 회복 된다.
> ⑦ 잠복기 : 12~48시간
> ⑧ 저항성이 강하다. (60℃ 30분 정도 가열에 의해서는 사멸되지 않는다.)
> ⑨ 예방 : 손 위생 철저, 100℃ 이상에서 가열 섭취

29 노로바이러스 식중독의 예방 및 확산 방지 방법으로 잘못된 것은?

① 항 바이러스 백신을 접종한다.
② 오염 지역에서 채취한 어패류는 85℃ 이상에서 1분 이상 가열하여 섭취한다.
③ 오염이 의심되는 지하수의 사용을 자제한다.
④ 가열 조리한 음식을 맨손으로 만지지 않도록 한다.

정답　25 ②　26 ④　27 ④　28 ②　29 ①

Chapter 1 음식 위생 관리

02. 자연독 식중독

01 식물성 자연독 성분이 아닌 것은?
① 무스카린   ② 테트로도톡신   ③ 솔라닌   ④ 콜린

TIP 테트로도톡신 : 복어(동물성 자연독)

02 모시조개 섭취 시 식중독을 유발하는 독성물질은?
① 사포닌   ② 베네루핀   ③ 듀린   ④ 아플라톡신

TIP 모시조개 : 베네루핀

03 독버섯의 특징이 아닌 것은?
① 색이 선명하고 쓴맛, 신맛이 난다.   ② 버섯살이 세로로 잘 쪼개진다.
③ 점액을 분비한다.   ④ 은수저로 문질렀을 때 검게 보인다.

TIP 독버섯은 버섯살이 세로로 잘 쪼개지지 않는다.

04 버섯의 유독성분이 아닌 것은?
① 아마니타 톡신   ② 뉴린   ③ 콜린   ④ 셉신

TIP 셉신 : 감자의 중독

05 감자 중독 독소의 특징이 아닌 것은?
① 감자 껍질의 푸른 발아부분
② 독소는 조리에 의해 파괴되지 않는다.
③ 겉껍질 채 삶은 후 벗겨내면 독소는 없어진다.
④ 독소에는 솔라닌 셉신이 있다.

정답 01 ② 02 ② 03 ② 04 ④ 05 ③

03. 화학적 식중독

01 만성중독의 경우 반상치, 골경화증, 체중감소, 빈혈 등을 나타내는 물질은?
① 붕산 ② 불소 ③ 승홍 ④ 포르말린

> TIP **불소과잉증** : 반상치
> **불소결핍증** : 충치, 우치
> 붕산, 승홍, 포르말린은 소독약이다.

02 칼슘(Ca)과 인(P)의 대사 이상을 초래하여 골연화증을 유발하는 유해금속은?
① 철(Fe) ② 카드뮴(Cd) ③ 은(Ag) ④ 주석(Sn)

> TIP **카드뮴** : 이타이이타이병 – 골연화증

03 화학물질에 의한 식중독으로 일반 중독증상과 시신경의 염증으로 실명의 원인이 되는 물질은?
① 납 ② 수은 ③ 메틸알코올 ④ 청산

> TIP **주류의 메틸알코올 허용치** : 0.5mg/ml이하, 중독시 – 구토, 설사, 실명

04 카드뮴이나 수은 등의 중금속 오염 가능성이 가장 큰 식품은?
① 육류 ② 어패류 ③ 식용유 ④ 통조림

> TIP 카드뮴이나 수은등의 중금속오염은 수질오염에 의해 증가하고 있다.

05 시력장애와 급성 및 만성 식중독을 발생하는 중금속으로 음료수 및 식품에 오염되는 것은?
① 크롬 ② 철 ③ 납 ④ 구리

> TIP 급성중독은 주로 급성위염이고 구토, 위경련등의 증상이 나타난다.(골연화증)
> 중독량은 납으로서 1~5mg이다. 더욱 문제시 되는 것은 만성중독이다.

06 화학물질에 의한 식중독의 원인물질과 거리가 먼 것은?
① 제조과정 중에 혼합되는 유해 중금속
② 기구, 용기, 포장 재료에서 용출 이행하는 유해물질
③ 식품자체에 함유되어 있는 동식물성 유해물질
④ 제조, 가공 및 저장 중에 혼입된 유해 약품류

> TIP 식품 자체에 함유되어 있는 동식물성 유해물질은 자연독 식중독이다.

정답 01 ② 02 ② 03 ③ 04 ② 05 ③ 06 ③

Chapter 1 음식 위생 관리

07 다음 중 화학성 식중독의 원인이 아닌 것은?
① 설사성 패류 중독
② 환경오염에 기인하는 식품 유독성분 중독
③ 중금속에 의한 중독
④ 유해성 식품첨가물에 의한 중독

> TIP 조개류(패류) 식중독은 자연성 식중독에 분류된다.

08 중금속에 관한 설명으로 옳은 것은?
① 해독에 사용되는 약을 중금속 길항약이라고 한다.
② 중금속과 결합하기 쉽고 체외로 배설하는 약은 없다.
③ 중독증상으로 대부분 두통, 설사, 고열을 동반한다.
④ 무기중금속은 지질과 결합하여 불용성 화합물을 만들고 산화작용을 나타낸다.

> TIP 중금속은 식품 등에 오염되어 체내에 축적될 경우 건강장해를 일으킨다. 일반적인 중독증상으로 호흡장애, 중추신경장애, 소화기 장애 등을 동반하며, 특히 중급속의 해독에 사용되는 약을 중금속 길항약이라고 한다.

09 중금속에 대한 설명으로 옳은 것은?
① 비중이 4.0 이하의 금속을 말한다.
② 생체기능유지에 전혀 필요하지 않다.
③ 다량이 축적될 때 건강장해가 일어난다.
④ 생체와의 친화성이 거의 없다.

10 다음에서 설명하는 중금속은?

> · 도료, 제련, 배터리, 인쇄 등의 작업에 많이 사용되며 유약을 바른 도자기 등에서 중독이 일어날 수 있다.
> · 중독시 안면 창백, 연연(鉛緣), 말초신경염 등의 증상이 나타난다.

① 납　　② 주석　　③ 구리　　④ 비소

> TIP 납은 도료, 제련, 배터리, 납땜(통조림과 내부), 수도관, 인쇄, 농약, 도자기 유약 등의 경로로 중독되며, 중독 시 연연(鉛緣), 소변에서 코프로포르피린(Coproprophyrin)검출, 빈혈 등의 조혈장애, 중추 및 말초신경계 장애, 안면창백, 체중감소, 지각상실 등이 나타난다.

11 과일 통조림으로부터 용출되어 다량 섭취시 구토, 설사, 복통 등을 일으킬 가능성이 있는 물질은?
① 아연(Zn)　　② 납(Pb)　　③ 구리(Cu)　　④ 주석(Sn)

> TIP 주석은 산성식품(과일 또는 채소) 통조림관에 도금된 성분의 용출의 경로로 중독되며, 구토, 복통, 설사, 오심 등이 나타난다.

정답 07 ①　08 ①　09 ③　10 ①　11 ④

04. 곰팡이 독소, 알레르기

01 식품에서 흔히 볼 수 있는 푸른곰팡이는?
① 누룩 곰팡이속　　② 페니실리움속　　③ 거미줄 곰팡이속　　④ 푸사리움속

> **TIP** **페니실리움속** : 황변미, **누룩곰팡이** : 탁주, 약주, 된장, 간장제조에 이용
> **아스퍼질루스** : 전분의 당화나 유기산제조, **뮤코아속** : 전분의 당화나 치즈숙성 및 과일부패에 관여

02 다음 미생물 중 곰팡이가 아닌 것은?
① 아스퍼질러스(Aspergillus) 속　　② 페니실리움(Penicillium) 속
③ 클로스트리디움(Clostridium) 속　　④ 리조푸스(Rhizopus) 속

> **TIP** 클로스트리디움속은 감염형 세균성 식중독이다.

03 장마가 지난 후 저장되었던 쌀이 적홍색 또는 황색으로 착색되어 있었다. 이러한 현상의 설명으로 틀린 것은?
① 수분 함량이 15%이상 되는 조건에서 저장할 때 특히 문제가 된다.
② 기후 조건 때문에 동남아시아 지역에서 곡류 저장 시 특히 문제가 된다.
③ 저장 된 쌀에 곰팡이류가 오염되어 그 대사 산물에 의해 쌀이 황색으로 변한 것이다.
④ 황변미는 일시적인 현상이므로 위생적으로 무해하다.

> **TIP** **황변미중독** : 푸른곰팡이가 저장미에 번식하여 시트리닌(신장독), 시트리오비리딘(신경독),
> 아이슬랜디톡신(간장독)등을 일으킨다.

04 곰팡이 중독증의 예방법으로 틀린 것은?
① 곡류 발효식품을 많이 섭취한다.
② 농수축산물의 수입시 검역을 철저히 행한다.
③ 식품 가공시 곰팡이가 피지 않은 원료를 사용한다.
④ 음식물은 습기가 차지 않고 서늘한 곳에 밀봉해서 보관한다.

> **TIP** 곡류는 곰팡이가 생기지 않도록 잘 보관해야 한다.

정답 01 ②　02 ③　03 ④　04 ①

Chapter 1 음식 위생 관리

05 황변미 중독은 14~15% 이상의 수분을 함유하는 저장미에서 발생하는 쉬운데 그 원인 미생물은?
① 곰팡이   ② 세균   ③ 효모   ④ 바이러스

> TIP 습도와 기온이 높은 환경에서 저장된 쌀에 기생하는 곰팡이에 오염되어 변질된 쌀은 그 외관이 황색으로 변해 있는데 이를 황변미라 하고 이에 의한 중독을 황변미 중독이라 한다.

06 곰팡이 독소(Mycotoxin)에 대한 설명으로 틀린 것은?
① 곰팡이가 생산하는 2차 대사산물로 사람과 가축에 질병이나 이상생리작용을 유발하는 물질이다.
② 온도 24-35℃, 수분7% 이상의 환경조건에서는 발생하지 않는다.
③ 곡류, 견과류와 곰팡이가 번식하기 쉬운 식품에서 주로 발생한다.
④ 아플라톡신(Aflatoxin)은 간암을 유발하는 곰팡이 독소이다.

> TIP 최적온도 : 30℃ 수분 : 13~15%

07 식품의 위생과 관련된 곰팡이의 특징이 아닌 것은?
① 일반적으로 생육 속도가 세균에 비하여 빠르다.
② 대부분 생육에 산소를 요구하는 절대 호기성 미생물이다.
③ 곰팡이독을 생성하는 것도 있다.
④ 건조식품을 잘 변질시킨다.

> TIP 곰팡이는 일반적으로 생육 속도가 세균에 비하여 느리다.

08 다음 중 항히스타민제 복용으로 치료되는 식중독은?
① 살모넬라 식중독   ② 알레르기성 식중독
③ 병원성 대장균 식중독   ④ 장염 비브리오 식중독

> TIP 히스타민 : 알레르기성 식중독의 원인물질
> 꽁치, 고등어등 붉은살 생선의 가공품을 섭취했을 때 단백질 식품에서의 미생물에 의해 생성되는 물질

09 신선도가 저하된 꽁치, 고등어 등의 섭취로 인한 알레르기성 식중독의 원인 성분은?
① 트리메틸아민(trimethylamine)   ② 히스타민(histamine)
③ 엔테로톡신(enterotoxin)   ④ 시큐톡신(cicutoxin)

> TIP 히스타민 : 알레르기성 식중독의 원인
> 트리메틸아민 : 생선비린내
> 엔테로톡신 : 포도상구균
> 시큐톡신 : 독미나리

정답 05 ① 06 ② 07 ① 08 ② 09 ②

제5절 식품위생 관계 법규

01. 식품 위생법 및 관계법규

01 식품 등의 제조, 가공하는 영업자가 식품 등이 기준과 규격에 맞는지 자체적으로 검사하는 것을 일컫는 식품위생법상의 용어는?
① 제품검사   ② 자가품질검사   ③ 수거검사   ④ 정밀검사

02 식품공전 상, 찬 곳이라 함은 따로 규정이 없는 한 몇 도를 의미하는가?
① 0~5℃   ② −14~−10℃   ③ −5~0℃   ④ 0~15℃
> 식품공전 상, 찬곳이라 함은 따로 규정이 없는 0~15℃를 말한다.

03 식품공전에 규정되어 있는 표준온도는?
① 10℃   ② 15℃   ③ 20℃   ④ 25℃
> 표준온도 : 20℃,   미온 : 30~40℃
> 찬곳 : 0℃~15℃,   상온 : 15~25,℃
> 온탕 : 60~70℃

04 식품위생법령상 주류를 판매할 수 없는 업종은?
① 휴게음식점 영업   ② 일반음식점 영업
③ 유흥주점 영업   ④ 단란주점 영업
> 휴게음식점은 주류를 판매 할 수 없다.

05 식품위생법규상 무상수거 대상 식품은?
① 도·소매업소에서 판매하는 식품 등을 시험검사용으로 수거할 때
② 식품 등의 기준 및 규격 제정을 위한 참고용으로 수거할 때
③ 식품 등을 검사할 목적으로 수거할 때
④ 식품 등의 기준 및 규격 개정을 위한 참고용으로 수거 할 때

정답 01 ② 02 ④ 03 ③ 04 ① 05 ③

Chapter ❶ 음식 위생 관리

06 식품위생법령상에 명시된 식품위생감시원의 직무가 아닌 것은?

① 과대광고 금지의 위반 여부에 관한 단속
② 조리사 영양사의 법령준수사항 이행여부 확인지도
③ 생산 및 품질관리 일지의 작성 및 비치
④ 시설 기준의 적합 여부의 확인검사

> **TIP 식품위생감시원의 직무**
> ① 식품 등의 위생적인 취급에 고나한 기준의 이행 지도
> ② 수입·판매 또는 사용 등이 금지된 식품 등의 취급 여부에 관한 단속
> ③ 표시기준 또는 과대광고 금지의 위반 여부에 관한 단속
> ④ 출입·검사 및 검사에 필요한 식품 등의 수거
> ⑤ 시설기준의 적합 여부의 확인·검사
> ⑥ 영업자 및 종업원의 건강진단 및 위생교육의 이행 여부의 확인·지도
> ⑦ 조리사 및 영양사의 법령 준수사항 이행 여부의 확인·지도
> ⑧ 행정처분의 이행 여부 확인
> ⑨ 식품 등의 압류·폐기 등
> ⑩ 영업소의 폐쇄를 위한 간판 제거 등의 조치

07 집단급식소를 설치·운영하는 자는 조리한 식품의 매회 1인분 분량을 보건복지가족부령이 정하는 바에 따라 몇 시간 이상 보관해야 하는가?

① 12시간　② 24시간　③ 144시간　④ 1000시간

> **TIP** 집단급식소를 설치, 운영하는 자는 조리한 식품의 매회 1인분 분량을 72시간에서 144시간 보관으로 식품위생법이 바뀜

08 판매가 금지되는 동물의 질병을 결정하는 기관은?

① 보건소　② 관할시청　③ 보건복지부　④ 관할경찰서

> **TIP** 누구든지 보건복지부령으로 정하는 질병에 걸렸거나 걸렸을 염려가 있는 동물이나 그 질병에 걸려 죽은 동물의 고기, 뼈, 장기 또는 혈액을 식품으로 판매하거나 판매할 목적으로 채취, 수입, 가공, 사용, 조리, 저장, 소분 또는 운반하거나 진열하여서는 아니된다.

09 다음 중 식품위생법상 판매가 금지된 식품이 아닌 것은?

① 병원미생물에 의하여 오염되어 인체의 건강을 해할 우려가 있는 식품
② 영업신고 또는 허가를 받지 않은 자가 제조한 식품
③ 안전성 평가를 받아 식용으로 적합한 유전자 재조합 식품
④ 썩었거나 상하였거나 설익은 것으로 인체의 건강을 해할 우려가 있는 식품

> **TIP 위해식품등의 판매등 금지식품**
> 유독, 유해물질이 들어있거나 묻어 있는것 또는 그 염려가 있는 것
> 영업허가를 받지 아니하거나 신고하지 아니한 제조, 가공한 것
> 수입이 금지된 것 또는 수입신고를 하여야 하는 경우에 신고하지 아니하고 수입한 것

정답　06 ③　07 ③　08 ③　09 ③

10 다음 중 무상수거 대상 식품에 해당하지 않는 것은?

① 출입검사의 규정에 의하여 검사에 필요한 식품 등을 수거할 때
② 유통 중인 부정. 불량식품 등을 수거할 때
③ 도소매 업소에서 판매하는 식품 등을 시험검사용으로 수거할 때
④ 수입식품 등을 검사할 목적으로 수거할 때

📗TIP **유상수거식품**
도·소매업에서 판매하는 식품 등을 시험 검사용으로 수거할 때
기타 무상수거 대상이 아닌 식품 등을 수거할 때(다만, 긴급을 요하는 등 필요한 경우에는 무상으로 수거할 수 있다.)
식품등의 기준 및 규격의 제정, 개정을 위한 참고용으로 수거 할 때

11 식품위생법령상 영업신고 대상 업종이 아닌 것은?

① 위탁급식영업
② 식품냉동, 냉장업
③ 즉석 판매제조, 가공업
④ 양곡가공업 중 도정업

📗TIP 양곡가공업 중 도정업은 영업신고 대상업종이 아니다.

12 일반음식점 영업의 시설기준에 관한 설명으로 옳은 것은?

① 객실에 잠금장치를 설치 할 수 없다.
② 영업장에 손님이 이용할 수 있는 자막용 영상장치를 설치할 수 있다.
③ 객실 내에 음향 및 반주시설을 설치 할 수 있다.
④ 객실 내에 우주볼 등의 특수조명시설을 설치 할 수 있다.

📗TIP **일반음식점** : 객실에 잠금장치, 무대장치, 음향 및 반주시설, 우주볼 등의 특수조명시설을 설치할 수 없다.
일반음식점, 휴게음식점 : 손님이 이용하는 자막용 영상장치, 자동 반주장치를 설치할 수 없다.

13 식품위생 법규상 판매 등이 금지되고 가축 전체를 이용하지 못하는 질병은?

① 선모충증   ② 회충증   ③ 폐기종   ④ 방선균증

📗TIP 식품위생 법규상 판매 등이 금지되고 가축 전체를 이용하지 못하는 질병 : 리스테리아병, 살모넬라병, 파스투렐라병, 선모충

14 일반음식점의 영업신고는 누구에게 하는가?

① 동사무소장
② 시장, 군수·구청장
③ 식품의약품안전처
④ 보건소장

📗TIP **시장, 군수, 구청장 신고대상** : 일반음식점, 휴게음식점, 식품접객업, 식품제조, 가공.판매업, 식품운반업, 식품소분업, 판매업, 위탁급식영업 등

정답 10 ③   11 ④   12 ①   13 ①   14 ②

Chapter ❶ 음식 위생 관리

15 영업허가를 받거나 신고를 하지 않아도 되는 경우는?
① 주로 주류를 조리 · 판매하는 영업으로서 손님이 노래를 부르는 행위가 허용되는 영업을 하려는 경우
② 보건복지부령이 정하는 식품 또는 식품첨가물의 완제품을 나누어 유통을 목적으로 재포장 · 판매하는 경우
③ 방사선을 쬐어 식품 보존성을 물리적으로 높이려는 경우
④ 식품첨가물이나 다른 원료를 사용하지 아니하고 농산물을 단순히 껍질을 벗겨 가공하려는 경우

TIP 식품이 위생상 위해사고 발생우려가 없고 식품을 관능검사로 확인 가능한 경우에는 영업신고를 하지 않아도 됨

16 음식류를 조리, 판매하는 영업으로서 식사와 함께 부수적으로 음주행위가 허용되는 영업은?
① 휴게음식점 영업　② 단란주점 영업　③ 유흥주점 영업　④ 일반음식점 영업

TIP **휴게음식점** : 음식류를 조리,판매하는 영업으로서 음주행위가 허용되지 아니하는 영업
일반음식점 : 음식류를 조리 판매하는 영업으로서 식사와 함께 부수적으로 음주행위가 허용되는 영업
단란주점 : 주로 주류를 조리, 판매하는 영업으로서 손님이 노래를 부르는 행위가 허용되는 영업
유흥주점 : 주로 주류를 조리, 판매하는 영업으로서 유흥종사자를 두거나 유흥시설을 설치할수 있고 손님이노래를 부르거나 춤을 추는 행위가 허용되는 주점업소

17 식품접객업 중 단란주점영업을 허가하는 자는?
① 시장, 군수, 구청장　② 시, 도지사
③ 보건복지가족부장관　④ 식품의약품안전처

TIP **시장, 군수, 또는 구청장** : 단란주점영업, 유흥주점영업
식품의약품안전처 : 식품첨가물제조업, 방사선조사처리업

18 위생관리상태 등이 우수한 식품접객업소를 선정하여 모범업소로 지정할 수 있는 자는?
① 보건복지부장관　② 식품의약품안전처
③ 시 · 도지사　④ 시장 · 군수 · 구청장

TIP 위생관리상태 등이 우수한 식품접객업소를 선정하여 모범업소로 지정할 수 있는 자는 특별자치시장 · 특별자치도지사 · 시장 · 군수 · 구청장이다.

19 식품위생법령상 영업허가 대상인 업종은?
① 일반음식점 영업　② 식품조사 처리업
③ 식품소분, 판매업　④ 즉석판매 제조, 가공업

TIP **영업허가를 받아야 할 업종** : 식품첨가물 제조업, 식품조사 처리업, 단란주점, 유흥주점

정답　15 ④　16 ④　17 ①　18 ④　19 ②

20 식품위생법규 상 우수업소의 지정기준으로 틀린 것은?

① 건물은 작업에 필요한 공간을 확보하여야 하며, 환기가 잘 되어야 한다.
② 원료처리실, 제조가공실, 포장실 등 작업장은 분리·구획되어야 한다.
③ 작업장, 냉장시설, 냉동시설 등에는 온도를 측정할 수 있는 계기가 눈에 잘 보이지 않는 곳에 설치되어야한다.
④ 작업장의 바닥·내벽 및 천장은 내부처리를 하여야 하며, 항상 청결하게 관리되어야 한다.

TIP 작업장, 냉장시설, 냉동시설 등에는 온도를 측정할 수 있는 계기가 알아보기 쉬운 곳에 설치되어야한다.

21 총리령이 정하는 위생등급기준에 따라 위생관리상태 등이 우수한 집단급식소를 우수업소 또는 모범업소로 지정할 수 없는 자는?

① 식품의약품안전처장
② 보건환경연구원장
③ 시장
④ 군수

TIP 식품의약품안전처장 또는 특별자치시장·특별자치도지사·시장·군수·구청장은 총리령으로 정하는 위생등급 기준에 따라 위생관리 상태 등이 우수한 식품 등의 제조·가공소, 식품접객업소 또는 집단급식소를 우수업소 또는 모범업소로는 지정할수 있다.

22 다음 중 영양사의 직무가 아닌 것은?

① 식단 작성
② 검식 및 배식관리
③ 식품 등의 수거 지원
④ 구매식품의 검수

TIP 영양사의 직무 : 급식시설의 위생적 관리, 종업원 대한 영양 지도 및 식품위생 교육, 집단급식의 운영일지 작성

23 식품위생감시원의 직무가 아닌 것은?

① 식품 등의 위생적 취급기준의 이행지도
② 수입. 판매 또는 사용 등이 금지된 식품 등의 취급여부에 관한 단속
③ 시설기준의 적합여부의 확인. 검사
④ 식품 등의 기준 및 규격에 관한 사항 작성

TIP 식품위생감시원의 직무
- 표시기준 또는 과대광고 금지의 위반 여부에 관한 단속
- 영업자 및 종업원의 건강진단 및 위생교육의 이행 여부의 확인, 지도
- 행정처분의 이행 여부 확인
- 식품등의 압류, 폐기등
- 기타 영업자의 법령 이행 여부에 관한 확인.지도 등

정답 20 ③ 21 ② 22 ③ 23 ④

Chapter ❶ 음식 위생 관리

24 식품위생법령상 집단급식소는 상시 1회 몇 이상에게 식사를 제공하는 급식소를 의미하는가?
① 20인   ② 30인   ③ 40인   ④ 50인

> TIP 집단급식소 : 영리를 목적으로 하지 아니하면서 특정다수인에게 (1회 50인이상) 계속하여 음식물을 공급하는 급식시설로서 대통령령으로 정하는 시설.

25 다음 중 식품위생법령상 위해평가대상이 아닌 것은?
① 국내 · 외 연구 · 검사기관에서 인체의 건강을 해할 우려가 있는 원료 또는 성분 등을 검출한 식품 등
② 바람직하지 않은 식습관 등에 의해 건강을 해할 우려가 있는 식품 등
③ 국제식품규격위원회 등 국제기구 또는 외국의 정부가 인체의 건강을 해할 우려가 있다 고 인정하여 판매 등을 금지하거나 제한한 식품 등
④ 새로운 원료 · 성분 또는 기술을 사용하여 생산 · 제조 · 조합 되거나 안정성에 대한 기준 및 규격이 정해지지 아니하여 인체의 건강을 해할 우려가 있는 식품 등

> TIP ①, ③, ④ : 소비자 기본법에 따라 등록한 소비자단체 또는 식품관련 학회가 위해평가를 요청한 식품

26 다음 중 판매 등이 금지되는 병육에 해당하지 않는 것은?
① 리스테리아병에 걸린 가축의 고기
② 조류 인플루엔자에 걸린 가축의 고기
③ 소해면상뇌증(BSE)에 걸린 가축의 고기
④ 거세한 가축의 고기

> TIP 판매등이 금지되는 병육 : 리스테리아병, 살모넬라병, 선모충증 등

27 수출을 목적으로 하는 식품 또는 식품첨가물의 기준과 규격은?
① 수입자가 요구하는 기준과 규격
② 국립검역소장이 정하여 고시한 기준과 규격
③ F.D.A의 기준과 규격
④ 산업자원부장관의 별도 허가를 취득한 기준과 규격

> TIP 수출을 목적으로 하는 식품 또는 식품첨가물의 기준과 규격은 수입자가 요구하는 기준과 규격에 의할 수 있다.

정답 24 ④ 25 ② 26 ④ 27 ①

28 식품위생법상 수입식품 검사의 종류가 아닌 것은?

① 서류검사　　② 관능검사　　③ 정밀검사　　④ 종합검사

> TIP 식품위생법상 수입식품 검사의 종류에는 서류검사, 관능검사, 정밀검사가 있다.

29 식품위생법규 상 수입식품 검사결과 부적합한 식품 등에 대하여 취하여지는 조치가 아닌 것은?

① 수출국으로의 반송　　　　　　② 식용외의 다른 용도로의 전환
③ 관할 보건소에서 재검사 실시　　④ 다른 나라로의 반출

> TIP 식품위생법규 상 수입신고인은 수입식품의 검사결과 부적합한 수입식품 등에 대해서 수출국으로의 반송 또는 다른 나라로의 반출, 농림축산식품부장관의 승인을 받은후 사료로의 용도 전환, 폐기의 조치를 한다.

30 식품위생법상 출입, 검사, 수거에 대한 설명 중 틀린 것은?

① 관계 공무원은 영업소에 출입하여 영업에 사용하는 식품 또는 영업시설 등에 대하여 검사를 실시한다.
② 관계 공무원은 영업상 사용하는 식품 등을 검사를 위하여 필요한 최소량이라 하더라도 무상으로 수거할 수 없다.
③ 관계 공무원은 필요에 따라 영업에 관계되는 장부 또는 서류를 열람할 수 있다.
④ 출입, 검사, 수거 또는 열람하려는 공무원은 그 권한을 표시하는 증표를 지니고 이를 관계인에게 내보여야 한다.

31 식품위생법상 판매를 목적으로 하거나 영업상 사용하는 식품 및 영업시설 등 검사에 필요한 최소량의 식품 등을 무상으로 수거할 수 없는 자는?

① 국립의료원장　　　　　　② 시·도지사
③ 시장·군수·구청장　　　④ 식품의약품안전처장

> TIP 식품의약품안전처장, 시·도지사 또는 시장·군수·구청장은 판매를 목적으로 하거나 영업에 사용하는 식품 등 또는 영업시설 등에 대하여 하는 검사에 필요한 최소량의 식품 등의 무상 수거를 조치할 수 있다.

32 식품위생법상 조리사를 두어야 하는 영업장은?

① 유흥주점　　② 단란주점　　③ 일반레스토랑　　④ 복어조리음식점

> TIP 식품위생법 상 조리사를 두어야 하는 영업장은 식품접객업 중 복어를 조리·판매하는 영업장이다.

28 ④　29 ③　30 ②　31 ①　32 ④　**정답**

Chapter 1 음식 위생 관리

33 식품위생법령상 조리사를 두어야 하는 영업자 및 운영자가 아닌 것은?

① 국가 및 지방자치단체의 집단급식소 운영자
② 면적 100㎡ 이상의 일반음식점 영업자
③ 학교, 병원 및 사회복지시설의 집단급식소 운영자
④ 복어를 조리·판매하는 영업자

> **TIP** 식품위생법령 상 조리사를 두어야 하는 영업자
> ① 식품접객업 중 복어를 조리·판매하는 영업을 하는 자
> ② 집단급식소 운영자(국가 및 지방자치단체, 학교·병원 및 사회복지시설, 공기업 중 식품의약품안전처장이 지정하여 고시하는 기관, 지방공기업법에 따른 지방공사 및 지방공단, 특별법에 따라 설립된 법인)

34 식품위생법상 조리사 면허를 받을 수 없는 사람은?

① 미성년자
② 마약중독자
③ B형 간염환자
④ 조리사 면허의 취소처분을 받고 그 취소된 날부터 1년이 지난 자

> **TIP** 조리사 면허를 받을 수 없는 자
> ① 정신질환자(전문의가 조리사로서 적합하다고 인정하는 자는 제외)
> ② 감염병 환자(B형간염환자는 제외)
> ③ 마약이나 그 밖의 약물 중독자
> ④ 조리사 면허의 취소처분을 받고 그 취소된 날부터 1년이 지나지 아니한 자

35 조리사가 타인에게 면허를 대여하여 사용하게 한 때 1차 위반 시 행정처분기준은?

① 업무정지 1개월   ② 업무정지 2개월   ③ 업무정지 3개월   ④ 면허취소

> **TIP** 조리사의 행정처분 기준
>
> | 위반사항 | 행정처분기준 | | |
> | --- | --- | --- | --- |
> | | 1차 위반 | 2차 위반 | 3차 위반 |
> | 면허를 타인에게 대여하여 사용하게 한 경우 | 업무정지 2개월 | 업무정지 3개월 | 면허 취소 |

36 조리사 면허증의 취소처분을 받을 때 반납은 누구에게 하는가?

① 보건복지부 장관
② 시장, 군수, 구청장
③ 식품의약품안전처장
④ 보건소장

> **TIP** 조리사 면허증의 취소처분을 받을 때 지체없이 시장, 군수, 구청장에게 반납해야 한다.

정답 33 ② 34 ② 35 ② 36 ②

02. 농산물 원산지 표시에 관한 법령

01 농수산물 원산지 표시에 관한 법령에 대한 설명 중 잘못된 것은?
① 국산, 국내산은 시, 도 · 시, 군, 구 명을 기재한다.
② 외국산은 국가명, 도시명을 기재한다.
③ 가공품 : 원료의 원산지 국가명을 기재한다.
④ 농산물과 가공품은 포장재, 푯말, 표시판 등에 표시한다.
>TIP 농산물 원산지 표시에 외국산은 국가명을 기재한다.

02 농수산물 원산지 표시에 관한 법령은 누구의 령인가?
① 대통령 령   ② 농수산부 장관 령   ③ 총리 령   ④ 식품의약품안전처 령
>TIP 손해의 3배를 넘지 않는 범위에서 배상 책임을 진다.

03 중국에서 수입한 배추(절인 배추 포함)를 사용하여 국내에서 배추 김치로 조리하여 판매하는 경우, 메뉴판 및 게시판에 표시하여야 하는 원산지 표시 방법은?
① 배추 김치 (중국산)
② 배추김치 (배추 : 중국산)
③ 배추 김치 (국내산과 중국산을 섞음)
④ 배추 김치 (국내산)
>TIP 손해의 3배를 넘지 않는 범위에서 배상 책임을 진다.

03. 식품 등의 표시 · 광고에 관한 법령

01 식품 등의 표기기준에 명시된 표시사항이 아닌 것은?
① 업소명   ② 판매자 성명   ③ 성분명 및 함량   ④ 유통기한
>TIP "표시사항"이란 제품명, 식품의 유형, 업소명 및 소재지, 제조연월일, 유통기한 또는 품질유지기한, 내용량 및 내용량에 해당하는 열량, 원재료명, 성분명 및 함량, 영양성분 등 개별표시사항 및 표시기준에서 식품 등에 표시하도록 규정한 사항을 말한다.

02 식품 등의 표시기준에 의해 표시해야 하는 대상성분이 아닌 것은?
① 나트륨   ② 지방   ③ 열량   ④ 칼슘
>TIP 식품 등의 표시기준에 의해 표시해야 하는 대상성분에는 열량, 나트륨, 탄수화물 및 당류, 지방, 콜레스테롤, 단백질 등이 있다.

정답 01 ② 02 ① 03 ②   01 ② 02 ④

Chapter 1 음식 위생 관리

03 식품 등의 표시기준을 수록한 공전을 작성, 보급하여야 하는 자는?
① 식품의약품안전처장
② 보건소장
③ 시, 도지사
④ 식품위생감시원

> TIP 식품첨가물의 기준 및 규격을 기록해 놓은 것을 공전이라 하고, 이는 식품의약품안전처장이 정한다.

04 식품 등의 표시기준상 영양성분별 세부표시 방법에 의거하여 콜레스테롤의 함량을 "0"으로 표시할 수 있는 기준은?
① 성분이 검출되지 않은 경우
② 2mg 미만일 때
③ 5mg 미만일 때
④ 10mg 미만일 때

> TIP 콜레스테롤의 단위는 mg으로 표시하되, 그 값을 그대로 표시하거나, 그 값에 가장 가까운 5mg 단위로 표시하여야 한다. 이 경우 5mg 미만은 "5mg 미만"으로, 2mg 미만은 " 0 " 으로 표시할 수 있다.

05 식품 등의 표시기준에 의거하여 식품의 내용량을 표시할 경우, 내용물이 고체 또는 반고체일 때 표시하는 방법은?
① 중량
② 용량
③ 개수
④ 부피

06 식품 등의 표기기준에 의한 성분명 및 함량의 표시대상 성분이 아닌 영양성분은?
(단, 강조표시를 하고자 하는 영양성분은 제외)
① 트랜스지방
② 나트륨
③ 콜레스테롤
④ 불포화지방

> TIP 지방, 트랜스지방, 포화지방은 식품 등의 표시기준에 의해 표시해야 하는 대상성분이지만, 불포화지방은 대상성분이 아니다.

07 식품위생법상 허위표시, 과대광고, 비방광고 및 과대포장의 범위에 해당하지 않는 것은?
① 허가 · 신고 또는 보고한 사항이나 수입신고한 사항과 다른 내용의 표시 · 광고
② 제조방법에 관하여 연구하거나 발견한 사실로서 식품학 · 영양학 등의 분야에서 공인된 사항의 표시
③ 제품의 원재료 또는 성분과 다른 내용의 표시 · 광고
④ 제조연월일 또는 유통기한을 표시함에 있어서 사실과 다른 내용의 표시 · 광고

> TIP 제조방법에 관하여 연구하거나 발견한 사실에 대한 식품학 · 영양학 등의 문헌을 인용하여 문헌의 내용을 정확히 표시하고, 연구자의 성명, 문헌명, 발표 연월일을 명시하는 표시 · 광고는 허위표시 및 과대광고에 해당되지 않는다.

정답 03 ① 04 ② 05 ① 06 ④ 07 ②

08 아래의 식품들의 표시기준상 영양성분별 세부표시방법에서 ( )안에 알맞은 것은?

> "열량의 단위는 킬로 칼로리(kcal)로 표시하되, 그 값을 그대로 표시하거나 그 값에 가장 가까운 ( )단위로 표시하여야 한다. 이 경우 ( )미만은 "0"으로 표시할 수 있다."

① 5kcal   ② 10kcal   ③ 15kcal   ④ 20kcal

풀TIP 열량의 단위는 킬로칼로리(kcal)로 표시하되, 그 값을 그대로 표시하거나 그 값에 가장 가까운 5kcal 단위로 표시하여야 한다. 이 경우 5kcal 미만은 "0"으로 표시할수 있다.

09 식품의 표시 · 광고에 대한 설명으로 옳은 것은?
① 허위표시, 과대 광고의 범위에는 용기 · 포장만 해당되며, 인터넷을 활용한 제조 방법, 품질, 영양가에 대한 내용은 해당되지 않는다.
② 자사제품과 직 간접적으로 관련하여 각종 협회, 학회, 단체의 감사장, 상장, 체험기 등을 활용하여 '인증', '보증', '추천' 등을 받았다는 내용을 사용하는 광고는 가능하다.
③ 의사나 약사의 설명을 첨부한 질병의 치료에 효능이 있다는 내용의 표시 광고는 허위표시, 과대 광고에 해당 되지 않는다.
④ 인체의 건전한 성장과 발달과 건강한 활동을 유지하는 데 도움을 준다는 표현은 허위표시, 과대 광고에 해당되지 않는다.

10 식품 위생법상 허위 표시 등의 금지에 대한 내용으로 잘못된 것은?
① 포장에 있어서는 과대 포장을 하지 못한다.
② 식품 첨가물의 영양가, 원재료, 성분, 용도에 관해서 허위 표시, 과대 광고를 하지 못한다.
③ 허위 표시의 범위 및 기타 필요한 사항은 대통령 령으로 정한다.
④ 식품의 표시에 있어서는 의약품과 혼돈할 우려가 있는 표시를 하거나 광고를 해서는 안된다.

11 식품 등의 표시기준상 "소비기한"의 정의는?
① 해당 식품의 품질이 유지될 수 있는 기한을 말한다.
② 식품 등에 표시된 보관방법을 준수할 경우, 섭취해도 안전에 이상이 없는 기한을 말한다.
③ 해당 식품의 섭취가 허용되는 기한을 말한다.
④ 제품 제조일로부터 소비자에게 판매가 허용하는 기한을 말한다.

08 ①   09 ④   10 ③   11 ②   **정답**

Chapter 1 음식 위생 관리

12 식품 등의 기구 또는 용기·포장의 표시기준으로 틀린 것은?
① 재질
② 섭취량, 섭취 방법 및 섭취시 주의 사항
③ 소비자 안전을 위한 주의 사항
④ 영업소 명칭 및 소재지

13 판매나 영업을 목적으로 하는 식품의 조리에 사용하는 기구, 용기의 기준과 규격을 정하는 기관은?
① 보건소
② 환경노동부
③ 식품의약품안전처
④ 농림수산식품부

제6절 공중보건

01. 환경위생 및 환경오염 관리

01 병원성 미생물의 발육과 그 작용을 저지 또는 정지시켜 부패나 발효를 방지하는 조작은?
① 산화 ② 멸균 ③ 방부 ④ 응고

> TIP 멸균 : 병원성과 비병원성의 모든 미생물을 완전 사멸
> 소독 : 병원 미생물의 생활력을 파괴시켜 감염 및 증식력을 없애는것

02 생균을 이용하여 인공능동면역이 되며, 면역획득에 있어서 영구면역성인 질병은?
① 세균성 이질 ② 폐렴 ③ 홍역 ④ 임질

> TIP 인공능동면역 : 예방접종을 통해 획득한 면역

03 자외선에 의한 인체 건강장해가 아닌 것은?
① 설안염 ② 피부암 ③ 폐기종 ④ 백내장

> TIP 폐기종의 원인 : 유해입자와 가스의 흡입등에 의해 발생하며 가장 위험한 원인은 흡연이다.

04 다음 중 이타이이타이병의 유발물질은?
① 수은 ② 납 ③ 칼슘 ④ 카드뮴

> TIP 수은 : 미나마타병 카드뮴 : 이타이이타이병 납 : 골연화증

정답 12 ② 13 ③   01 ③ 02 ③ 03 ③ 04 ④

05 우리나라 4대 보험에 해당하지 않는 것은?
 ① 생명보험   ② 고용보험   ③ 산재보험   ④ 국민연금
 TIP 4대보험 : 고용보험, 산재보험, 국민연금, 건강보험

06 다음 중 공중보건 사업과 거리가 먼 것은?
 ① 보건교육   ② 인구보건   ③ 감염병 치료   ④ 보건행정
 TIP 치료사업은 의료사업

07 감각온도(체감온도)의 측정에 작용하지 않는 인자는?
 ① 기온   ② 기압   ③ 기습   ④ 기류
 TIP 기온 : 16~20℃, 기습 : 40~70%, 기류(1m/sec)

08 자연계에 버려지면 쉽게 분해되지 않으므로 식품 등에 오염되어 인체에 축적독성을 나타내는 원인과 거리가 먼 것은?
 ① 수은오염   ② 잔류성이 큰 유기염소제 농약 오염
 ③ 방사선 물질에 의한 오염   ④ 콜레라와 같은 병원 미생물 오염
 TIP 병원미생물이 인체에 침투하면 즉각 또는 일정한 잠복기를 거쳐 질병을 나타냄

09 이산화탄소(CO_2)를 실내 공기의 오탁지표로 사용하는 가장 주된 이유는?
 ① 유독성이 강하므로
 ② 실내 공기조성의 전반적인 상태를 알 수 있으므로
 ③ 일산화탄소로 변화되므로
 ④ 항상 산소량과 반비례하므로
 TIP 공기의 조성 : 질소 78%, 산소 21%, 이산화탄소 0.01%
    실내공기의 오탁도 기준 : 이산화탄소 0.1%

10 다음 중 물, 기구, 용기 등의 소독에 가장 효과적인 자외선의 파장은?
 ① 50nm   ② 150nm   ③ 260nm   ④ 410nm
 TIP 260~280nm
    2600~2800 Å (옹스트롱)

05 ① 06 ③ 07 ② 08 ④ 09 ② 10 ③   **정답**

Chapter 1 음식 위생 관리

11 질산염이나 인물질 등이 증가해서 오는 수질오염 현상은?
① 수온상승현상　　　　② 수인성 병원체 증가현상
③ 부영양화 현상　　　　④ 난분해물 축적현상

　TIP 부영양화현상이란 플라크톤의 급증으로 용존산소량이 고갈되어 생명체가 질식하는 결과 초래

12 공기 중 일산화탄소가 많으면 중독을 일으키게 되는데 중독 증상의 주된 원인은?
① 근육의 경직　　　　② 조직세포의 산소부족
③ 혈압의 상승　　　　④ 간세포의 섬유화

　TIP 일산화탄소에 중독이 되면 산소결핍을 초래

13 수질의 분변오염 지표균은?
① 장염비브리오균　　② 대장균　　③ 살모넬라균　　④ 웰치균

　TIP 대장균은 사람이나 동물의 장 속에 사는 세균으로 식품의 오염 여부를 판정하는 지표가 된다.
　　정상 : 10^5　초기부패 : 10^7–10^8

14 자외선에 대한 설명으로 틀린 것은?
① 가시광선보다 짧은 파장이다.
② 피부의 홍반 및 색소 침착을 일으킨다.
③ 인체 내 비타민 D를 형성하게 하여 구루병을 예방
④ 고열 물체의 복사열을 운반하므로 열선이라고도 하며 피부온도의 상승을 일으킨다.

　TIP 적외선(열선) : 피부온도의 상승, 일사병 유발

15 쓰레기 소각 처리시 공중 보건상 가장 문제가 되는 것은?
① 대기오염과 다이옥신　　　② 화재발생
③ 사후 폐기물 발생　　　　　④ 높은 열의 발생

　TIP 소각법 : 가장 위생적인 방법이지만 대기오염의 가장 큰 원인이 된다.

16 다음 중 먹는 물 소독에 가장 적합한 것은?
① 염소제　　② 알코올　　③ 과산화수소　　④ 생석회

정답　11 ③　12 ②　13 ②　14 ④　15 ①　16 ①

17 WHO에 의한 건강의 정의를 가장 잘 나타낸 것은?
① 질병이 없으며 허약하지 않은 상태
② 육체적, 정신적 및 사회적 안녕의 완전상태
③ 탄소를 함유한 유기물이 불완전연소 할 때 발생한다.
④ 육체적 고통이 없고 정신적으로 편안한 상태

18 중금속과 중독 증상의 연결이 잘못된 것은?
① 카드뮴 – 신장기능 장애　　② 크롬 – 비중격천공
③ 수은 – 홍독성 성분　　　　④ 납 – 섬유화 현상
🔖TIP 납 – 골연화증 현상

19 질병을 매개하는 위생해충과 그 질병의 연결이 틀린 것은?
① 모기 – 사상충증, 말라리아　　② 파리 – 장티푸스, 콜레라
③ 진드기 – 유행성출혈열, 쯔쯔가무시증　　④ 이 – 페스트, 재귀열
🔖TIP 이 – 발진티푸스, 쥐 – 페스트

20 분변소독에 가장 적합한 것은?
① 생석회　② 약용비누　③ 과산화수소　④ 표백분
🔖TIP 분변소독 : 생석회, 석탄산, 크레졸

21 일산화탄소(CO)에 대한 설명으로 틀린 것은?
① 무색, 무취이다.
② 물체의 불완전연소시 발생한다.
③ 자극성이 없는 기체이다.
④ 이상 고기압에서 발생하는 잠함병과 관련이 있다.
🔖TIP 잠함병 : 고압환경에서의 직업병

22 다수인이 밀집한 장소에서 발생하며 화학적 조성이나 물리적 조성의 큰 변화를 일으켜 불쾌감, 두통, 권태, 현기증, 구토 등의 생리적 이상을 일으키는 현상은?
① 빈혈　② 일산화탄소 중독　③ 분압 현상　④ 군집독
🔖TIP 군집독 : 다수인이 밀집한 장소에서 발생하여 불쾌감, 두통 느끼는 현상

17 ②　18 ④　19 ④　20 ①　21 ④　22 ④　**정답**

Chapter ❶ 음식 위생 관리

23 분자식은 KMnO₄이며, 산화력에 의한 소독효과를 가지는 것은?

① 크레졸　　② 석탄산　　③ 과망간산칼륨　　④ 알코올

> TIP KMnO4는 녹색 광택이 나는 적자색의 냄새가 없는 결정으로 0.2~0.5%의 수용액으로 사용한다.

24 공중보건에 대한 설명으로 틀린 것은?

① 목적은 질병예방, 수명연장, 정신적·신체적 효율의 증진이다.
② 공중보건의 최소단위는 지역사회이다.
③ 환경위생 향상, 감염병 관리 등이 포함된다.
④ 주요 사업대상은 개인의 질병치료이다.

> TIP 공중보건의 최소의 대상은 개인이 아닌 지역사회의 인간집단이며, 더 나아가서 국민전체를 대상으로 한다.

25 소화기계 질병의 가장 이상적인 관리 방법은?

① 풍부한 영양 섭취　　② 외래 감염병 검역
③ 환경위생 철저　　　④ 보균자 관리

> TIP 소화기계 감염병은 철저한 환경위생처리로 예방이 가능하다.
> **소화기계 감염병의 종류** : 장티푸스, 콜레라, 세균성이질, 파라티푸스, 소아마비, 유행성간염

26 정수과정의 응집에 대한 효과와 거리가 먼 것은?

① 침전 잔유물 제거　② 세균수 감소　③ 이미 제거　④ 공기 공급

> TIP 상수도처리과정 : 침사-침전-여과-폭기(공기주입)-소독(염소)

27 동맥경화증의 원인물질이 아닌 것은?

① 트리글리세라이드　② 유리지방산　③ 콜레스테롤　④ 글리시닌

> TIP 글리시닌 : 대두단백질로 무기염류에 응고되는 성질을 이용해 만든 가공품이 두부이다.

28 신생아는 출생 후 어느 기간까지를 말하는가?

① 생후 7일 미만　　　② 생후 10일 미만
③ 생후 28일 미만　　④ 생후 365일 미만

> TIP **신생아** : 28일 미만의 아기
> **영아** : 생후 12개월 미만의 아기

정답　23 ③　24 ④　25 ③　26 ④　27 ④　28 ③

29 석탄산계수가 3이고, 석탄산의 희석배수가 40배인 경우 실제 소독약품의 희석배수는?

① 20배　　② 40배　　③ 120배　　④ 160배

🔖TIP 석탄산계수 = 다른소독약의 희석배수/석탄산의 희석배수
120/40 = 3

30 먹는 물의 수질기준으로 틀린 것은?

① 색도는 7도 이상이어야 한다.
② 냄새와 맛은 소독으로 인한 냄새와 맛 이외의 냄새와 맛이 있어서는 안 된다.
③ 대장균·분원성 대장균군은 100ml에서 검출되지 않아야 한다.(단, 먹는샘물 및 먹는 해양심층수 제외)
④ 수소이온의 농도는 pH5.8 이상 8.5 이하이어야 한다.

🔖TIP 색도는 5도, 탁도는 2도이어야 한다.

31 세계보건기구(WHO)의 주요 기능이 아닌 것은?

① 국제적인 보건사업의 지휘 및 조정
② 회원국에 대한 기술지원 및 자료공급
③ 개인의 정신질환 치료 및 정신보건 향상
④ 전문가 파견에 의한 기술자문 활동

🔖TIP 치료사업은 의료사업이다.

32 소독약과 유효한 농도의 연결이 적합하지 않은 것은?

① 알코올 - 5%　　② 과산화수소 - 3%　　③ 석탄산 - 3%　　④ 승홍수 - 0.1%

🔖TIP 에틸알콜 70%

33 하천수의 용존산소량이 적을 때의 원인으로 가장 적합한 것은?

① 하천수의 온도가 하강하였다.
② 가정하수, 공장폐수 등에 의해 오염되었다.
③ 중금속의 오염이 심각하였다.
④ 비가 내린지 얼마 안 되었다.

🔖TIP DO(용존산소량) : 하수 중에 용존된 산소량으로 오염도를 측정, 용존산소량의 부족은 오염도가 높은 것을 의미 4~5ppm 이상이어야 함

정답 29 ③　30 ①　31 ③　32 ①　33 ②

Chapter 1 음식 위생 관리

34 각 환경요소에 대한 연결이 잘못된 것은?
① 이산화탄소(CO_2)의 서한량 : 5%
② 실내의 쾌감습도 : 40~70%
③ 일산화탄소(CO)의 서한량 : 0.1%
④ 실내 쾌감기류 : 0.2~0.3 m/sec

> TIP 이산화탄소의 서한량 : 0.1%

35 우리나라의 보건정책 방향과 거리가 먼 것은?
① 출산 및 자녀양육을 위한 사회적 기반 조성
② 국민건강증진을 위한 사후적 보건서비스 강화
③ 아동, 장애인 등 취약계층 지원 강화
④ 미래사회 변화에 대응한 사회 투자적 서비스 확대

> TIP 사후적 보건서비스는 하지 않는다. 즉, 무상원조, 재정지원은 하지 않음

36 하천수에 대한 설명 중 틀린 것은?
① 하천수의 구성성분은 계절, 배수지역의 지형에 따라 다르다.
② 홍수시에는 하천 유량의 대부분이 표면수로 되어 있다.
③ 건기에는 지하수가 많으며 경도가 높아진다.
④ 최대 유량과 최소 유량 사이의 기간 동안에도 수질의 변화는 거의 없다.

> TIP 최대유량과 최소유량 사이의 기간 동안에도 미생물은 번식한다. 따라서 수질에 변화는 있다.

02. 역학 및 질병 관리

01 다음 중 만성 감염병은?
① 장티푸스 ② 폴리오 ③ 결핵 ④ 백일해

> TIP 만성감염병 : 결핵, 성병, 나병, 후천성 면역결핍증, B형간염

02 감염병의 예방대책 중 특히 전염경로에 대한 대책은?
① 환자를 치료한다.
② 예방주사를 접종한다.
③ 면역혈청을 주사한다.
④ 손을 소독한다.

> TIP 전염원과의 접촉금지, 소독, 살균철저, 식품오염방지, 상수도 위생관리, 공기의 위생적 유지

정답 34 ① 35 ② 36 ④   01 ③ 02 ④

03 감염병의 예방대책과 거리가 먼 것은?
　① 병원소의 제거　② 환자의 격리　③ 식품의 저온보존　④ 예방접종
　💡TIP 식품의 저온보존은 식중독 예방대책

04 장티푸스, 디프테리아 등이 수십 년을 한 주기로 대유행되는 현상은?
　① 추세변화　② 계절적 변화　③ 순환 변화　④ 불규칙 변화
　💡TIP 순환변화 : 2~3년주기

05 사람과 동물이 같은 병원체에 의하여 발생하는 질병은?
　① 기생충성 질병　　　　　② 세균성 식중독
　③ 인수공통 감염병　　　　④ 법정 감염병
　💡TIP 인수공통 감염병 : 소(결핵), 광견병(개), 야토병(토끼), 브루셀라(소의 내장), 돈단독(돼지)

06 다음 중 감수성 지수(접촉 감염지수)가 가장 낮은 것은?
　① 폴리오　② 디프테리아　③ 성홍열　④ 홍역
　💡TIP － 감수성 지수: 숙주에 침입한 병원체에 대항 하여 감염이나 질병을 저지할 수 없는 상태
　　　　　두창, 홍역(95%). 백일해(60~80%) 성홍열 (40%)
　　　　－ 폴리오 바이러스: 환자의 분변이 경구 감염으로 전파. 발열, 두통

07 수인성 감염병의 역학적인 유행 특성이 아닌 것은?
　① 환자 발생이 폭발적이다.
　② 잠복기가 짧고 치명률이 높다.
　③ 성별과 나이에 거의 상관없이 발생한다.
　④ 급수 지역과 발병 지역이 거의 일치한다.
　💡TIP 수인성 감염병 : 치명률이 낮다.

구분	세균성 식중독	소화기계 감염병 (경구 감염병)
균	식중독균에 오염된 식품섭취로 발병	감염병균에 오염된 식품과 물을 섭취 시, 또는 수질오염에 의한 경구 감염
균수	많은 양의 균이나 독소에 의해 발생	적은 양의 균으로도 발생
잠복기	짧다	식중독에 비해 길다
2차 감염	2차 감염이 없다	2차 감염이 있다
면역	면역성이 없다	면역성이 있다

정답 03 ③　04 ①　05 ③　06 ①　07 ②

Chapter ❶ 음식 위생 관리

08 다음 중 공중 보건상 감염병 관리가 가장 어려운 것은?
① 동물 병원소   ② 환자   ③ 건강 보균자   ④ 토양 및 물
TIP 건강 보균자 : 무증상 이며, 건강한 사람과 다름 없지만 병원체를 가지고 있는자

03. 산업 보건 관리

01 국소진동으로 인한 질병 및 직업병의 예방대책이 아닌 것은?
① 보건교육   ② 완충장치   ③ 방열복 착용   ④ 작업시간 단축
TIP 방열복착용 : 저온환경에 대한 예방대책

02 굴착, 착암작업 등에서 발생하는 진동으로 인해 발생할 수 있는 직업병은?
① 공업중독   ② 잠함병   ③ 레이노드병   ④ 금속열
TIP 레이노드병 : 진동에 의해 장애로 손가락 끝 부분의 조직이 혈액 내 산소부족으로 손상되어 색조변화, 통증, 조직괴사 등을 가져오는 질환.

03 초기 청력 장애 시 직업성 난청을 조기 발견할 수 있는 주파수는?
① 1,000Hz   ② 2,000Hz   ③ 3,000Hz   ④ 4,000Hz
TIP 직업성 난청 : 정도이상의 소음에 계속적으로 노출되어 귀의 내이에 있는 코르티기관 내 유모세포의 손상으로 특히 4,000Hz에서 청력손실이 현저히 심하게 나타남.

04 인공조명시 고려해야 할 사항으로 틀린 것은?
① 작업하기 충분한 조명도를 유지해야 한다.
② 균등한 조명도를 유지해야 한다.
③ 조명시 유해가스가 발생하지 않아야 한다.
④ 가급적 직접조명이 되도록 해야 한다.
TIP 간접조명이 눈을 보호한다.

05 공기 중에 먼지가 많으면 어떤 건강장해를 일으키는가?
① 진폐증   ② 울열   ③ 저산소증   ④ 레이노드씨병
TIP 진폐증 : 먼지
울열 : 고열환경
저산소증 : 호흡기능의 장애로 숨쉬기가 곤란하여 체내산소 분압이 떨어진 상태
레이노드씨병 : 국소 진동장애, 주로 손가락에 발생

정답   08 ③   01 ③   02 ③   03 ④   04 ④   05 ①

06 고열장해로 인한 직업병이 아닌 것은?

① 열경련　　② 일사병　　③ 열쇠약　　④ 참호족

> **TIP** 참호족은 신체의 일부분이 동상에 걸린 상태를 말하며 국소저체온증인 참족병이라고도 한다. 15℃이하의 찬물에 지속적으로 노출된 후에 발생

Chapter ❷ 음식 안전 관리

01. 개인 안전 관리

01 개인 안전 사고의 사후 조치에 대한 설명 중에서 잘못된 것은?

① 산재보험이 처리 되어야 한다.
② 화기를 사용하는 급식기구를 한 곳으로 모아 열관리 집중실을 별도로 설치하면 화상의 위험요인을 줄일 수 있다.
③ 물을 많이 사용하는 dry kitchen system을 물을 거의 사용하지 않는 wet kitchen system으로 급식시설로 전환하면 좋다.
④ 안전사고를 당한 조리종사원의 심적·경제적 부담을 줄이기 위해서 관련법에 의한 보상이 제대로 이뤄지도록 관리자 교육과 상급기관의 지도와 감독이 철저히 이루어져야 한다.

02 안전 관리에 대한 사항중에서 옳지 않은 것은?

① 각 공정상의 위험 요소를 사전에 제거한다.
② 해당 조리 시설 장비에 대한 안전 교육이 필요 하다.
③ 안전 사고에 대한 인식이 부족하거나 안전 불감증에 젖어 있어서 안심해도 된다.
④ 대형 믹서기에는 안전망을 설치 하여 손을 다치지 않게 한다.

03 개인의 안전 점검시 거리가 먼 것은?

① 작업자가 작업 방법, 작업의 특성, 작업자의 능력 등이 피로에 영향을 미친다.
② 생산공정에서 안전성이 확보되어야 한다.
③ 작업자는 소음, 진동, 유해가스, 폐기물, 무거운 물건 등의 작업 환경 조건의 영향을 받아 피로를 느끼게 되면 안전 사고가 날 수 있다.
④ 조리도구나 장비는 한 번 설치 후엔 설치 장소를 옮기거나 절대 움직이지 말아야 한다.

> **TIP** 조리도구나 장비는 안전하게 설치하되, 필요시에는 자리를 옮겨서 장비 주위를 깨끗이 청소해야 한다.

정답 06 ④　01 ③　02 ③　03 ④

Chapter ❷ 음식 안전 관리

04 안전 관리에 대한 사전 예방 조치가 아닌 것은?
① 소화기를 항상 비치 하고 소화기 작동 상태를 수시로 체크하며 관리한다.
② 창문이 닫혀 있거나 밀폐형 창문인 경우에는 비상시 창문을 깰수 있게 큰 망치를 비치해둔다.
③ 만약의 화재를 대비 하여 피난 시설과 완강기를 설치한다.
④ 1층과 2층 건물에는 화재 피난 시설을 할 필요가 없다.

> TIP 1층, 2층에는 완강기는 비치 안해도 되지만 소화기 비치장소 표시 하고, 비상시 탈출 하는 약도나 비상구 안내 표지판은 필요하다.

02. 장비 · 도구 안전작업

01 다음 조리기기 중에서 소고기를 혼합하여 갈아 내는 기계는 어느 것인가?
① 그리들   ② 절단기   ③ 육절기   ④ 반죽기

02 위험도 경감의 원칙에 대한 설명 중에서 잘못된 것은?
① 사고 발생 예방과 피해 심각도의 억제하기 위하여, 위험도 경감도를 검토 해야 한다.
② 사람이 하는 일이므로 시스템은 필요 없고, 위험 발생하지 않게 항상 주의 한다.
③ 사람, 절차, 장비의 시스템 구성요소를 고려한다.
④ 위험 요인을 제거하고 위험 발생 과 사고 피해의 경감을 염두에 둔다.

03 어떤 작용을 한 쪽에서 다른 쪽으로 전달하는 물체나 그 수단의 뜻으로, 현장에서 출동하여 화재구조, 구급작업의 현장 정보, 현장 작업 방법, 현장 작업시 그 당시의 상황이나 환경 등을 무엇 이라 하는가?
① 인간(man)   ② 기계(machine)
③ 매체(media)   ④ 관리(management)

04 화재예방을 위한 조치로 적합하지 않은 것은?
① 인화성 물질이나 화학 물질은 한군데 모아서 문을 잠그어 보관하여 아무도 손을 못 대게 한다.
② 소화전함, 소화기 비치 및 관리 점검한다.
③ 출입구 및 복도, 통로에 적재물 비치 여부 점검하여 비상통로 확보한다.
④ 비상 조명등 예비 전원 작동 상태 점검, 자동 확산 소화용구, 스프링 쿨러 설치의 적합성 점검한다.

정답 04 ④   01 ③ 02 ② 03 ③ 04 ①

05 위생적이고 안전한 식품 제조를 위해 적합한 기기, 기구 및 용기가 아닌 것은?

① 스테인리스 스틸 냄비
② 산성 식품에 사용하는 구리를 함유한 그릇
③ 소독과 살균이 가능한 내수성 재질의 작업대
④ 흡수성이 없는 단단한 단풍나무 재목의 도마

03. 산업 환경 안전관리

01 산업 재해중 중 사망 또는 재해 정도가 심하거나 다수의 재해자가 발생한 경우로서 노동부 령으로 정하는 재해를 무엇이라 하는가?

① 안전 재해　② 천재 지변　③ 중대 재해　④ 보건 재해

02 화학 물질의 취급시 유의 사항으로 틀린 것은?

① 작업장 내에 물질 안전 보건 자료를 비치한다.
② 고무장갑 등 보호 복장을 착용하도록 한다.
③ 물 이외의 물질과 섞어서 사용한다.
④ 액체 상태인 물질은 덜어 쓸 경우 펌프 기능이 있는 호스를 사용한다.

03 화재를 사전에 예방하기 위한 방법으로 바르지 않은 것은?

① 전기를 사용하는 지역에서는 접선이나 물의 접촉을 금지하도록 한다.
② 화재 발생요소가 있는 기계 근처에는 가지 않도록 한다.
③ 지속적으로 화재 예방 교육을 실시한다.
④ 화재 위험성이 있는 화기나 서리 주변은 정기적으로 점검한다.

04 전기 안전에 관한 설명 중에서 잘못된 것은?

① 물 묻은 손으로 전기기구를 만지지 않도록 한다.
② 플러그를 콘센트에서 뺄 경우에는 줄을 잡아 당기지 말고 콘센트에 손을 잡고 빼도록 한다.
③ 1개의 콘센트에 여러개의 선을 연결 하면 과열 우려가 있다.
④ 전열기 내부 청소 시 물이 많이 들어가지 않게 스프레이로 물을 뿌려 닦아 낸다.

05 ②　　　01 ③　02 ③　03 ②　04 ④　정답

Chapter ❸ 음식 재료 관리

제1절 식품 재료의 성분

01. 수분

01 어떤 식품의 수분활성도(Aw)가 0.96이고 수증기압이 1.39일 때 상대습도는 몇 %인가?
① 0.69%   ② 1.45%   ③ 139%   ④ 96%

>TIP 상대습도 = 수분활성도 × 100
>   물의 상대습도 = 물의 수분활성도 1 × 100 = 100

02 식품의 수분활성도를 올바르게 설명한 것은?
① 임의의 온도에서 식품이 나타내는 수증기압에 대한 같은 온도에 있어서 순수한 물의 수증기압의 비율
② 임의의 온도에서 식품이 나타내는 수증기압
③ 임의의 온도에서 식품의 수분함량
④ 임의의 온도에서 식품과 동량의 순수한 물의 최대수증기압

>TIP 수분활성도 × 100 = 상대습도

03 수분활성도(Aw)에 대한 설명으로 틀린 것은?
① 말린 과일은 생과일보다 Aw가 낮다.
② 세균은 생육 최저 Aw가 미생물 중에서 가장 낮다.
③ 효소 활성은 Aw가 클수록 증가한다.
④ 소금이나 설탕은 가공식품의 Aw를 낮출 수 있다.

>TIP 생육 최저 수분활성도 : 세균 > 바이러스 > 곰팡이
>   수분이 많은 것은 수분활성도가 높으며, 수분이 많은 곳에 세균번식 최적화

정답 01 ④   02 ①   03 ②

04 자유수와 결합수의 설명으로 맞는 것은?

① 결합수는 용매로서 작용한다.
② 자유수는 4℃에서 비중이 제일 크다.
③ 자유수는 표면장력과 점성이 작다.
④ 결합수는 자유수보다 밀도가 작다.

> **TIP** **자유수(유리수)** : 표면장력과 점성이 크다. 용매로 사용, 미생물 번식에 이용한다.
> 0℃에서 얼고 100℃에서 증발한다.
> 밀도 작다.
> **결합수** : 용매로 사용하지 못한다.
> 미생물 번식에 이용하지 못한다.
> 0℃에서 얼지 않고, 100℃에서 증발하지 않는다.

05 식품이 나타내는 수증기압이 0.75기압이고, 그 온도에서 순수한 물의 수증기압이 1.5기압일 때 식품의 수분활성도(Aw)는?

① 0.5　　② 0.6　　③ 0.7　　④ 0.8

> **TIP** 수분활성도(Aw) = 식품이 나타내는 수증기압 / 순수한 물의 수증기압 = 0.75 ÷ 1.5 = 0.5

06 일반적으로 신선한 어패류의 수분활성도(Aw)는?

① 1.10 ~ 1.15　　② 0.98 ~ 0.99　　③ 0.65 ~ 0.66　　④ 0.50 ~ 0.55

> **TIP** **수분활성도** : 임의의 온도에서 그 식품이 나타내는 수증기압에 대한 그 온도에서 순수한 물의 수증기압의 비율. 수분활성도는 1을 넘지 않으며, 곡류 0.60~0.64, 육류 0.92~0.97, 신선한 어패류, 채소류 및 과일류는 0.98~0.99 정도 이다.

07 다음 중 결합수의 특징이 아닌 것은?

① 용질에 대해 용매로 작용하지 않는다.
② 자유수보다 밀도가 크다.
③ 식품에서 미생물의 번식과 발아에 이용되지 못한다.
④ 대기 중에서 100℃로 가열하면 쉽게 수증기가 된다.

> **TIP** **유리수** : 미생물의 생육이 가능, 용매로서 작용을 한다. 0℃ 이하에서 동결

정답　04 ②　05 ①　06 ②　07 ④

Chapter 3 음식 재료 관리

02. 탄수화물

01 칼슘과 단백질의 흡수를 돕고 정장 효과가 있는 당은?

① 설탕 ② 과당 ③ 유당 ④ 맥아당

> TIP 우유 속에 있는 당 : 유당(락토오스) / 락토오스(lactose)를 소화시키는
> 효소 : 락타아제(lactase)

02 밀가루 반죽에 첨가하는 재료 중 반죽의 점탄성을 약화시키는 것은?

① 우유 ② 설탕 ③ 달걀 ④ 소금

> TIP 설탕 : 연화작용 / 소금 : 점성 / 난백 : 기포성

03 다음 중 단당류인 것은?

① 포도당 ② 유당 ③ 맥아당 ④ 전분

> TIP 단당류 : 포도당, 과당, 갈락토오스 / 이당류 : 자당(설탕), 유당(젖당), 맥아당(엿당)
> 다당류 : 전분, 섬유소, 펙틴, 덱스트린, 글리코겐

04 일반적인 잼의 설탕 함량은?

① 15~25% ② 35~45% ③ 60~70% ④ 90~100%

> TIP 잼의 3요소 : 펙틴, 산, 당(설탕 약 60%)

05 전분에 대한 설명으로 틀린 것은?

① 찬물에 쉽게 녹지 않는다.
② 달지는 않으나 부드러운 맛을 준다.
③ 동물 체내에 저장되는 탄수화물로 열량을 공급한다.
④ 가열하면 팽윤되어 점성을 갖는다.

> TIP 전분 : 곡류, 감자류의 주성분
> 글리코겐 : 식물의 전분과 같이 동물의 간과 근육이 저장되어있는 물질로 동물성 전분이라고 부르는 다당류, 생체 내에 섭취된 여분의 당질이 글리코겐으로 저장되었다가 필요에 따라 전환되어 쓰인다.

06 전분의 호화에 필요한 요소만으로 짝지어진 것은?

① 물, 열 ② 물, 기름 ③ 기름, 설탕 ④ 열, 설탕

> TIP 호화 : 날전분에 물과 열을 가하면 익은 전분상태로 되는 현상

정답 01 ③ 02 ② 03 ① 04 ③ 05 ③ 06 ①

07 전분의 노화 억제 방법이 아닌 것은?

① 설탕 첨가 ② 유화제 첨가
③ 수분함량은 10% 이하로 유지 ④ 0℃에서 보존

> TIP 알파화한 전분을 80℃ 이상에서 급속히 건조 시키거나 0℃ 이하에서 급속 냉동하여 수분함량을 15% 이하로 하면 노화를 방지할 수 있다. 설탕을 첨가, 환원제나 유화제를 첨가하면 노화를 억제할 수 있다.

08 다음 중 이당류가 아닌 것은?

① 설탕(sucrose) ② 유당(lactose)
③ 과당(fructose) ④ 맥아당(maltose)

> TIP 단당류 : 포도당, 과당, 갈락토오스
> 이당류 : 자당(설탕), 유당(젖당), 맥아당(엿당)

09 박력분에 대한 설명으로 맞는 것은?

① 경질의 밀로 만든다. ② 다목적으로 사용된다.
③ 탄력성과 점성이 약하다. ④ 마카로니, 식빵 제조에 알맞다.

> TIP 강력분(글루텐함량 13% 이상) : 마카로니, 식빵 제조
> 중력분(글루텐함량 10~13%) : 국수, 다목적
> 박력분(글루텐함량 10% 이하) : 케익, 튀김옷

10 게, 가재, 새우 등의 껍질에 다량 함유된 키틴(chitin)의 구성성분은?

① 다당류 ② 단백질 ③ 지방질 ④ 무기질

> TIP 키틴은 다당류에 속한다.

11 탄수화물 1g이 발생하는 열량은?

① 9Kcal ② 7Kcal ③ 4Kcal ④ 5Kcal

> TIP 탄수화물 4Kcal, 단백질 4Kcal, 지방 9Kcal

12 탄수화물의 구성요소가 아닌 것은?

① C ② H ③ O ④ N

> TIP 탄수화물 C.H.O
> 지방 C.H.O
> 단백질 C.H.O.N.S

07 ④ 08 ③ 09 ③ 10 ① 11 ③ 12 ④ 정답

Chapter ❸ 음식 재료 관리

03. 지질

01 다음 유지 중 건성유는?

① 참기름　　② 면실유　　③ 아마인유　　④ 올리브유

> **TIP** 건성유 : 요오드가 130 이상(아마인유) / 반건성유 : 요오드가 100~130(면실유, 참기름)
> 불건성유 : 요오드가 100 이하(동백기름, 올리브유)

02 마가린, 쇼트닝, 튀김유 등은 식물성 유지에 무엇을 첨가하여 만드는가?

① 염소　　② 산소　　③ 탄소　　④ 수소

> **TIP** 경화유 : 불포화지방산에 수소를 첨가(니켈 촉매)하여 포화지방산으로 변화시킴

03 18 : 2 지방산에 대한 설명으로 옳은 것은?

① 토코페롤과 같은 항산화성이 있다.
② 이중결합이 2개 있는 불포화지방산이다.
③ 탄소수가 20개이며, 리놀렌산이다.
④ 체내에서 생성되므로 음식으로 섭취하지 않아도 된다.

> **TIP** 18은 탄소수, 2는 이중결합이 2개 / **불포화지방산** : 올레산, 리놀레산, 리놀렌산, 아라키돈산
> **필수지방산(비타민 F)** : 리놀레산, 리놀렌산, 아라키돈산

04 요오드값(iodine value)에 의한 식물성유의 분류로 맞는 것은?

① 건성유 – 올리브유, 우유유지, 땅콩기름　② 반건성유 – 참기름, 채종유, 면실유
③ 불건성유 – 아마인유, 해바라기유, 동유　④ 경화유 – 미강유, 야자유, 옥수수유

> **TIP** 건성유(요오드가 130이상) : 공기 중에 방치하면 건조해지는 기름(들기름, 아마인유, 호두유, 잣유)
> 반건성유(요오드가 100~130) : 콩기름, 고추씨유, 해바라기씨유, 면실유
> 불건성유(요오드가 100이하) : 낙화생유(땅콩기름), 동백기름, 올리브유

05 참기름 중에 주로 함유되어있는 항산화 물질은?

① 고시폴　　② 세사몰　　③ 토코페롤　　④ 레시틴

> **TIP** **고시폴** : 목화씨(면실유) / **토코페롤** : 비타민 E / **레시틴** : 유화제

정답　01 ③　02 ④　03 ②　04 ②　05 ②

06 중성지방의 구성성분은?

① 탄소와 질소　　② 아미노산　　③ 지방산과 글리세롤　　④ 포도당과 지방산

TIP 중성지방 : 지방산 3분자 + 글리세롤 1분자

07 지방의 경화에 대한 설명으로 옳은 것은?

① 물과 지방이 서로 섞여 있는 상태이다.
② 불포화지방산에 수소를 첨가하는 것이다.
③ 기름을 7.2℃까지 냉각시켜서 지방을 여과하는 것이다.
④ 반죽 내에서 지방층을 형성하여 글루텐 형성을 막는 것이다.

TIP 경화유(가공유지) : 불포화지방산에 수소를 첨가하고 니켈과 백금을 촉매제로 하여 액체유를 고체유로 만든 마가린과 쇼트닝이 있다.

08 다음 중 버터의 특성이 아닌 것은?

① 독특한 맛과 향기를 가져 음식에 풍미를 준다.
② 냄새를 빨리 흡수하므로 밀폐하여 저장하여야 한다.
③ 소화율이 높다.
④ 성분은 단백질이 80% 이상이다.

TIP 버터의 성분은 우유에서 고형분만을 모아 만든 것으로 지방이 80%를 함유

09 유지의 산패에 영향을 미치는 인자와 거리가 먼 것은?

① 온도　　② 광선　　③ 수분　　④ 기압

TIP 산패 : 지방을 장기간 저장했을 때 산소, 광선, 열, 효소, 미생물, 금속 등의 작용으로 불쾌한 냄새, 착색, 저급물질 등 품질의 저하 등이 나타나는 현상.

10 난황에 들어 있으며, 마요네즈 제조시 유화제 역할을 하는 성분은?

① 레시틴　　② 오브알부민　　③ 글로불린　　④ 갈락토오스

TIP 인지질(레시틴) : 유화성(친수성, 친유성)

11 밀가루 반죽할 때 연화작용(쇼트닝)과 팽화작용의 효과를 얻기 위해 넣는 것은?

① 소금　　② 지방　　③ 달걀　　④ 이스트

TIP 밀가루 반죽의 연화작용 : 설탕과 지방

정답　06 ③　07 ②　08 ④　09 ④　10 ①　11 ②

Chapter 3 음식 재료 관리

04. 단백질

01 식품을 저온 처리할 때 단백질에서 나타나는 변화가 아닌 것은?
① 가수분해   ② 탈수 현상   ③ 생물학적 활성파괴   ④ 용해도 증가

TIP 식품 저온 처리 시 단백질에서 나타나는 변화 : 가수분해, 탈수현상, 생물학적 활성파괴, 염류에 잘 용해됨

02 단백질의 특성에 대한 설명으로 틀린 것은?
① C, H, O, N, S, P 등의 원소로 이루어져 있다.
② 단백질은 뷰렛에 의한 정색반응을 나타내지 않는다.
③ 조단백질은 일반적으로 질소의 양에 6.25를 곱한 값이다.
④ 아미노산은 분자 중에 아미노기와 카르복실기를 갖는다.

TIP 단백질은 뷰렛에 의한 정색반응-청자색으로 나타냄

03 밀가루를 물로 반죽하여 면을 만들 때 반죽의 점성에 관계하는 주성분은?
① 글로불린(globulin)   ② 글루텐(gluten)
③ 아밀로펙틴(amylopectin)   ④ 덱스트린(dextrin)

TIP 밀가루의 단백질인 글루텐 : 글리아딘(점성) + 글루테닌(탄성)

04 다음 중 단백질 함량이 가장 높은 것은?
① 치즈   ② 연유   ③ 버터   ④ 요구르트

TIP 치즈 : 우유의 단백질(카제인)에 레닌 효소 작용으로 응고

05 다음 중 젤라틴을 사용하지 않은 것은?
① 아이스크림   ② 족편   ③ 마시멜로   ④ 양갱

TIP 양갱 : 한천 사용

06 카제인(casein)은 어떤 단백질에 속하는가?
① 당단백질   ② 지단백질   ③ 유도단백질   ④ 인단백질

TIP **인단백질** : 카제인 / **당단백질** : 뮤신 / **색소단백질** : 헤모글로빈, 미오글로빈

정답 01 ④   02 ②   03 ②   04 ①   05 ④   06 ④

07 어패류와 육류에서 일어나는 자기소화의 원인은?

① 식품 속에 존재하는 산에 의해 일어난다.
② 식품 속에 존재하는 염류에 의해 일어난다.
③ 공기 중의 산소에 의해 일어난다.
④ 식품 속에 존재하는 효소에 의해 일어난다.

TIP 사후강직 : 동물은 도살 후 산소공급이 중단되고 근육 내 젖산이 증가되어 근육이 단단해진다.
숙성 : 사후강직 후 근육 내의 단백질 분해효소에 의해 자기소화 현상이 일어나면서 고기는 연해지고 풍미도 좋고 소화가 잘되게 되는 현상

08 완전 단백질이란?

① 필수아미노산과 불필수 아미노산을 모두 함유한 단백질
② 함유황 아미노산을 다량 함유한 단백질
③ 성장을 돕지 못하나 생명을 유지시키는 단백질
④ 정상적인 성장을 돕는 필수아미노산이 충분히 함유된 단백질

TIP 완전 단백질 : 동물의 성장에 필요한 모든 필수아미노산이 들어있는 단백질(달걀, 우유, 육류 등).

09 경단백질로서 가열에 의해 젤라틴으로 변하는 것은?

① 케라틴(Keratin) ② 콜라겐(Collagen)
③ 엘라스틴(Elastin) ④ 히스톤(Histone)

TIP 콜라겐은 가열에 의해 결합조직이 연화되면서 젤라틴화 된다.

10 단백질의 변성 요인 중 그 효과가 가장 적은 것은?

① 가열 ② 산 ③ 건조 ④ 산소

TIP 단백질의 변성 요인 : 가열, 동결, 건조, 산, 고압, 흡착, 교반, 초음파, 자외선

11 생선 육질이 쇠고기 육질보다 연한 것은 주로 어떤 성분의 차이에 의한 것인가?

① 미오신 ② 헤모글로빈 ③ 포도당 ④ 콜라겐

TIP 육류 : 혈액의 헤모글로빈, 근육의 미오신, 결체조직의 콜라겐 / 생선에는 콜라겐 성분이 없음

12 생선의 자기소화 원인은?

① 세균의 작용 ② 단백질 분해효소 ③ 염류 ④ 질소

TIP 생선이나 육류의 사후강직 후 숙성을 통하여 자기소화(단백질 분해효소)

정답 07 ④ 08 ④ 09 ② 10 ④ 11 ④ 12 ②

Chapter 3 음식 재료 관리

13 생선의 육질이 육류보다 연한 주된 이유는?
① 콜라겐과 엘라스틴의 함량이 적으므로
② 미오신과 액틴의 함량이 많으므로
③ 포화지방산의 함량이 많으므로
④ 미오글로빈 함량이 적으므로

TIP 육류는 콜라겐과 엘라스틴 성분이 있다.

14 동물성 식품의 시간에 따른 변화 경로는?
① 사후강직 → 자기소화 → 부패
② 자기소화 → 사후강직 → 부패
③ 사후강직 → 부패 → 자기소화
④ 자기소화 → 부패 → 사후강직

TIP 사후강직 → 자기소화 → 부패

15 변성된 단백질 분자가 집합하여 질서 정연한 망사 구조를 형성하는 단백질의 기능성과 관계가 먼 식품은?
① 두부   ② 어묵   ③ 빵 반죽   ④ 북어

TIP 망상구조(그물구조) = 서로 엉겨있는 성질

16 육류 사후강직의 원인 물질은?
① 액토미오신(actomyosin)
② 젤라틴(gelatin)
③ 엘라스틴(elastin)
④ 콜라겐(collagen)

TIP 사후강직 : 동물이 도살된 후에는 효소와 미생물의 작용으로 시간이 경과함에 따라 근육이 굳어지는 현상. 미오신은 액틴과 결합하여 강직한 액토미오신을 형성한다.

17 연제품 제조에서 어육단백질을 용해하며 탄력성을 주기위해 꼭 첨가해야 하는 물질은?
① 소금   ② 설탕   ③ 펙틴   ④ 글로타민산 소다

TIP 연제품(어묵) : 생선살인 미오신의 특성인 염용성을 이용하여 만든 제품. 미오신은 소금을 첨가하면 탄력성이 증가한다.

18 육류의 결합조직을 장시간 물에 넣어 가열했을 때의 변화는?
① 콜라겐이 젤라틴으로 된다.
② 액틴이 젤라틴으로 된다.
③ 미오신이 콜라겐으로 된다.
④ 엘라스틴이 콜라겐으로 된다.

TIP 콜라겐 성분이 가열에 의해 용출되어 젤라틴이 된다.

정답 13 ① 14 ① 15 ④ 16 ① 17 ① 18 ①

05. 무기질

01 체내 산, 알칼리 평형 유지에 관여하며, 가공 치즈나 피클에 많이 함유된 영양소는?
① 철분　　② 나트륨　　③ 황　　④ 마그네슘

> TIP **나트륨** : 혈장의 성분구성, 삼투압과 pH 유지에 관여, 신경자극의 전달, 체액량의 조절에 관여

02 양질의 칼슘이 가장 많이 들어있는 식품끼리 짝지어진 것은?
① 곡류, 서류　　　　　　② 돼지고기, 소고기
③ 우유, 요구르트　　　　④ 달걀, 오리알

> TIP 곡류, 서류 : 탄수화물 / 돼지고기, 쇠고기, 달걀, 오리알 : 단백질

03 알칼리성 식품에 대한 설명 중 옳은 것은?
① Na, K, Ca, Mg이 많이 함유되어 있는 식품
② S, P, Cl이 많이 함유되어 있는 식품
③ 당질, 지질, 단백질 등이 많이 함유되어 있는 식품
④ 곡류, 육류, 치즈 등의 식품

> TIP 알칼리성 식품 : Na, K, Ca, Mg이 함유되어있는 식품(해조류, 과일류, 채소류, 우유)
> 　　산성 식품 : S, P, Cl이 많이 함유되어있는 식품(육류, 어류, 알류, 곡류)

04 다음 중 칼슘 급원 식품으로 가장 적합한 것은?
① 우유　　② 감자　　③ 참기름　　④ 쇠고기

> TIP 우유에는 칼슘함량이 많다.

05 다음 중 어떤 무기질이 결핍 되면 갑상선종이 발생될수 있는가?
① 칼슘(Ca)　　② 요오드(I)　　③ 인(P)　　④ 마그네슘(Mg)

06 칼슘의 흡수를 방해하는 것은?
① 단백질　　② 유당　　③ 비타민 C　　④ 옥살산

정답 01 ②　02 ③　03 ①　04 ①　05 ②　06 ④

Chapter ❸ 음식 재료 관리

06. 비타민

01 다음 중 비타민 D_2의 전구물질로 프로비타민 D로 불리는 것은?
① 프로게스테론(progesterone) ② 에르고 스테롤(ergosterol)
③ 시토 스테롤(sitosterol) ④ 스티그마 스테롤(stigmasterol)

> TIP 프로비타민 D_2 : 에르고스테롤 / 프로비타민 D_3 : 콜레스테롤

02 다음 중 가열 조리에 의해 가장 파괴되기 쉬운 비타민은?
① 비타민 C ② 비타민 B_6
③ 비타민 A ④ 비타민 D

> TIP 수용성 비타민은 열에 약하다.

03 동·식물체에 자외선을 쬐이면 활성화되는 비타민은?
① 비타민 A ② 비타민 D
③ 비타민 E ④ 비타민 K

> TIP A : 야맹증 / D : 구루병예방 / E : 불임증, 노화방지 / K : 혈액응고작용

04 다음 중 비타민 B_{12}가 많이 함유되어있는 급원 식품은?
① 사과, 배, 귤 ② 쇠간, 난황, 어육
③ 양상추, 파프리카 ④ 당근, 오이, 양파

> TIP 비타민 B_{12} 부족 : 악성빈혈 / 급원식품 : 육류, 선지, 난황

05 다음 중 비타민 B_2가 부족시 어떤 증상이 생기는가?
① 구각염 ② 괴혈병 ③ 야맹증 ④ 각기병

> TIP VB_2(리보플라빈)
> 결핍증: 구순구각염, 식욕부진
> 함유식품: 우유, 쇠간, 난백, 푸른채소

06 비타민에 관한 설명 중 잘못된 것은?
① 카로틴은 프로비타민 A 이다. ② 비타민 E는 토코페롤 이라고도 한다.
③ 비타민 C가 부족하면 각기병이 발생한다. ④ 비타민 B_{12}는 코발트를 함유한다.

정답 01 ② 02 ① 03 ② 04 ② 05 ① 06 ③

07. 식품의 색

01 과일의 갈변현상을 억제하기 위한 방법으로 적합한 것은?

① 철로 된 칼로 껍질을 벗긴다.
② 설탕물에 담근다.
③ 껍질은 벗긴 후 바람이 잘 통하게 둔다.
④ 금속제 쟁반에 껍질 벗긴 과일을 담는다.

TIP 열탕처리, 식염수침지, 설탕용액, 묽은 레몬즙, 진공처리, 아황산 침지.

02 다음 색소 중 동물성 색소는?

① 헤모글로빈　② 클로로필　③ 안토시안　④ 플라보노이드

TIP 헤모글로빈 : 혈색소 / 미오글로빈 : 육색소 / 클로로필 : 엽록소
　　안토시안 : 포도, 딸기, 가지 / 플라보노이드 : 밀가루, 감자, 양파

03 새우나 게 등의 갑각류에 함유되어 있으며 가열되면 적색을 띠는 색소는?

① 안토시아닌(anthocyanin)　② 아스타산틴(astaxanthin)
③ 클로로필(chlorophyll)　④ 멜라닌(melanine)

TIP 아스타산틴 : 가열하면 회록색이 붉은색으로 변한다(아스탄신). / 헤모시아닌 : 문어, 오징어
　　안토시안 : 딸기, 포도, 가지 / 클로로필 : 엽록소

04 동물성 식품(육류)의 대표적인 색소 성분은?

① 미오글로빈(Myoglobin)　② 페오피틴(Pheophytin)
③ 안토크산틴(Anthoxanthin)　④ 안토시아닌(Anthocyanin)

TIP 육류의 근육색소 : 미오글로빈

05 토마토의 붉은색을 나타내는 색소는?

① 카로티노이드　② 클로로필　③ 안토시아닌　④ 탄닌

TIP 카로티노이드 색소 : 적색(등황색 = 카로틴, 크산토필 색소), 주황색(당근, 늙은호박, 토마토의 색)

정답　01 ②　02 ①　03 ②　04 ①　05 ①

Chapter ❸ 음식 재료 관리

06 녹색채소를 수확 후에 방치할 때 점차 그 색이 갈색으로 변하는 이유는?

① 엽록소가 페오피틴(pheophytin)으로 변했으므로
② 엽록소의 수소가 구리로 치환되었으므로
③ 엽록소가 클로로필라이드로 변했으므로
④ 엽록소의 마그네슘이 구리로 치환되었으므로

> TIP 페오피틴 : 녹색채소가 녹황색, 갈색으로 변한다.

07 쇠고기 가공 시 발색제를 넣었을 때 나타나는 선홍색 물질은?

① 옥시 미오글로빈(oxymyoglobin)
② 니트로소 미오글로빈(nitrosomyoglobin)
③ 미오글로빈(myoglobin)
④ 메트 미오글로빈(metmyoglobin)

> TIP 발색제는 수육의 색소 미오글로빈과 결합하여 니트로소 미오글로빈이 생성되기 때문
> 옥시 미오글로빈: 산소와 결합한 육색소 / 미오글로빈: 육색소 / 메트 미오글로빈: 산화된 미오글로빈

08 안토시아닌 색소가 함유된 채소를 알칼리 용액에서 가열하면 어떻게 변색하는가?

① 붉은색   ② 황갈색   ③ 무색   ④ 청색

> TIP 안토시안 : 포도, 딸기, 가지 등 안토시안을 산성 용액에 가열하면 붉은색으로 변하고 알칼리 용액에서 가열하면 청색으로 변한다.

09 철과 마그네슘을 함유하는 색소를 순서대로 나열한 것은?

① 안토시아닌, 플라보노이드
② 카로티노이드, 미오글로빈
③ 클로로필, 안토시아닌
④ 미오글로빈, 클로로필

> TIP 미오글로빈(육색소) : 철분 / 클로로필(엽록소) : 마그네슘

10 생강 초절임에서 생강이 붉은 빛을 내게 되는데 이것은 어떤 색소의 변화 때문인가?

① 카로티노이드   ② 클로로필   ③ 안토시아닌   ④ 안토잔틴

> TIP 클로로필 : 녹색 / 카로티노이드 : 주황색 / 안토시아닌 : 적자색(딸기, 포도, 가지)
> 안토시아닌 : 산에서 붉게, 알카리에서 푸른색으로 변한다.

11 조리와 가공 중 천연 색소의 변색 요인과 거리가 먼 것은?

① 산소   ② 효소   ③ 질소   ④ 금속

> TIP 변색 요인 : 산소, 효소, 금속성분

정답   06 ①   07 ②   08 ④   09 ④   10 ③   11 ③

08. 식품의 갈변

01 마이야르(Maillard) 반응에 영향을 주는 인자가 아닌 것은?

① 수분   ② 온도   ③ 당의 종류   ④ 효소

>TIP 마이야르 반응 : 외부 에너지의 공급 없이도 자연 발생적으로 일어나는 비효소적 갈변(된장, 간장)
> 효소 : 효소적 갈변반응의 경우이다.

02 사과를 깎아 방치했을 때 나타나는 갈변현상과 관계없는 것은?

① 산화효소   ② 산소   ③ 페놀류   ④ 섬유소

>TIP 과실이나 야채의 껍질을 벗겨 공기 중에 노출시키면 갈색화가 일어나는데,
> 이것은 함유된 폴리페놀류가 폴리페놀 옥시다아제와 산소에 의해 산화된 것이다.

03 랍스터를 익히면 랍스터 껍질은 붉은색으로 변하는데 이 현상과 관련된 랍스터의 색소는?

① 루테인(lutein)   ② 멜라닌(melanin)
③ 아스타잔틴(astaxanthin)   ④ 구아닌(guanine)

04 효소적 갈변 반응을 방지하기 위한 방법이 아닌 것은?

① 가열하여 효소를 불활성화 시킨다.
② 효소의 최적조건을 변화시키기 위해 pH를 낮춘다.
③ 아황산가스 처리를 한다.
④ 산화제를 첨가한다.

>TIP 산화제 : 산화 환원반응에서 자신은 환원되면서 상대 물질을 산화시키는 물질

05 식품의 갈변에 대한 설명 중 잘못된 것은?

① 감자는 물에 담가 갈변을 억제할 수 있다.
② 사과는 설탕물에 담가 갈변을 억제할 수 있다.
③ 냉동 채소의 전처리로 블렌칭을 하여 갈변을 억제할 수 있다.
④ 복숭아, 오렌지 등은 갈변 원인물질이 없기 때문에 미리 껍질을 벗겨 두어도 변색하지 않는다.

>TIP 복숭아는 효소적 갈변으로 껍질을 벗겨두면 산화되어 변색한다.

01 ④ 02 ④ 03 ③ 04 ④ 05 ④ **정답**

Chapter ❸ 음식 재료 관리

06 다음 중 효소가 관여하여 갈변이 되는 것은?
① 식빵　　② 간장　　③ 사과　　④ 캐러멜

🔖TIP 효소에 의한 갈변반응 : 식품 중에 존재하는 폴리페놀화합물이 산소의 존재 하에서 산화효소의 작용으로 산화 중합하여 갈색의 멜라민 색소를 생성시키는 반응

07 캐러멜화(caramelization) 반응을 일으키는 것은?
① 당류　　② 아미노산　　③ 지방질　　④ 비타민

🔖TIP 캐러멜화 : 설탕의 갈변반응(160~180℃)

08 과실 중 밀감이 쉽게 갈변되지 않는 가장 주된 이유는?
① 비타민 A의 함량이 많으므로
② Cu, Fe 등의 금속이온이 많으므로
③ 섬유소 함량이 많으므로
④ 비타민 C의 함량이 많으므로

🔖TIP 과실 중 갈변이 되지 않는 것은 비타민 C의 함량이 많기 때문

09 과일의 갈변을 방지하는 방법으로 바람직하지 않은 것은?
① 레몬즙, 오렌지즙에 담가둔다.
② 희석된 소금물에 담가둔다.
③ -10℃ 온도에서 동결시킨다.
④ 설탕물에 담가둔다.

🔖TIP 과일은 효소에 의한 갈변으로 산, 엷은 설탕물, 소금물에 담가두면 갈변을 방지할 수 있다.

10 효소적 갈변반응에 의해 색을 나타내는 식품은?
① 분말 오렌지　　② 커피원두　　③ 캐러멜　　④ 홍차

🔖TIP 효소에 의한 갈변반응 : 식품 중에 존재하는 폴리페놀 화합물이 산소의 존재 하에서 산화효소의 작용으로 산화중합하여 갈색의 멜라닌 색소를 생성시키는 반응을 말함
(홍차, 코코아, 감자, 고구마, 사과)
캐러멜 반응 : 비효소적 갈변 / 오렌지 : 아스코르빈산에 의한 갈변

정답　06 ③　07 ①　08 ④　09 ③　10 ④

11 아미노카르보닐화 반응, 캐러멜화 반응, 전분의 호정화가 일어나는 온도의 범위는?

① 20~50℃   ② 50~100℃   ③ 100~200℃   ④ 200~300℃

> TIP 아미노카르보닐화 반응 120℃, 캐러멜화 약 160℃, 호정화 160~170℃ 이상 가열 시 반응이 생긴다.

12 마이야르(Maillard) 반응에 대한 설명으로 틀린 것은?

① 식품은 갈색화가 되고 독특한 풍미가 형성된다.
② 효소에 의해 일어난다.
③ 당류와 아미노산이 함께 공존할 때 일어난다.
④ 멜라노이딘 색소가 형성된다.

> TIP 마이야르 반응 : 비효소적 반응, 당류와 아미노산의 반응(아미노 카보닐반응)

13 다음 중 효소적 갈변반응이 나타나는 것은?

① 캐러멜 소스   ② 간장   ③ 장어구이   ④ 사과 주스

> TIP 폴리페놀 물질이 공기를 만나면 산화작용이 일어난다.

14 식소다(baking soda)를 넣어 만든 빵의 색깔이 누렇게 되는 이유는?

① 밀가루의 플라본 색소가 산에 의해서 변색된다.
② 밀가루의 플라본 색소가 알칼리에 의해서 변색된다.
③ 밀가루의 안토시아닌 색소가 가열에 의해서 변색된다.
④ 밀가루의 안토시아닌 색소가 시간이 지나면서 퇴색된다.

> TIP 플라본색소는 알칼리에 불안정하고 산에 안정하다.

정답 11 ③   12 ②   13 ④   14 ②

Chapter ❸ 음식 재료 관리

09. 식품의 맛과 냄새

01 식품의 신맛에 대한 설명으로 옳은 것은?

① 신맛은 식욕을 증진시켜 주는 작용을 한다.
② 식품의 신맛의 정도는 수소이온농도와 반비례한다.
③ 동일한 pH에서 무기산이 유기산보다 신맛이 더 강하다.
④ 포도, 사과의 상쾌한 신맛 성분은 호박산(succinic acid)과 이노신산(inosinic acid)이다.

> TIP **신맛** : 식욕촉진제(에피타이저)작용하며 유기산이 신맛이 강하다. / **포도의 신맛** : 주석산
> **호박산** : 조개의 국물맛 / **이노신산** : 고기, 가다랭이 국물 맛

02 훈연시 발생하는 연기 성분에 해당하지 않는 것은?

① 페놀(phenol)
② 포름알데히드(formaldehyde)
③ 개미산(formaic acid)
④ 사포닌(saponin)

> TIP 훈연연기 성분 중 가장 흔히 발견되는 성분. 페놀, 유기산, 알코올, 카아보닐, 타르, 이산화탄소, 산소, 질소 등의 가스성분이다.

03 짠맛에 소량의 유기산이 첨가되면 나타나는 현상은?

① 떫은맛이 강해진다.
② 신맛이 강해진다.
③ 단맛이 강해진다.
④ 짠맛이 강해진다.

> TIP **맛의 강화(대비)** : 짠맛에 산 첨가 시 짠맛이 강해진다. / 단맛에 소금 첨가 시 단맛이 강해진다.

04 쓰거나 신 음식을 맛본 후 금방 물을 마시면 물이 달게 느껴지는데 이는 어떤 원리에 의한 것인가?

① 변조현상   ② 대비효과   ③ 순응현상   ④ 억제현상

> TIP **맛의 변조현상** : 한 가지 맛에 의해 다른 식품의 맛이 본래의 맛이 아닌 다른 맛을 느끼게 되는 현상. 예를 들어, 설탕을 맛본 직후 물을 마시면 신맛이나 쓴맛이 난다거나, 오징어를 먹은 직후에 식초나 밀감을 먹으면 쓴맛을 느끼게 된다거나, 쓴약을 먹은 직후에 물을 마시면 달게 느껴지게 된다.

05 양파를 익히면 단맛이 나는데, 이때의 성분은?

① 알리신   ② 아스파탐   ③ 포도당   ④ 프로필 메르 캅탄

> TIP 양파의 알릴 설파이드가 열을 받으면, 대부분이 기화되고, 나머지는 분해되어 프로필메르캅탄을 형성하여 단맛이 나게 된다.

06 다음 냄새 성분 중 어류와 관계가 먼 것은?

① 트리메틸 아민   ② 암모니아   ③ 피페리딘   ④ 디아세틸

> TIP **디아세틸** : 치즈, 요구르트, 버터, 크림 등 유제품의 향기성분

정답 01 ① 02 ④ 03 ④ 04 ① 05 ④ 06 ④

10. 식품의 물성

01 에너지 전달에 대한 설명으로 틀린 것은?
    ① 물체가 열원에 직접적으로 접촉됨으로써 가열되는 것을 전도라고 한다.
    ② 대류에 의한 열의 전달은 매개체를 통해서 일어난다.
    ③ 대부분의 음식은 복합적 방법에 의해 에너지가 전달되어 조리된다.
    ④ 열의 전달 속도는 대류가 가장 빨라 복사, 전도보다 효율적이다.
    ☞TIP 일반적으로 열 전달률은 복사·대류·전도

02 일정한 압력하에서 고체 물질이 그 액체와 평형이 되어 존재할 때의 온도를 무엇이라 하는가?
    ① 가소성   ② 융점   ③ 비점   ④ 발연점

03 용질과 용매가 고르게 섞여 있는 물질을 무엇이라 하는가?
    ① 용액   ② 용매   ③ 용질   ④ 물질

04 다음 중 용해도에 대한 설명이 아닌 것은?
    ① 어떤 온도에서 용매 100g에 최대로 녹을 수 있는 용질의 g수를 용해도라 한다.
    ② 용해도는 용매와 용질의 종류, 온도에 따라 달라진다.
    ③ 고체나 액체의 경우에 온도가 높아지면 분자 활동이 약해져서 용해도가 감소한다.
    ④ 일정한 온도에서 같은 용매에 대한 용해도는 물질의 종류에 따라 다르다.

05 외력(外力)에 의해 변형된 물체가 외력을 제거하면 원래의 상태로 돌아가려는 성질을 무엇이라 하는가?
    ① 가소성   ② 점성   ③ 경도   ④ 탄성

06 외력에 의해 형태가 변한 물체가 외력이 없어져도 원래의 형태로 돌아오지 않는 물질의 성질을 무엇이라 하는가?
    ① 가소성   ② 점성   ③ 용해   ④ 탄성

정답 01 ④ 02 ② 03 ① 04 ③ 05 ④ 06 ①

Chapter ❸ 음식 재료 관리

11. 식품의 유독 성분

01 식품과 독성분의 연결이 틀린 것은?
① 매실 – 베네루핀
② 섭조개 – 삭시톡신
③ 독버섯 – 무스카린
④ 독보리 – 테물린

🔖TIP 매실의 독성분은 아미그달린이다.

02 식품과 관련 독소의 연결이 잘못된 것은?
① 감자 – 솔라닌
② 목화씨 – 고시폴
③ 바지락 – 엔테로톡신
④ 모시조개 – 베네루핀

🔖TIP 바지락의 독소 성분은 베네루핀이다.

03 섭조개 속에 들어 있으며 특히 신경계통의 마비증상을 일으키는 독성분은?
① 무스카린 ② 시큐톡신 ③ 베네루핀 ④ 삭시톡신

04 식중독을 일으키는 감자의 독성분은?
① 아마니타톡신 ② 엔테로톡신 ③ 솔라닌 ④ 아트로핀

05 다음 중 독버섯의 유독 성분은?
① 솔라닌 ② 무스카린 ③ 아미그달린 ④ 테트로도톡신

06 식품과 독성분이 잘못 연결된 것은?
① 독보리 – 테물린
② 조개류 – 삭시톡신
③ 독미나리 – 베네루핀
④ 복어 – 테트로도톡신

🔖TIP 독미나리의 독성분은 시큐톡신이다..

07 식품에서 자연적으로 발생하는 유독물질을 통해 식중독을 일으킬 수 있는 식품과 가장 거리가 먼 것은?
① 피마자 ② 표고버섯 ③ 미숙한 매실 ④ 모시조개

정답 01 ① 02 ③ 03 ④ 04 ③ 05 ② 06 ③ 07 ②

제2절 효소

식품과 효소

01 영양소와 그 소화효소가 바르게 연결된 것은?
① 단백질 – 리파아제   ② 탄수화물 – 아밀라아제
③ 지방 – 펩신   ④ 유당 – 트립신

> TIP 단백질 : 펩신, 트립신 / 지방 : 리파아제, 스테압신 / 유당 : 락타아제

02 효소에 대한 일반적인 설명으로 틀린 것은?
① 기질의 특이성이 있다.   ② 최적 온도는 30~40℃정도이다.
③ 100℃에서도 활성은 그대로 유지된다.   ④ 최적 pH는 효소마다 다르다.

> TIP 대부분 미생물 효소는 100℃이상이면 소멸된다.

03 영양소와 해당 소화효소의 연결이 잘못된 것은?
① 단백질 – 트립신   ② 탄수화물 – 아밀라제
③ 지방 – 리파아제   ④ 설탕 – 말타아제

> TIP 자당(설탕) : 슈크라제 / 유당(젖당) : 락타아제 / 맥아당(엿당) : 말타아제 / 단백질 : 펩신, 트립신 / 지방 : 리파아제, 스테압신

04 소화효소의 주요 구성성분은?
① 알칼로이드   ② 단백질   ③ 복합지방   ④ 당질

> TIP 단백질 : 효소, 호르몬, 조직 세포의 구성성분

05 침(타액)에 들어있는 소화효소의 작용은?
① 전분을 맥아당으로 변화시킨다.   ② 단백질을 펩톤으로 분해시킨다.
③ 설탕을 포도당과 과당으로 분해시킨다.   ④ 카제인을 응고시킨다.

> TIP 타액의 아밀라아제 효소(프티알린) : 전분을 맥아당과 덱스트린으로 분해.

정답 01 ② 02 ③ 03 ④ 04 ② 05 ①

Chapter ❸ 음식 재료 관리

06 다음 중 식품의 일반성분이 아닌 것은?
① 수분 ② 효소 ③ 탄수화물 ④ 무기질

🔑TIP 일반성분 : 탄수화물, 단백질, 지방, 무기질, 수분 / 특수성분 : 효소, 색, 맛, 냄새

07 미생물을 이용하여 제조하는 식품이 아닌 것은?
① 김치 ② 치즈 ③ 잼 ④ 고추장

🔑TIP 잼 : 당장법(설탕을 50% 이상 재료에 넣어 미생물의 발육을 억제하고 저장기간을 늘린다.)

08 육류의 연화작용에 관계하지 않는 것은?
① 파파야 ② 파인애플 ③ 레닌 ④ 무화과

🔑TIP 파파야 : 파파인 / 파인애플 : 브로멜린 / 무화과 : 휘신 / 레닌 : 우유 단백질 응고

09 고구마 가열시 단맛이 증가하는 이유는?
① protease가 활성화되어서
② sucrase가 활성화되어서
③ 알파 – amylase가 활성화되어서
④ 베타 – amylase가 활성화되어서

🔑TIP 고구마는 베타 – amylase가 많아 가열하면 효소에 의해 단맛이 증가

10 효소 에 대한 설명 중에서 잘못된 것은?
① 효소는 한 가지 반응에 특정한 한 개의 효소만이 작용가능한 경우가 많다.
② 효소는 단백질이라 환경에 민감하여, 온도 pH, 염 농도 등에 따라 활성이 크게 바뀌게 되며 생육조건이 적합하지 않으면 기능을 잃어버릴 수 있다.
③ 효소는 고분자로 분자량이 만~수백만 이다.
④ 효소는 기질과 결합하면 반응속도가 낮아진다.

🔑TIP 효소는 기질 마다 특이성이 있다.

정답 06 ② 07 ③ 08 ③ 09 ④ 10 ④

제3절 식품과 영양

영양소의 기능 및 영양소 섭취기준

01 다음 중 열량 산출에서 가장 격심한 활동에 속하는 것은?
① 모내기, 등산
② 빨래, 마루닦이
③ 다림질, 운전
④ 요리하기, 바느질

> TIP 격심한 활동, 중등활동, 가벼운 활동으로 분류한다.

02 다음 영양소 중 열량소에 해당하지 않는 것은?
① 비타민   ② 단백질   ③ 지방   ④ 탄수화물

> TIP **열량소**: 탄수화물, 단백질, **지방/구성소**: 단백질, 무기질, 지방, **물/조절소**: 비타민, 물

03 각 식품에 대한 대치식품의 연결이 적합하지 않은 것은?
① 돼지고기 – 두부, 쇠고기, 닭고기
② 가자미 – 새우, 연어
③ 닭고기 – 우유 및 유제품
④ 시금치 – 깻잎, 상추, 배추

> TIP 대치식품은 서로 같은 영양소끼리 대치 가능하다.

04 알코올 1g당 열량 산출기준은?
① 0 kcal   ② 4 kcal   ③ 7 kcal   ④ 9 kcal

> TIP 단백질: 4kcal / 당질: 4kcal / 지방: 9kcal

05 1g당 발생하는 열량이 가장 큰 것은?
① 당질   ② 단백질   ③ 지방   ④ 알코올

> TIP 1g당 열량: 단백질 4kcal, 탄수화물 4kcal, 지방 9kcal, 알코올 7kcal

06 5대 영양소의 기능에 대한 설명으로 틀린 것은?
① 새로운 조직이나 효소, 호르몬 등을 구성한다.
② 노폐물을 운반한다.
③ 신체 대사에 필요한 열량을 공급한다.
④ 소화, 흡수 등의 대사를 조절한다.

> TIP 새로운 조직이나 효소, 호르몬 등을 구성: 단백질 / 노폐물을 운반: 물(6대 영양소)
> 신체 대사에 필요한 열량을 공급: 탄수화물, 단백질, 지방

정답 01 ①   02 ①   03 ③   04 ③   05 ③   06 ②

Chapter ❸ 음식 재료 관리

07 하루 동안 섭취한 음식 중에 단백질 70g, 지질 35g, 당질 400g이 있었다면 이 때 얻을 수 있는 열량은?

① 1,995 kcal ② 2,095 kcal ③ 2,195 kcal ④ 2,295 kcal

> **TIP** 단백질 1g당 4kcal, 당질 1g당 4kcal, 지방 1g당 9kcal
> (70g × 4kcal) + (35g × 9kcal) + (400g × 4kcal)

08 함유된 주요 영양소가 바르게 짝지어진 것은?

① 연어 – 당질, 비타민 B_1
② 밀가루 – 지방, 지용성 비타민
③ 사골 – 칼슘, 비타민 B_2
④ 두부 – 지방, 철분

> **TIP** 뱅어포 : 칼슘 / 밀가루 : 당질 / 두부 : 단백질

09 각 식품에 대한 설명 중 틀린 것은?

① 쌀은 라이신, 트레오닌 등의 필수아미노산이 부족하다.
② 당근은 비타민 A의 급원식품이다.
③ 우유는 단백질과 칼슘의 급원식품이다.
④ 육류는 알칼리성 식품이다.

> **TIP** **산성 식품** : 육류, 곡류(S, P, Cl) / **알칼리성 식품** : 과일, 채소(K, Ca, Na, Mg)

10 다양한 식품을 매일 필요한 만큼 섭취하여 균형잡힌 식사를 유지하며, 규칙적인 운동으로 건강을 지켜나갈 수 있도록 한 것을 무엇이라 표현하는가?

① 식품구성탑
② 식품구성 자전거
③ 기초 식품군
④ 영양 권장량

11 다음 식품 중에서 단백가가 가장 높은 식품은?

① 달걀 ② 생선 ③ 우유 ④ 콩

> **TIP** **단백가** : 단백질을 구성하고 있는 아미노산 중에서 필수아미노산의 질적, 양적 구성과 조화를 나타낸 것.
> 각 식품별 단백가 = 달걀 100, 닭, 돼지 고기 87, 소고기, 우유 80, 생선류 70, 콩 50, 곡류 30

정답 07 ③ 08 ③ 09 ④ 10 ② 11 ①

Chapter ④ 음식 구매 관리

제1절 시장조사 및 구매 관리

01 다음 시장조사에 관한 설명에서 틀린 것은?
① 창업 혹은 신규로 진출하고자 하는 사업의 가치를 평가하는 것
② 시장에 대해 가장 잘 알고 있는 소비자의 소리를 듣는 것
③ 과거와 현재 상황을 조사하고 분석을 통해 미래를 예측함으로써 시장전략 수립의 지침을 제공하고자 하는 미래지향적인 활동
④ 목표시장, 경쟁사, 기업환경에 대한 자료를 수집, 분석하는 작업

> 🔑TIP 사업타당성 분석과정에 대한 설명이고, 나머지는 모두 시장조사에 관한 개념적 정의에 관한 설명이다.

02 다음 중 시장조사의 단점에 관한 설명으로 잘못된 것은?
① 많은 시간과 인원 그리고 노력이 필요할 수 있다.
② 조사자의 능력과 기술에 따라 결과가 달라질 수 있다.
③ 응답자의 진심을 정확히 파악할 수 있다.
④ 조사에 오류가 포함될 가능성이 높다.

> 🔑TIP 실제 시장조사 과정에서는 응답자의 진심을 정확히 파악할 수 없는 경우가 다수 발생한다. 조사자의 진심을 정확히 파악하기가 어렵다는 점은 시장조사의 결정적 단점 중의 하나이다.

03 다음 중 기초조사의 이점은?
① 조사비용을 다수의 불특정 고객들과 분담 가능
② 공개된 다수의 자료원(위에서 학습한 정보 원천이 모두 가능)이 존재
③ 경우에 따라 특정 범주의 자료 혹은 원하는 자료만 구입 가능
④ 월별, 수개월 단위로 추세의추적 가능

> 🔑TIP ①③④는 모두 기획조사의 이점에 해당되며 ②는 기초조사의 이점에 관한 설명이다.

04 다음 중 조사수단을 기준으로 분류된 조사방식이 아닌 것은?
① 면접조사   ② 전화조사   ③ 우편조사   ④ 전수조사

> 🔑TIP 전수조사는 조사대상의 크기를 기준으로 나눌 때 사용되는 조사방식을 의미한다.

정답 01 ① 02 ③ 03 ② 04 ④

Chapter 4 음식 구매 관리

05 시장 조사에서 사용된 비용이 조사로부터 얻을 수 있는 이익을 초과해서는 안되므로 소요비용이 최소가 되도록 하여 조사 비용과 효율성 면에서 조화를 이루지도록 하는 원칙을 무엇이라 하는가?
① 조사 계획성의 원칙
② 비용 경제성의 원칙
③ 조사 불변성의 원칙
④ 비용 탄력성의 원칙

06 다음 중 타 지방거주자, 해외거주자, 전문가 등 조사대상과의 직접적 접촉이 어려운 경우에 유용하지만 낮은 응답률의 문제를 해결해야만 하는 조사방식은 무엇인가?
① 우편조사
② 시장조사
③ 행정조사
④ 사회조사

> TIP 우편조사는 타 지방거주자, 해외거주자, 전문가 등 조사대상과의 직접적 접촉이 어려운 경우에 유용하지만 응답률이 매우 낮은 조사방식이다.

07 시장조사의 목적이 아닌 것은?
① 올바른 의사결정하여 개인적인 판단 오류 및 불확실성을 감소 시켜 준다.
② 합리적인 구매 계획의 수립
③ 구매 예정 가격의 결정
④ 위생적이고 건강한 식생활을 위한 연구 목적

08 시장조사의 단계에 필요 없는 것은?
① 문제 제기
② 시장 조사 설계
③ 주방의 시설 배치도
④ 자료 수집, 분석, 해석

> TIP 시장조사 : 문제제기, 시장조사설계, 자료수집, 자료분석, 해석, 전략보완과 수정

09 시장조사 종류에 가장 거리가 먼 것은?
① 탐색조사
② 경험(전문가) 조사
③ 사례조사
④ 고객들의 설문 조사

10 시장 조사의 원칙에 해당되지 않는 것은?
① 비용 경제성/정확성의 원칙
② 조사 적시성/계획성의 원칙
③ 조사 불변성의 원칙
④ 조사 탄력성의 원칙

> TIP 시장조사의 원칙 : 비용 경제성, 조사 적시성, 조사 탄력성, 조사 계획성, 조사 정확성의 원칙

정답 05 ② 06 ① 07 ④ 08 ③ 09 ④ 10 ③

11 구매 활동의 기본 조건 중에서 거리가 가장 먼 것은?
① 구매의 가치 분석, 구매시장 조사, 품질 관리
② 구매 거래처의 홍보전략
③ 구매시장 조사, 납품 업자의 선정, 외주 관리, 납기 관리
④ 구매 비용관리, 원가관리, 잔재 관리

12 구매관리의 목표와 거리가 먼 것은?
① 표준화, 전문화가 중요하다.
② 품질, 가격, 제반 서비스 등의 최적 상태를 유지해야 한다.
③ 신용이 있는 공급 업체는 원만한 관계를 지속적으로 유지하면서 신뢰하고 고정적으로 거래한다.
④ 구매 관련의 정보 및 시장 조사를 통한 경쟁력을 확보한다.

13 구매명세서 작성시 필요 없는 사항은?
① 물품명, 용도, 상표명
② 품질 및 등급, 크기, 형태, 숙성 정도, 보관온도
③ 산지명, 전처리 및 가공 정도
④ 메뉴명, 레시피

14 식품의 출납을 명확하게 기록하여 실제 재고량과 장부상의 재고량을 기재하는 것은?
① 사업계획서　　② 식품 수불부　　③ 식자재 발주서　　④ 구매 명세서

15 구매 담당자의 업무가 아닌 것은?
① 구매계획서 작성, 구매 결과 기재
② 구매 방법 결정
③ 시장 조사
④ 단골 고객관리

16 구매 업무 수행 순서가 바른 것은?
① 공급 업체 선정 – 수요 예측 – 구매 명세서작성 – 구매 청구서 작성 – 구매의 필요성 인식
② 구매의 필요성 인식 – 재고량 조사 – 공급 업체 선정 – 구매 명세서 작성 – 수요 예측
③ 수요 예측 – 물품의 수량 품질 결정 – 구매 명세서 – 구매 발주서 작성 – 공급 업체 선정
④ 구매청구서 작성 – 수요 예측 – 구매 발주서 작성 – 물품의 수량 품질 결정 – 공급 업체 선정

정답 11 ②　12 ③　13 ④　14 ②　15 ④　16 ③

Chapter 4 음식 구매 관리

제2절 검수 관리

01 식품의 품질, 중량, 원산지, 내용물 등이 주문한 것과 일치하는지를 확인하고, 소비기한, 포장 상태, 운반 차량의 위생상태, 보관온도 등을 확인하는 것은 무엇이라 하는가?
① 재고 관리 ② 구매 관리 ③ 원가 관리 ④ 검수 관리

02 검수관리를 위한 구비 조건이 잘못된 것은?
① 검수 구역이 냉장고나 창고, 물품 저장소 등과 가능한한 떨어져 있어야 안전하다.
② 검수를 품질을 판단할 수 있는 지식, 능력, 기술을 지닌 검수 담당자를 배치한다.
③ 검수 시에는 거래명세서, 구매 청구서, 구매 명세서 등을 참고하여 체크하도록 한다.
④ 검수 시간은 공급 업체와 협의하여 검수 업무를 정확하게 수행할 수 있는 시간으로 배송 사전에 협의해야 한다.

제3절 원가

01 급식부분의 원가요소 중 인건비는 어디에 해당하는가?
① 제조 간접비 ② 직접재료비 ③ 직접원가 ④ 간접원가

> **TIP** 인건비 : 제품제조를 위하여 소비되는 노동의 가치(임금, 급료, 잡금)
> 직접원가 = 직접재료비 + 직접노무비 + 직접경비

02 가공식품, 반제품, 급식 원재료 및 조미료 등 급식에 소요되는 모든 재료에 대한 비용은?
① 관리비 ② 급식재료비 ③ 소모품비 ④ 노무비

03 입고가 먼저된 것부터 순차적으로 출고하여 출고단가를 결정하는 방법은?
① 선입선출법 ② 후입선출법 ③ 이동평균법 ④ 총평균법

> **TIP** 선입선출법 : First In First Out (FIFO)

04 총비용과 총수익(판매액)이 일치하여 이익도 손실도 발생되지 않는 기점은?
① 매상선점 ② 가격 결정점 ③ 손익 분기점 ④ 한계 이익점

> **TIP** 손익분기점 : 이익과 손실이 일치하는 지점(B.P)

정답 01 ④ 02 ①   01 ③ 02 ② 03 ① 04 ③

05 일정 기간 내에 기업의 경영활동으로 발생한 경제가치의 소비액을 의미하는 것은?

① 손익 ② 비용 ③ 감가상각비 ④ 이익

> **TIP** 비용 : 일정 기간 내에 기업의 경영활동으로 발생한 경제가치의 소비액

06 재료의 소비액을 산출하는 계산식은?

① 재료 구입량×재료 소비단가
② 재료 소비량×재료 구입단가
③ 재료 소비량×재료 소비단가
④ 재료 구입량×재료 구입단가

> **TIP** 재료의 소비액 = 재료 소비단가×재료 소비량

07 다음 중 고정비에 해당되는 것은?

① 인건비 ② 연료비 ③ 수도비 ④ 광열비

> **TIP** 변동비 : 연료, 수도, 광열비, 재료비
> 고정비 : 건물 임대료, 인건비

08 다음 중 원가의 구성으로 틀린 것은?

① 직접원가 = 직접재료비 + 직접노무비 + 직접경비
② 제조원가 = 직접원가 + 제조간접비
③ 총원가 = 제조원가 + 판매경비 + 일반관리비
④ 판매가격 = 총원가 + 판매경비

> **TIP** 직접원가 = 직접재료비 + 직접노무비 + 직접경비
> 간접원가 (제조간접비) = 간접 재료비, 간접노무비, 간접 경비
> 제조원가 = 직접원가 + 제조간접비 (간접원가)
> 총원가 = 제조원가 + 판매경비 + 일반관리비
> 판매가격 = 총원가 + 이익

09 다음은 원가계산의 절차들이다. 이들 중 옳은 것은?

① 요소별원가계산 → 부문별원가계산 → 제품별원가계산
② 요소별원가계산 → 제품별원가계산 → 부문원가계산
③ 부문별원가계산 → 요소별원가계산 → 제품별원가계산
④ 제품별원가계산 → 부문별원가계산 → 요소별원가계산

정답 05 ② 06 ③ 07 ① 08 ④ 09 ①

Chapter ❹ 음식 구매 관리

10 다음 자료를 가지고 재고조사법에 의하여 재료의 소비량을 산출하면 얼마인가?

- 전월이월량 : 200kg - 당월매입량 : 800kg - 기말재고량 : 300kg

① 880kg   ② 700kg   ③ 420kg   ④ 120kg

> **TIP** 재료의 소비량 = (전월 이월량 + 당월 매입량) – 기말재고량
> (200kg + 800kg) – 300kg = 700kg

11 원가의 3요소에 해당되지 않는 것은?

① 판매관리비   ② 인건비   ③ 재료비   ④ 경비

> **TIP** 원가 : 재료비, 노무비, 경비 (판매관리비는 총원가요소)

Chapter ❺ 중식 기초 조리 실무

제1절 조리준비

01 끓이는 조리법의 단점은?

① 식품의 중심부까지 열이 전도되기 어려워 조직이 단단한 식품의 가열이 어렵다.
② 영양분의 손실이 비교적 많고 식품의 모양이 변형되기 쉽다.
③ 식품의 수용성분이 국물 속으로 유출되지 않는다.
④ 가열 중 재료식품에 조미료의 충분한 침투가 어렵다.

> **TIP** 찜 : 식품의 중심부까지 열이 전도되기 어려워 조직이 단단한 식품의 가열이 어렵다. 식품의 수용성분이 국물 속으로 유출되지 않는다. 가열 중 재료식품에 조미료의 충분한 침투가 어렵다.

02 열원의 사용방법에 따라 직접구이와 간접구이로 분류할 때 직접구이에 속하는 것은?

① 오븐을 사용하는 방법
② 프라이팬에 기름을 두르고 굽는 방법
③ 숯불 위에서 굽는 방법
④ 철판을 이용하여 굽는 방법

> **TIP** 직접구이 : 석쇠구이, 꼬치구이, 그릴, 브로일링

정답 10 ② 11 ①   01 ② 02 ③

03 단시간에 조리되므로 영양소의 손실이 가장 적은 조리방법은?

① 튀김　　② 볶음　　③ 구이　　④ 조림

🔖TIP 영양소 손실이 가장 적은 조리법 : 튀김 / 가장 영양소 손실이 많은 조리법 : 끓이기

04 채소의 무기질, 비타민의 손실을 줄일 수 있는 조리방법은?

① 데치기　　② 끓이기　　③ 삶기　　④ 볶음

🔖TIP 영양소의 손실이 큰 것 : 삶기 / 영양소의 손실이 적은 것 : 튀김, 볶음

05 가열조리 중 건열조리에 속하는 조리법은?

① 찜　　② 구이　　③ 삶기　　④ 조림

🔖TIP 건열조리 : 주로 금속판, 석쇠, 방사열, 지방류 등을 열매체로 하는 조리방법이며, 굽기, 볶기, 튀기기, 부치기 등

06 기본 조리법에 대한 설명 중 틀린 것은?

① 채소를 끓는 물에 짧게 데치면 기공을 닫아 색과 영양의 손실이 적다.
② 로스팅(roasting)은 육류나 조육류의 큰 덩어리 고기를 통째로 오븐에 구워내는 조리방법을 말한다.
③ 감자, 뼈 등은 찬물에 뚜껑을 열고 끓여야 물을 흡수하여 골고루 익는다.
④ 튀김을 할 때 온도는 160~180℃가 적당하다.

🔖TIP 감자, 뼈 등을 처음부터 뚜껑을 열고 끓이면 감자 등이 잘 익지 않는다.

07 영리를 목적으로 계속적으로 특정 다수인에게 음식물을 공급하는 기숙사는 식품위생 법규상 집단급식소에 해당하지 않는다. 그 이유는?

① 집단급식소는 계속적으로 음식물을 공급하지 않는다.
② 기숙사 식당은 급식시설에 해당하지 않는다.
③ 집단급식소는 특정다수인에게 음식물을 공급하지 않는다.
④ 집단급식소는 영리를 목적으로 하지 않는다.

🔖TIP 집단급식소는 비영리를 목적으로 한다.

정답　03 ①　04 ④　05 ②　06 ③　07 ④

Chapter ❺ 중식 기초 조리 실무

08 식품을 구입, 조리, 배식하는 모든 과정부터 서빙까지 같은 장소에서 이루어지는 급식제도는?

① 중앙 공급식 급식제도　　② 예비 조리식 급식제도
③ 조합식 급식제도　　　　　④ 전통적 급식제도

> **TIP** 전통식 급식제도 : 식품을 구입, 조리, 배식하는 모든 과정부터 서빙까지 같은 장소에서 이루어지는 급식제도
> 　　중앙 공급식 급식제도 : 중앙에 대규모 food factory가 있고, 생산과 소비가 시간적 공간적으로 분리되며, 저장 기술이 필요하다.
> 　　예비 조리식 급식제도 : 급식업소에서 음식을 대량 포장하여 냉동 보관한 다음 필요한 만큼 서빙 전에 재가열 처리하여 급식하는 것

09 예비 조리식 급식제도의 일반적인 장점은?

① 다량 구입으로 비용을 절감할 수 있다.
② 음식을 데우는 기기가 있으면 덜 숙련된 조리사를 이용할 수 있다.
③ 가스, 전기, 물 사용에 대한 관리비가 다른 제도에 비해서 적게 든다.
④ 음식의 저장이 필요 없으므로 분배비용을 최소화할 수 있다.

> **TIP** 예비 조리식 급식제도 : 급식업소에서 음식을 대량 포장하여 냉동 보관한 다음 필요한 만큼 서빙 전에 재가열 처리하여 급식하는 것

10 조리작업장의 위치 선정 조건으로 적합하지 않은 것은?

① 보온을 위해 지하인 곳
② 통풍이 잘 되며 밝고 청결한 곳
③ 음식의 운반과 배선이 편리한 곳
④ 재료의 반입과 오물의 반출이 쉬운 곳

> **TIP** 조리작업장 : 환기와 채광이 좋은 곳에 위치하여야 한다.

11 식품영업장이 위치해야 할 장소와 구비조건이 아닌 것은?

① 식수로 적합한 물이 풍부하게 공급되는 곳
② 환경적 오염이 발생되지 않는 곳
③ 전력 공급 사정이 좋은 곳
④ 가축 사육 시설이 가까이 있는 곳

정답 08 ④　09 ②　10 ①　11 ④

12 다음 중 개인이 사용하는 칼 사용법에 대해 잘못된 설명은?

① 칼을 사용하다가 떨어지고 있는 칼을 손으로 잡으려 하지 말고 한걸음 물러서서 피한다.
② 주방에서 칼을 들고 다른 장소로 옮겨 갈 때에는 칼끝이 정면으로 향하고 칼날이 위로 보이게 해야 경각심을 줄 수 있다.
③ 칼을 사용할 때는 정신을 집중하고 안정된 자세로 임하며 본래 목적 이외엔 사용하지 않는다.
④ 칼을 물이 들어 있는 씽크대에 담궈 두지 않아야 하며 칼은 안전함에 넣어서 보관 한다.

13 주방설비 구역 중 특히 다음과 같은 점에 유의하여 설비해야 하는 곳은?

> – 물을 많이 사용하므로 급/배수 시설이 중요하다.
> – 흙이나 오물, 쓰레기 등의 처리가 용이하다.
> – 냉장 보관시설이 잘 되어야 한다.

① 가열조리 구역
② 식기세척 구역
③ 육류처리 구역
④ 채소/과일처리 구역

🗹TIP 야채, 과일 등의 처리 구역은 급, 배수 시설과 냉장 보관 시설이 잘 되어 있어야 한다.

14 작업장에서 발생하는 작업의 흐름에 따라 시설과 기기를 배치할 때 작업의 흐름이 순서대로 연결된 것은?

> ㉠ 전처리   ㉡ 장식·배식   ㉢ 식기세척·수납
> ㉣ 조리   ㉤ 식재료의 구매·검수

① ㉤-㉠-㉣-㉡-㉢
② ㉠-㉡-㉢-㉣-㉤
③ ㉤-㉣-㉡-㉠-㉢
④ ㉢-㉠-㉣-㉤-㉡

🗹TIP 작업의 흐름 : 식재료의 구매·검수 – 전처리 – 조리 – 장식·배식 – 식기세척·수납의 순서로 한다.

15 조리장의 설비 및 관리에 대한 설명 중 틀린 것은?

① 조리장 내에는 배수시설이 잘 되어야 한다.
② 하수구에는 덮개를 설치한다.
③ 폐기물 용기는 목재 재질을 사용한다.
④ 폐기물 용기는 덮개가 있어야 한다.

🗹TIP 폐기물 용기는 금속재질을 사용해야 편하다.

12 ② 13 ④ 14 ① 15 ③ **정답**

Chapter ❺ 중식 기초 조리 실무

제2절 식품의 조리 원리

01. 농산물의 조리 및 가공, 저장

01 감자류(서류)에 대한 설명으로 틀린 것은?
① 열량 공급원이다.　　　　　　② 수분함량이 적어 저장성이 우수하다.
③ 탄수화물 급원식품이다.　　　④ 무기질 중 칼륨(K) 함량이 비교적 높다.
　TIP 감자는 수분함량이 많음

02 다음 중 견과류에 속하는 식품은?
① 호두　　② 살구　　③ 딸기　　④ 자두
　TIP 견과류 : 호두, 땅콩, 잣

03 곡류의 특성에 관한 설명으로 틀린 것은?
① 곡류의 호분층에는 단백질, 지질, 비타민, 무기질, 효소 등이 있다.
② 멥쌀의 아밀로오스와 아밀로펙틴의 비율은 보통 80 : 20 이다.
③ 밀가루로 면을 만들었을 때 잘 늘어나는 이유는 글루텐성분의 특성 때문이다.
④ 맥아는 보리의 싹을 틔운 것으로서 맥주제조에 이용된다.
　TIP 아밀로오스 : 아밀로펙틴 = 20 : 80

04 수확한 후 호흡작용이 특이하게 상승되므로 미리 수확하여 저장하면서 호흡작용을 인공적으로 조절할 수 있는 과일류와 가장 거리가 먼 것은?
① 아보카도　　② 사과　　③ 바나나　　④ 레몬
　TIP 과일의 호흡작용을 이용한 저장법 : CA저장, 후숙, 추숙

05 곡물의 저장 과정에서 변화에 대한 설명으로 옳은 것은?
① 곡류는 저장 시 호흡작용을 하지 않는다.
② 곡물 저장 때 벌레에 의한 피해는 거의 없다.
③ 쌀의 변질에 가장 관계가 깊은 것은 곰팡이다.
④ 수분과 온도는 저장에 큰 영향을 주지 못한다.
　TIP 곰팡이는 건조식품에 많이 생긴다. (황변미 : 페니실리움 곰팡이)

정답　01 ②　02 ①　03 ②　04 ④　05 ③

06 다음 식품의 분류 중 곡류에 속하지 않는 것은?

① 보리　　② 조　　③ 완두　　④ 수수

> TIP 완두 : 두류

07 곡류에 관한 설명으로 옳은 것은?

① 강력분은 글루텐의 함량이 13% 이상으로 케이크 제조에 알맞다.
② 박력분은 글루텐의 함량이 10% 이하로 과자, 비스킷 제조, 튀김조리에 알맞다.
③ 보리의 고유한 단백질은 오리제닌(Orizenin)이다.
④ 압맥, 할맥은 소화율을 저하시킨다.

> TIP 강력분 : 식빵, 마카로니 / 오리제닌 : 쌀 단백질(부분적 완전단백질) / 압맥, 할맥 : 소화율 증가

08 일반적인 잼의 설탕 함량은?

① 25~35%　　② 35~45%　　③ 60~70%　　④ 80~90%

> TIP 잼의 3요소 : 펙틴, 설탕(당) 산

09 고구마 가열시 단맛이 증가하는 이유는?

① 베타 아밀라제가 활성화 되어서
② 알파 아밀라제가 활성화 되어서
③ protease가 활성화 되어서
④ sucrase가 활성화 되어서

10 콩 단백질인 글로불린을 가장 많이 함유하고 있는 성분은?

① 제인 (Zein)　　　　　　② 알부민(Albumin)
③ 글리시닌 (Glycinin)　　④ 글루텐(Gluten)

> TIP 제인 : 옥수수의 단백질 / 알부민 : 계란, 우유의 단백질 / 글루텐 : 밀가루의 단백질

11 밀가루를 반죽하여 면류를 만들 때 반죽의 점탄성에 관계하는 주성분은?

① 덱스트린 (Dextrin)　　② 아밀로펙틴 (Amylopectin)
③ 글로부린(Globuin)　　④ 글루텐 (Gluten)

> TIP 밀가루의 단백질인 글루텐은 반죽시 점탄성이 생긴다.

06 ③　07 ②　08 ③　09 ①　10 ③　11 ④　**정답**

Chapter ❺ 중식 기초 조리 실무

12 날콩에 함유 되어 있으며, 단백질의 체내이용을 저해 하는 것은?

① 펩신 ② 트립신 ③ 글로부린 ④ 안티 트립신

> TIP 날콩의 안티 트립신이 가열하면 트립신으로 되어 소화가 잘된다.

13 두부를 만드는 것은 콩 단백질의 어떤 성질을 이용한 것인가

① 동결에 의한 변성 ② 무기염류에 의한 변성
③ 효소에 의한 변성 ④ 건조에 의한 변성

> TIP 두부의 응고제(무기염류) : $MgCl_2$ 염화 마그네슘, $CaCl_2$ 염화칼슘
> $MgSO_4$ 황산 마그네슘, $CaSO_4$ 황산 칼슘

14 두류에 대한 설명으로 적합하지 않은 것은?

① 콩에는 거품의 주 성분인 사포닌이 들어 있다.
② 콩을 익히면 단백질 소화율과 이용률이 높아진다.
③ 콩의 주 단백질은 글루텐이다.
④ 1%의 소금물에 콩을 담갔다가 그 용액에 삶으면 연화가 잘된다.

> TIP 콩의 단백질은 글리시닌이다.
> 글루텐 : 밀가루의 단백질

15 전분의 노화에 미치는 영향에 대한 설명 중 잘못된 것은?

① 다량의 수소 이온은 노화를 지연시킨다.
② 노화를 촉진 시키는 온도는 0~10℃이다.
③ 아밀로 펙틴이 많은 찹쌀은 노화가 느리다.
④ 수분 함량이 10% 이하인 경우 노화가 느리다.

> TIP 다량의 수소 이온은 노화를 촉진시킨다.

정답 12 ④ 13 ② 14 ③ 15 ①

02. 축산물의 조리 및 가공, 저장

01 달걀에 대한 설명으로 틀린 것은?

① 식품 중 단백가가 가장 높다.
② 난황의 레시틴은 유화제이다.
③ 난백의 수분이 난황보다 많다.
④ 당질은 글리코겐 형태로만 존재한다.

> TIP 달걀의 단백가 = 100 / 레시틴 : 인지질(유화제) / 달걀 속 당질은 여러 가지 형태로 존재한다.

02 다음 중 신선한 달걀의 특징에 해당하는 것은?

① 껍질이 매끈하고 윤기가 흐른다.
② 식염수에 넣었더니 가라앉는다.
③ 깨뜨렸더니 난백이 넓게 퍼진다.
④ 노른자의 점도가 낮고 묽다.

> TIP 〈신선한 달걀의 감별법〉
> **외관법** : 껍질이 매끄럽지 않고 까칠까칠하다. / **비중법** : 신선한 달걀은 6~10% 소금물에 뜨지 않는다.
> **난황계수법** : 신선한 달걀은 난백계수, 난황계수가 크다. / **진음법** : 흔들어보면 출렁거림이 없다.
> **등불검사법** : 등불에 투시하면 어둡지 않다.

03 우유의 가공에 관한 설명으로 틀린 것은?

① 크림의 주성분은 우유의 지방성분이다.
② 분유는 전유, 탈지유, 반탈지유 등을 건조시켜 분말화 한 것이다.
③ 저온 살균법은 61.6~65.6℃에서 30분간 가열하는 것이다.
④ 무당연유는 살균과정을 거치지 않고, 유당연유만 살균과정을 거친다.

> TIP 무당연유, 가당연유 : 살균과정을 거쳐야 한다.

04 가공치즈(processed cheese)의 설명으로 틀린 것은?

① 자연 치즈에 유화제를 가하여 가열한 것이다.
② 일반적으로 자연 치즈보다 저장성이 크다.
③ 약 85℃에서 살균하여 pasteurized cheese라고도 한다.
④ 자연 치즈를 원료로 사용하지 않는다.

> TIP 자연 치즈를 원료로 한다.

정답 01 ④ 02 ② 03 ④ 04 ④

Chapter ⑤ 중식 기초 조리 실무

05 달걀의 응고성에 대해 맞는 것은?
① 소금은 응고 온도를 낮추어 준다.
② 식초를 추가 하면 응고를 지연시킨다.
③ 설탕은 응고 온도를 낮추어 주므로 응고물을 연하게 해준다.
④ 온도가 높을수록 가열시간이 단축되어 응고물이 부드러워진다.
  TIP 달걀에 설탕을 넣으면 응고물이 단단해지며 빨리 색이 난다.

06 우유에 함유된 단백질이 아닌 것은?
① 카제인   ② 락토오스   ③ 락토 알부민   ④ 락토 글로불린
  TIP 락토오스는 탄수화물 (유당) 이다.

07 우유를 응고 시키는 요인과 상관 없는 것은?
① 레닌   ② 산   ③ 가열   ④ 당류
  TIP 우유의 응고 요소 : 산, 가열, 레닌 (효소)

08 우유의 가공품이 아니것은?
① 버터   ② 아이스크림   ③ 치즈   ④ 마요네즈
  TIP **버터** : 우유의 지방   **치즈** : 우유의 단백질   **마요네즈** : 난황, 식용유

09 우유 데울 때 가장 좋은 방법은?
① 이중 냄비에 넣고 저으면서 데운다.
② 냄비에 담고 강한 불로 짧은 시간에 데운다.
③ 냄비에 담고 약한 불에서 젓지 않고 데운다.
④ 이중 냄비에 넣고 젓지 않고 데운다.
  TIP 우유가 응고되지 않게 이중 냄비에 중탕하여 데운다.

정답   05 ①   06 ②   07 ④   08 ④   09 ①

03. 수산물의 조리 및 가공, 저장

01 붉은살 어류에 대한 일반적인 설명으로 맞는 것은?
① 흰살 어류에 비해 지질함량이 적다.
② 흰살 어류에 비해 수분함량이 적다.
③ 해저 깊은 곳에 살면서 운동량이 적은 것이 특징이다.
④ 조기, 광어, 가자미 등이 해당된다.

> **TIP** 적색어류(꽁치, 고등어, 연어) : 해면 가까이 살면서 운동량이 적어 지방이 많다.
> 흰살 어류에 비해 수분함량이 적다.
> 백색어류(가자미, 광어) : 해저 깊이 살면서 운동량이 많아 지방이 적다.

02 다음 중 레토르트 식품의 가공과 관계가 없는 것은?
① 통조림　　② 파우치　　③ 플라스틱 필름　　④ 고압솥

> **TIP** 레토르트 식품 : 조리 가공한 여러 가지 식품을 일종의 주머니에 넣어 밀봉한 후 고압 가열 살균솥(retort)에 넣어 고온에서 가열 살균하여, 공기와 광선을 차단한 상태에서 장기간 식품을 보존할 수 있도록 만든 가공 저장식품

03 오징어에 대한 설명으로 틀린 것은?
① 오징어는 가열하면 근육섬유와 콜라겐섬유 때문에 수축하거나 둥글게 말린다.
② 오징어의 살이 붉은색을 띠는 것은 색소포에 의한 것으로 신선도와는 상관이 없다.
③ 신선한 오징어는 무색투명하며, 껍질에는 짙은 적갈색의 색소포가 있다.
④ 오징어의 근육은 평활근으로 색소를 가지지 않으므로 껍질을 벗긴 오징어는 가열하면 백색이 된다.

> **TIP** 신선한 오징어는 무색투명하고 껍질에는 짙은 적갈색의 색소포를 가지고 있고, 오래된 오징어는 색소포가 터져서 붉은색이 된다.

04 어패류의 조리법에 대한 설명 중 바른 것은?
① 바다가재는 껍질이 두꺼우므로 찬물에 넣어 오래 끓여야 한다.
② 작은 생새우는 강한 불에서 연한 갈색이 될 때까지 삶은 후 배 쪽에 위치한 모래 정맥을 제거한다.
③ 조개류는 높은 온도에서 조리하여 단백질을 급격히 응고시킨다.
④ 새우는 새우 등쪽에 뾰족한 기구로 모래집을 제거 후 익힌다.

정답 01 ②　02 ①　03 ②　04 ④

Chapter 5 중식 기초 조리 실무

05 생선의 육질이 육류보다 연한 이유는?
① 미오신과 액틴의 함량이 많으므로
② 콜라겐과 엘라스틴의 함량이 적으므로
③ 포화지방산의 함량이 많으므로
④ 미오 글로빈 함량이 적으므로

06 건조된 갈조류 표면의 흰색가루로 단맛을 내는 것은?
① 알긴산　② 만니톨　③ 한천　④ 전분

07 해조류에서 추출한 것으로 식품에 점성을 주고 안정제, 유화제 역할을 하는 것은?
① 알긴산　② 만니톨　③ 레시틴　④ 전분

08 우뭇가사리를 주 원료로 하여 점액을 응고시킨 해조류 가공품은?
① 한천　② 젤라틴　③ 곤약　④ 양갱

09 다음 수산물에 대한 설명 중 잘못된 것은?
① 어류는 서식 장소에 따라 해수어와 담수어로 나뉜다.
② 패류에는 핵산과 글르탐산, 호박산이 많이 함유되어 있다.
③ 갑각류의 살 부분은 어류와 비슷하며, 글루코겐이 많아 감칠맛이 우수하다.
④ 새우나 게 조리의 색소는 카로티노이드이다.

TIP 새우나 게 조리의 붉은 색소는 아스타신이다.

정답　05 ②　06 ②　07 ①　08 ①　09 ④

04. 유지 및 유지 가공품

01 유화(Emulsion)와 관련이 적은 식품은?
① 버터　　② 마요네즈　　③ 두부　　④ 우유

> 유중수적형(W/O) : 버터, 마가린 / 수중유적형(O/W) : 마요네즈, 우유, 아이스크림

02 유지의 경화란?
① 포화 지방산의 수증기가 단단해진 것
② 불포화 지방산에 수소를 첨가한 것
③ 유지가 산패된 것
④ 유지를 알카리로 정제한 것

03 유지를 가열할 때 유지 표면에서 연기가 나기 시작할 때를 무엇이라 하는가?
① 융점　　② 발연점　　③ 팽창점　　④ 용해점

04 유지의 산패도를 나타내는 값으로 짝지어진 것은?
① 산가, 과산화물가
② 과산화물가, 검화가
③ 요오드가, 아세틸가
④ 비누화가, 요오드가

05 유지의 발연점이 낮아지는 원인이 아닌 것은?
① 튀김하는 그릇의 표면적이 넓은 경우
② 유리지방산의 함량이 낮은 경우
③ 오래 사용하여 기름이 지나치게 산패된 경우
④ 기름에 이물질이 많이 들어 있는 경우

06 라드(Lard)유는 무엇을 가공한 것인가?
① 우유의 지방　　② 버터　　③ 돼지의 지방　　④ 식물성 기름

정답 01 ③　02 ②　03 ②　04 ①　05 ②　06 ③

05. 냉동 식품의 조리

01 냉동식품의 해동에 관한 설명으로 틀린 것은?

① 비닐봉지에 넣어 50℃ 이상의 물속에서 빨리 해동시키는 것이 이상적인 방법이다.
② 생선의 냉동품은 반 정도 해동하여 조리하는 것이 안전하다.
③ 냉동식품을 완전 해동하지 않고 직접 가열하면 효소나 미생물에 의한 변질의 염려가 적다.
④ 일단 해동된 식품은 더 쉽게 변질되므로 필요한 양 만큼만 해동하여 사용한다.

TIP 냉동식품을 해동 시 단백질의 변성으로 인해 드립(drip)현상이 일어난다.

02 냉동식품과 관계가 없는 내용은?

① 전처리를 하고 품온이 -18℃ 이하가 되도록 급속 동결하여 포장한 식품
② 유통 시에 낭비가 없는 인스턴트성 식품
③ 수확기나 어획기에 관계없이 항상 구입할 수 있는 식품
④ 일반적으로 온도가 10℃ 정도 상승해도 품질의 변화가 없는 식품

TIP 일반적으로 온도가 10℃ 정도 상승하면 미생물이 조금씩 번식하여 식품의 변질을 초래한다.

03 조리에 사용하는 냉동식품의 특성이 아닌 것은?

① 완만 동결하여 조직이 좋다.
② 장기간 보존이 가능하다.
③ 저장 중 영양가 손실이 적다.
④ 비교적 신선한 풍미가 유지된다.

TIP 완만 동결은 식품조직에 나쁜 영향을 줄 뿐 아니라 해동 시에 수분이나 영양분이 유출되어 품질을 저하시킴

04 식품의 냉동에 대한 설명으로 틀린 것은?

① 육류나 생선은 원형 그대로 혹은 부분으로 나누어 냉동한다.
② 채소류는 블렌칭(blanching)한 후 냉동한다.
③ 식품을 냉동 보관하면 영양적인 손실이 적다.
④ -10℃ 이하에서 보존하면 장기간 보존해도 위생상 안전하다.

TIP 냉동의 온도 -18℃ 이하

정답 01 ① 02 ④ 03 ① 04 ④

05 냉동 중 육질의 변화가 아닌 것은?
① 육내의 수분이 동결되어 체적 팽창이 이루어진다.
② 건조에 의한 감량이 발생한다.
③ 고기 단백질이 변성되어 고기의 맛을 떨어뜨린다.
④ 단백질 용해도가 증가된다.

TIP 냉동 : 부피 팽창 되고 수분 감소, 무게 감소, 고기 단백질 변성, 용해도는 감소한다.

06 냉동실 사용 시 유의사항으로 맞는 것은?
① 해동시킨 후 사용하고 남은 것은 다시 냉동 보관하면 다음에 사용할 때에도 위생상 문제가 없다.
② 액체류의 식품을 냉동시킬 때는 용기를 꽉 채우지 않도록 한다.
③ 육류의 냉동보관 시에는 냉기가 들어갈 수 있게 밀폐시키지 않도록 한다.
④ 냉동실의 서리와 얼음 등은 더운물을 사용하여 단시간에 제거하도록 한다.

TIP 액체류는 냉동 과정에서 팽창되므로 용기를 꽉 채우지 않도록 한다.

07 식품의 급속냉동 방법으로 부적절한 것은?
① 충분히 식혀 냉동한다.
② 식품의 두께를 얇게 하여 냉동한다.
③ 열전도율이 낮은 용기에 넣어 냉동한다.
④ 식품 사이에 적절한 간격을 두고 냉동한다.

TIP 냉동할 때는 충분히 식힌 후 식품의 두께를 얇게 한다.
열전도율은 높은 용기에 담아야 차가운 온도가 빨리 전도된다. 식품 사이에 적절한 간격을 두고 냉동한다.

08 냉동된 육, 어류의 해동방법으로 가장 바람직한 것은?
① 5~10℃에서 자연 해동
② 0℃ 이하 저온 해동
③ 전자렌지 고주파 해동
④ 비닐팩에 넣어 온탕 해동

TIP 냉동은 급속 동결, 해동은 냉장고에서 완만 해동한다.

09 급속 냉동법의 특징이 아닌 것은?
① 단백질의 변질이 적다.
② 식품의 원상 유지가 어느 정도 가능하다.
③ 비타민의 손실을 줄인다.
④ 식품과 얼음의 분리가 심하게 나타난다.

TIP 급속냉동 : 단백질과 조직의 변질이 적어 해동 후 식품의 원래 상태가 유지될 수 있다.
식품과 얼음의 분리현상은 감소된다.

정답 05 ④ 06 ② 07 ③ 08 ① 09 ④

Chapter 5 중식 기초 조리 실무

06. 조미료와 향신료

01 향신료와 그 성분이 바르게 된 것은?
① 생강 – 차비신(chavicine) ② 겨자 – 알리신(allicin)
③ 후추 – 시니그린(sinigrin) ④ 후추 – 차비신(chavicine)

> TIP 생강 : 진저롤, 쇼가올 / 참기름 : 세사몰 / 마늘 : 알리신 / 겨자 : 시니그린 / 후추 : 차비신, 피페린

02 다음 중 향신료 중에서 잎을 주로 사용하는 것이 아닌 것은?
① 바질 ② 레몬그라스 ③ 고수 ④ 시나몬(계피)

> TIP 시나몬(계피) : 껍질

03 다음 향신료 중에서 종자(seed)를 주로 사용하는 것이 아닌 것은?
① 아니스(anise) ② 티메릭(turmeric)
③ 후추(pepper) ④ 넛멕(nutmeg)

> TIP 티메릭(turmeric) : 강황, 생강모양, 꽃 잎, 줄기 부리 이용

04 중식조리의 향신료가 아닌 것은?
① 겨자 ② 생강 ③ 바질 ④ 팔각

> TIP 바질 : 양식 조리에 사용

05 MSG(Mono Sodium Glutamic acid)의 설명으로 틀린 것은?
① 아미노산계 조미료이다.
② pH가 낮은 식품에는 정미력이 떨어진다.
③ 흡습력이 강하므로 장기간 방치하면 안된다.
④ 신맛과 쓴맛을 완화시키고 단맛에 감칠맛을 부여한다.

> TIP MSG : 아미노산계 화학조미료, pH가 낮은 식품(신맛) 쓴맛 있는 음식에는 맛을 감소시키며 단맛에는 감칠맛을 준다.

06 매우 강한 향(백리향)으로 꽃 봉우리 모양을 하고 있는 향신료는?
① 월계수잎 ② 정향 ③ 팔각 ④ 오레가노

정답 01 ④ 02 ④ 03 ② 04 ④ 05 ③ 06 ②

07. 식생활 문화

01 중식 조리의 특징이 아닌 것은?

① 기름의 사용이 많다.
② 조리 방법과 식 재료가 다양하다.
③ 중국 음식에 전분의 사용량이 적다.
④ 요리의 조화와 균형을 중요시 한다.

🔖TIP 중식 요리에서는 전분의 사용량이 많다

02 중국 조리에서 전분 사용에 관한 설명 중 잘못된 것은?

① 전분 기름과 수분을 결합 시키는 역할을 한다.
② 요리의 온도를 따뜻 하게 유지시켜 주는 역할을 한다.
③ 물 전분은 전분과 물을 2:1 비율로 담그어 사용한다.
④ 보통, 요리의 마지막 단계에 천천히 휘저으면서 투하시킨다.

🔖TIP 전분과 물을 1:1 비율로 담그어 사용한다.

03 중식 조리의 지역별 분류에 표현이 잘못된 것은?

① 산동 요리　　② 강소 요리
③ 광동 요리　　④ 남부 요리

🔖TIP 4대 요리 : 산동(북경) 요리, 강소(남경) 요리, 광동 요리, 사천 요리

04 사천 요리의 대표적인 요리는?

① 베이징 덕　　② 마파두부
③ 동파육　　　④ 딤섬

🔖TIP 베이징 덕 : 북경요리 동파육, 만두류 : 남경요리

05 간장, 설탕을 많이 사용하고 기름기가 많으며 찜요리가 발달된 지역은?

① 산동 요리　　② 강소 요리
③ 광동 요리　　④ 남경요리

🔖TIP 남경요리 : 동파육 (색상이 진하고 설탕이 들어간 찜)

정답 01 ③　02 ③　03 ④　04 ②　05 ④

Chapter ❺ 중식 기초 조리 실무

06 중식 조리에 물을 이용한 조리법 용어가 아닌 것은?

① 초 (炒)   ② 자 (煮)   ③ 돈 (炖)   ④ 소 (燒)

> **TIP** 초 (炒) : 기름에 볶기
> 자 (煮), 돈 (炖) : 물에 삶기
> 소 (燒) : 물 넣고 조림

07 기름을 이용한 요리 용어가 아닌 것은?

① 초 (炒)   ② 전 (煎)   ③ 증 (蒸)   ④ 작 (炸)

> **TIP** 초(炒) : 기름에 볶기
> 전(煎) : 기름에 지져내기
> 작(炸) : 튀기기
> 증(蒸) : 찜통에서 찌기

08 중국요리의 기본썰기 용어 설명이 잘못된 것은?

① 괴(塊) : 다지기   ② 편(片) : 얇게 썰기
③ 사 (絲) : 채 썰기   ④ 입(粒) : 잘게 다지기

> **TIP** 괴(塊) : 2.5 cm 정도 덩어리로 토막 썰기
> 편(片) : 얇게 썰기
> 사(絲) : 가늘고 길게 썰기
> 입(粒) : 잘게 다지기
> 정(丁) : 주사위 모양으로 썰기

09 익힌 재료에 탕과 조미료를 넣고 조리할 때 생긴 국물을 무엇이라 하는가?

① 발사   ② 미추   ③ 노즙   ④ 노추

> **TIP** 발사 : 재료를 썰어 기름에 튀긴 후, 설탕 시럽을 부어 조리하는 방법 (빠스)
> 미추 : 쌀을 발효시켜 만든 중국 전통 식초
> 노추 : 관동 일대에서 쓰는 색깔이 진한 간장 (노두유)

10 "마라"에 대한 설명이 잘못된 것은?

① 중국 사천 지방의 향신료이다.
② 맵고 얼얼한 맛이 난다.
③ 식욕을 촉진시킨다.
④ 산동요리에 많이 사용된다.

> **TIP** "마라"를 이용한 요리 : 마라탕, 마라샹궈

정답 06 ①   07 ③   08 ①   09 ③   10 ④

11 아래 설명은 무엇인가?

> ① 중국의 대표적인 절임 김치(장아찌)
> ② 착채(搾菜)를 가늘게 썰어 물에 헹군 후 양파 잘게 썬 것과 설탕, 식초 넣고 고추기름, 참기름을 더해 버무린다.

① 향차이
② 자차이
③ 피클
④ 청경채

🗒️TIP **향차이** : 고수

12 콩, 마늘, 향신료를 넣어 만든 걸쭉한 소스로, 마늘, 식초, 고춧가루가 들어가서 짠맛과 단맛이 강하며 특유의 고소하면서도 독특한 향이 나는 소스는?

① 두반장
② 칠리 소스
③ 해선장
④ XO 소스

🗒️TIP **두반장** : 홍고추, 소금, 발효시킨 잠두를 발효 숙성하여 만든다.
칠리소스 : 고추와 마늘이 배합된 매콤 달콤한 소스
XO 소스 : 말린 가리비, 기름, 고추, 마늘이 주재료이며, 말린 새우, 햄, 절인 생선을 넣기도 한다. 딤섬 소스, 국수 버무릴 때 사용한다.

11 ② 12 ③ **정답**

Chapter ❻ 중식 절임·무침 조리

01 절임식품의 정의로 옳은 것을 고르시오.
① 채소류, 과일류, 향신료, 야생식물류, 수산물 등을 주원료로 하여 식염 절인 후 그대로 또는 이에 다른 식품을 가하여 가공한 절임류, 당절임을 말한다.
② 채소류, 과일류, 향신료, 야생식물류, 수산물 등을 주원료로 하여 식염, 식초에 절인 후 그대로 또는 이에 다른 식품을 가하여 가공한 절임류, 당절임을 말한다.
③ 채소류, 과일류, 향신료, 야생식물류, 수산물 등을 주원료로 하여 식염, 식초, 당류에 절인 후 그대로 또는 이에 다른 식품을 가하여 가공한 절임류, 당절임을 말한다.
④ 채소류, 과일류, 향신료, 야생식물류, 수산물 등을 주원료로 하여 식염, 식초, 당류 또는 장류 등에 절인 후 그대로 또는 이에 다른 식품을 가하여 가공한 절임류, 당절임을 말한다.

> **TIP** 절임식품이란 채소류, 과일류, 향신료, 야생식물류, 수산물 등을 주원료로 하여 식염, 식초, 당류 또는 장류 등에 절인 후 그대로 또는 이에 다른 식품을 가하여 가공한 절임류, 당절임을 말한다.

02 절임에 필요한 재료로 맞지 않은 것을 고르시오.
① 천일염   ② 설탕   ③ 식초   ④ 식용유

> **TIP** 식용유

03 중식 절임과 무침에 사용되는 채소가 아닌 것은?
① 향차이, 고추, 당근   ② 감자, 양상추, 깻잎
③ 청경채, 양파, 양배추   ④ 자차이, 마늘, 무

> **TIP** 중식 절임과 무침에 사용되는 채소 : 자차이, 향차이, 고추, 당근, 마늘, 무, 청경채, 양파, 양배추, 배추, 땅콩

04 중식 절임과 무침에 사용되는 향신료, 조미료가 아닌 것은?
① 간장, 굴소스, 흑초   ② 고추기름, 막장, 해선장
③ 초고추장, 와사비, 들기름   ④ 새우간장, 겨자장, 고추장

> **TIP** 중식 절임과 무침에 사용되는 향신료, 조미료 : 간장, 굴소스, 흑초, 고추기름, 막장 해선장, 새우간장, 겨자장, 고추장, 설탕, 버터, 참기름, 식초, 돼지기름, 파기름, 젓갈

정답 01 ④   02 ④   03 ②   04 ③

05 쌀을 발효시켜 만든 중국 전통의 식초이며, 알콜 성분이 많이 들어 있어 소독하는 데 많이 사용되는 것은?

① 미추　　② 해선장　　③ 막장　　④ 흑초

> **TIP** 해선장 : 북경 오리 요리에 소스로 곁들임
> 　　막장 : 검은콩, 밀, 누에콩, 고추를 발효시켜 만든 것
> 　　흑초 : 검은콩으로 발효시킨 식초

06 무처럼 생긴 뿌리를 소금과 양념에 절여서 중국의 절임 김치라고 할 수 있으며 쓰촨성의 대표적인 음식은?

① 향차이　　② 자차이　　③ 고수　　④ 고초

> **TIP** 향차이 : 파슬리과에 속하는 일년초
> 　　고수 : 코리엔더
> 　　고초 : 고추

07 아래 설명을 나타내는 향신료는?

> 회향나무의 열매이며 열매가 익기 전에 수확하여 건조 후에 사용 한다. 주요 산지는 광서 자치구, 광동성, 운남성 일대이다. 고기를 삶거나 조림을 할 때 사용하며, 향을 내고 잡냄새를 제거하는 역할을 한다. 성질은 맵고 달며 따뜻하여 찬 성질을 다스리는 데 사용한다.

① 산초　　② 팔각　　③ 고수　　④ 구기자

> **TIP** 산초 : 사천요리에 많이 사용되며 맛은 맵다. 사천 지방의 마파두부 요리에 넣어 사용 한다.
> 　　고수 : 중국, 동남아, 태국, 인도, 유럽 등에서 음식의 잡냄새를 제거하고 음식의 향을 첨가할 때 쓰이는 효과적인 향신료이며, 중국요리 및 쌀국수 요리에 많이 사용 된다.
> 　　구기자 : 맛이 달고 자극적이지 않으며 간과 신장의 기능을 활발하게 하여 눈을 맑게 한다.

08 절임, 무침 조리처럼 변질을 방지하는 원리와 상관없는 것을 고르시오.

① 수분 활성(water activity; Aw) 조절 : 탈수 건조, 농축, 염장, 당장, 산장
② 온도 조절 : 냉장 · 냉동 보존
③ 산소 제거 : 가스 치환(CA 저장), 진공포장, 탈산소제 사용
④ 광선 조사 : 자외선 조사, 적외선조사, 레이져 조사

> **TIP** 변질 예방 : 수분 활성 조절, 온도 조절, 산소 제거, 자외선조사, 방사선조사

정답 05 ①　06 ②　07 ②　08 ④

Chapter 6 중식 절임 · 무침 조리

09 피클에 대한 설명 중 잘못된 것은?

① 물 : 식초 : 설탕의 비율이 2 : 1 : 1이다.
② 월계수 잎, 팔각, 통후추, 계피, 주니퍼베리 등은 보존제 역할을 하는 향신료이다.
③ 조미 식초는 끓는 뜨거운 상태일 때 재료에 부어야 원재료의 아삭함이 오래 유지 된다.
④ 물 : 식초 : 설탕의 비율이 1 : 1 : 1 이다.

TIP 물 : 식초 : 설탕의 비율이 2 : 1 : 1이다.

10 다음 중 소금에 대한 설명으로 틀린 것을 고르시오.

① 천일염-미네랄성분함유
② 정제염-염화나트륨 성분을 건조시킨 것
③ 암염-천일염을 덩어리로 단단하게 만든 것
④ 천일염-바닷물을 증발시켜 제조

TIP 암염은 지층이나 바위와 같이 암석을 이룬 소금이다.

11 다음 중 겨자의 설명으로 틀린 것을 고르시오.

① 흑겨자(동양겨자)와 백겨자(서양겨자)가 있다.
② 겨자가루는 찬물로 반죽하여 매운맛을 돋운다.
③ 겨자반죽을 실온에 방치하면 쓴맛이 증가한다.
④ 겨자장에 식초(산)을 첨가하거나 냉장보관 한다.

TIP 따뜻한 물로 반죽하여 두면 휘발성의 매운맛 성분인 겨자유(芥子油)가 생김

12 다음 중 고추기름을 만드는 방법으로 순서가 옳은 것을 고르시오.

① 고춧가루넣기-기름끓이기-향신채넣기-걸러내기
② 기름끓이기-고춧가루끓이기-향신채넣기-걸러내기
③ 향신채넣기-기름끓이기-고춧가루넣기-걸러내기
④ 기름끓이기-향신채넣기-고춧가루넣기-걸러내기

13 다음 중 식품의 저장원리에서 요인과 대책이 바르게 짝지어진 것을 고르시오.

① 공기 – 진공
② 빛 – 가열
③ 금속이온 – 가열
④ 효소 – 사용억제

TIP 빛-차광, 금속이온-사용억제, 효소-가열, ph 조절, 수분 조절

정답 09 ④ 10 ③ 11 ② 12 ④ 13 ①

Chapter ❼ 중식 육수·소스 조리

01 다음은 육수 생산 시 주의사항이다. 틀린 것을 고르시오.
① 육수를 생산할 때에는 반드시 찬물로 재료를 충분히 잠길 정도까지 부은 다음 시작한다.
② 육수를 생산할 때에는 반드시 끓는 물로 재료를 충분히 잠길 정도까지 부은 다음 시작한다.
③ 육수가 끓기 시작하면 불의 세기를 조절하여 육수의 온도가 섭씨 약 90도를 유지하게 하여 은근하게 끓여 준다.
④ 육수 생산 시 표면 위로 떠오르는 불순물은 처음 끓어오르기 시작할 때 가장 많으므로, 거품과 함께 떠오르는 것을 국자로 제거해 준다.

> **TIP** 뜨거운 물로 육수를 시작하면 불순물이 빨리 굳어지고 뼈 속에 있는 맛들이 우러나지 않고 육수가 혼탁해진다.

02 소스 생산 시 주의점이다. 맞는 것을 고르시오.
① 소스의 농도, 광택, 색채 등 모든 요소가 잘 조화를 이루어야 한다.
② 인공적이며 주재료의 맛을 느낄 수 있도록 강력한 맛을 내야한다.
③ 색채는 주재료와 담는 그릇과 소스의 색깔이 잘 조화를 이룰 수 있도록 정반대의 색상으로 준비한다.
④ 시각적으로 강한 색상으로 소스의 특징을 살려야 한다.

> **TIP** 소스의 농도, 광택, 색채 등 모든 요소가 잘 조화를 이루어야 한다.

03 닭 뼈의 핏물 제거 방법으로 맞지 않은 것을 고르시오
① 닭 뼈, 노계를 물을 미지근한 물에 담그어 이물질이 없도록 깨끗이 세척한다.
② 재료의 양보다 넓은 풋에 뼈를 넣고 찬물에 20~30분 정도 담가 놓는다.
③ 핏물이 빠진 닭 뼈를 큰 그릇에 담아 끓인다.
④ 부재료 양파, 대파, 생강, 세척을 세척하여 준비하고 향신료(월계수 잎)를 준비한다.

> **TIP** 닭뼈를 찬물에 담그어 이물질 핏물을 제거 한다.

정답 01 ② 02 ① 03 ①

Chapter 7 중식 육수·소스 조리

04 노계 돼지 방심, 중국햄, 돼지 정강이뼈, 대파, 생강을 넣어 끓인 육수를 무엇이라 하는가?
① 상탕　　② 돈육수　　③ 탕수육수　　④ 햄육수

05 육수 조리 시 주의 사항이 잘못된 것은?
① 찬물에서 시작한다.
② 약한 불로 시작하여 강한 불로 점점 온도를 높여준다.
③ 거품 및 불순물 제거하고 육수 걸러낸다.
④ 냉각 중에는 육수를 한 번씩 저어 주어 보다 빨리 냉각되도록 한다.
> TIP 처음에는 강한 불로 시작하여 약한 불에서 끓인다.

06 아래 설명은 소스재료의 어떤 역할에 대한 설명인가?

> 젤라틴화 된 물과 함께 열을 가하면 끈끈해진다. 소스가 끈끈해지면 구강 내에 머무르는 시간이 늘어 나서 맛을 느낄 수 있는 시간이 길어지고, 음식의 감촉을 좋게 하여 맛의 느낌을 후각이나 촉각 등으로 확대시킬 수 있다. 자신의 특성은 최소화하고 소스 기본 재료의 특성을 최대화하는 재료

① 응고제　　② 안정제　　③ 농후제　　④ 결합제

07 소스 조리 시 특징이 아닌 것은?
① 소스의 농도, 광택, 색채 등 모든 요소가 잘 조화를 이루어야 한다.
② 재료를 고온의 기름으로 처리하면 그 표면이 매끄러우므로 녹말의 역할이 중요하지 않다.
③ 수분과 기름은 분리되는 성질이 있으므로 녹말의 힘을 빌려 융화시키는 역할을 한다.
④ 중국요리는 뜨거울 때 먹는 것이 많으므로 잘 식지 않도록 녹말로 농도를 맞춘다.
> TIP 재료를 고온의 기름으로 처리하면 그 표면이 거칠게 되므로 녹말이 매끄럽게 해준다.

08 소스 생산 시 주의점으로 틀린 것은?
① 시각적으로 혐오감을 주는 색채는 피해야 한다.
② 인공적이지 않고 주재료의 순한 맛을 느낄 수 있어야 한다.
③ 소스의 색이 돋보이도록 만든다.
④ 소스의 농도, 광택, 색채 등 모든 요소가 잘 조화를 이루어야 한다.
> TIP 색채는 주재료와 담는 그릇과 소스의 색깔이 잘 조화를 이룰 수 있도록 해야 한다.

정답　04 ①　05 ②　06 ③　07 ②　08 ③

09 여러 가지의 육수를 끓일 때 사용 되며 대량으로 소스을 만들 때 사용하는 커다란 용기는?

① 풋(put)   ② 중식 팬   ③ 중식 냄비   ④ 들통

10 조미 방법에 대한 설명 중 잘못된 것은?

① 가열 전 조미, 가열 중 조미, 가열 후 조미 3단계로 구분한다.
② 주재료에 따라서, 조리하는 사람의 의도에 따라서 조미 방법은 각각 달라진다.
③ 조리법에 따른 조미료의 선택이 달라진다.
④ 동일한 음식끼리는 지역별 지방에 따라 조미료의 차이는 없다.

TIP 지방별, 지역적 특색에 따라 조미료는 달라진다.

11 다음 중 조미의 작용이 아닌 것은?

① 나쁜 맛을 제거한다.   ② 강한 맛을 약하게 한다.
③ 맛을 전체적으로 조화시킨다.   ④ 영양학적으로 가치를 높인다.

TIP 조미료로 주재료의 맛을 결정하고, 색채를 돋우는 효과도 있다.

12 아래 설명을 나타내는 소스는?

> 발효시킨 메주콩에 고추를 갈아 넣고 양념을 첨가하여 만든다.
> 맵고 칼칼한 맛을 내는 요리에 사용된다.
> 주요리는 마파두부, 새우칠리 소스, 돼지고기 요리, 냉채 요리 등의 소스로 많이 사용된다.

① 해선장   ② 두반장   ③ XO소스   ④ 춘장

정답 09 ① 10 ④ 11 ④ 12 ②

Chapter ❽ 중식 튀김 조리

01 다음은 식품의 종류와 크기에 따라 튀김의 온도와 시간이 다르다. 이중 잘못된 것을 고르시오.

① 어패류는 170℃에서 2분 정도
② 채소는 160~170℃에서 2분 정도
③ 육류는 1차 튀김 시 180℃에서 8~10분 정도, 2차 튀김은 190~200℃에서 1~2분 정도
④ 두부는 160℃에서 3분 정도

> TIP 육류는 1차 튀김 시 165℃에서 8~10분 정도, 2차 튀김은 190~200℃에서 1~2분 정도

02 튀김 조리 시 잘못된 설명은?

① 튀김을 할 때는 물기를 반드시 제거 후에 튀김을 한다.
② 바삭함을 원할 때는 같은 온도에 두 번 정도 튀긴다.
③ 생선의 눈알은 터뜨리지 말고 튀김옷을 입혀서 튀김을 한다.
④ 튀김 후에 너무 오랜 시간 방치하지 말고 바로 먹을 수 있도록 한다.

> TIP 생선의 눈알은 터뜨려서 튀김을 한다.

03 다음은 식품 공전상 유지의 유형이다. 맞게 설명한 것을 고르시오.

① 콩기름은 콩으로부터 채취한 원유이다.
② 채종유는 옥수수의 배아로부터 채취한 원유이다.
③ 미강유는 유채로 채취한 원유이다.
④ 미강유는 홍화씨로부터 채취한 원유이다.

> TIP **채종유** : 유채로부터 채취한 원유를 식용에 적합하도록 처리한 것
> **미강유** : 미강으로부터 채취한 원유를 식용에 적합하도록 처리한 것

04 다음은 변질된 식용유 판별법이다. 맞지 않는 것을 고르시오.

① 불쾌한 냄새가 난다.　　② 평상시보다 점도가 높다.
③ 발연점이 높다.　　　　 ④ 거품이 쉽게 없어지지 않는다.

> TIP 변질된 식용유는 발연점이 낮다.

정답 01 ③　02 ③　03 ①　04 ③

05 아래 설명은 무엇에 관한 설명인가?

> 식용 유지(다만, 압착 참기름, 초임계 추출 참기름, 압착 들기름, 초임계 추출 들기름은 제외)에 향신료, 향료, 천연추출물, 조미료 등을 혼합한 것(식용 유지 50% 이상)으로서, 조리 또는 가공 시 식품에 풍미를 부여하기 위하여 사용하는 것

① 채종유 ② 혼합 식용유 ③ 팜유 ④ 향미유

해설 **채종유** : 유채로부터 채취한 원유를 식용에 적합하도록 처리한 것
혼합 식용유 : 제품 유형이 정하여진 2종 이상의 식용유지를 단순히 혼합한 것
팜유 : 팜의 과육으로부터 채취한 팜유, 팜유를 분별한 팜올레인유 또는 팜스 테아린유, 팜의 핵으로부터 채취한 팜핵유

06 불포화지방산의 이중결합에 수소를 첨가하여 포화지방산으로 변환한 것은?

① 정제유 ② 교환유 ③ 정제유 ④ 경화유

07 알맞은 크기와 모양으로 만든 재료를 기름에 조금 넣고 센 불이나 중간 불에서 짧은 시간에 뒤섞으며 익히는 조리법은?

① 초(炒) ② 전(煎) ③ 작(炸) ④ 류(熘)

08 뜨겁게 달군 팬에 기름을 조금 두르고 밑손질을 한 재료를 펼쳐놓아 중간 불이나 약한 불에서 한 면 또는 양면을 지져서 익히는 조리법은?

① 팽(烹) ② 전(煎) ③ 작(炸) ④ 류(熘)

09 넉넉한 기름에 밑손질한 재료를 넣어 튀기는 조리법은?

① 팽(烹) ② 첩(貼) ③ 작(炸) ④ 류(熘)

10 조미료에 잰 재료를 녹말이나 밀가루 튀김옷을 입혀 기름에 튀기거나 삶거나 찐 뒤, 다시 여러 가지 조미료로 걸쭉한 소스를 만들어 재료 위에 끼얹거나 또는 조리한 재료를 소스에 버무려 묻혀내는 조리법은?

① 팽(烹) ② 첩(貼) ③ 폭(爆) ④ 류(熘)

해설 적당한 모양으로 썬 주재료를 밑간하여 튀기거나 지지거나 볶아낸 뒤, 다시 부재료, 조미료와 센 불에서 뒤섞으며 탕 즙을 재료에 흡수시키는 조리법

정답 05 ④ 06 ④ 07 ① 08 ② 09 ③ 10 ④

Chapter 8 중식 튀김 조리

11 다음 중 튀김 시에 넣어 줌으로써 탄산가스를 방출하고 수분을 증발시켜 튀김옷의 수분 함량이 낮아지면서 가볍게 튀겨지지만 쓴맛이 발생할 수 있는 재료는?

① 전분　　② 베이킹 파우더　　③ 식소다　　④ 사이다

12 중식 튀김조리 재료 썰기에서 식품 재료의 포를 뜨듯이 한쪽으로 어슷하고 얇게 뜨는 것은?

① 정(丁)　　② 편(片)　　③ 괴(塊)　　④ 쓸(絲)

> **TIP** 정(丁) : 식품 재료를 사각형 모양으로 써는 형태
> 　　괴(塊) : 식품 재료를 덩어리 형태의 모양으로 하여 수직으로 써는 것(직도법)
> 　　쓸(絲) : 채썰기, 결을 살려 썰기 때문에 중간에 부서지지 않는 것이 특징

13 기름을 사용하지 않는 조리법은?

① 정(丁)　　② 증(蒸)　　③ 괴(塊)　　④ 쓸(絲)

> **TIP** 증(蒸) : 시루나 찜통에서 재료를 증기로 익히는 조리법

14 다음 중 유지의 성질이 다른 것을 고르시오.

① 들기름　　② 대두유　　③ 올리브유　　④ 버터

> **TIP** 식물성유지 – 아마인유, 들기름, 참기름, 대두유, 면실유, 올리브유, 땅콩기름, 피마자유, 야자유 등
> 　　동물성유지 – 어유, 간유, 쇠기름, 돼지기름, 버터 등

15 아래 설명하고 있는 조각은 도법은 무엇인가?

> 재료를 찔러서 활용하는 도법으로 주로 새 날개, 생선 비늘, 옷 주름, 꽃 조각에 활용

① 절도법(切刀法)　　　　② 각도법(刻刀法)
③ 착도법(戳刀法)　　　　④ 필도법(筆刀法)

정답　11 ③　12 ②　13 ②　14 ④　15 ③

Chapter ❾ 중식 조림 조리

01 다음은 조림 조리의 정의 및 특성이다. 맞는 것을 고르시오.
① 육류, 생선류, 채소, 가금류, 두부를 정선하고 팬에 담아 불에 올려 양념을 하면서 불 조절을 강한 불에서 약한 불로 조절하여 끓여서 즙이 거의 없을 때까지 자박하게 물 전분을 넣어 끓여낸다.
② 육류, 생선류, 채소, 가금류, 두부를 정선하고 팬에 담아 불에 올려 양념을 하면서 중불에서 끓여서 국물이 넉넉하게 물 전분을 넣어 끓여낸다.
③ 육류, 생선류, 채소류, 두부에 각종 양념과 소스를 이용하여 쎈불에 익혀 국물 없이 조려낸다.
④ 육류, 생선류, 채소류, 두부에 각종 양념과 소스를 이용하여 처음엔 약불로 익혀 불을 서서히 높여 국물이 넉넉하게 물 전분을 넣어 조리한다.

> **TIP** 볼에 올려 양념을 하면서 강한불에서 약한불로 조절하여 물 전분을 넣고 즙이 거의 없을 때까지 자박하게 끓여내는 것이 "조림조리"라 한다.

02 생선류, 육류, 가금류, 갑각류, 해삼류를 뜨거운 기름이나 끓는 물에 데친 후 부재료와 함께 볶아 간장소스에 조림하는 것은?

① 증(蒸)　　② 홍소(紅燒)　　③ 민(燜)　　④ 돈(炖)

> **TIP** 증(蒸) : 시루나 찜통에서 재료를 증기로 익히는 조리법
> 민(燜) : 조미료나 향신료와 식재료가 잠길 정도의 물을 붓고 조리는 것
> 돈(炖) : 주재료, 탕, 조미료를 도자기나 질그릇에 넣고 중탕 하거나 찜통에 넣고 찌는 것

03 난자완스처럼 기름을 두르고 재료를 펼쳐 놓아 중간 불이나 약한 불에서 양면을 황금색으로 지져서 조리하는 방법은?

① 전(煎)　　② 초(炒)　　③ 소(燒)　　④ 자(煮)

> **TIP** 초(炒) : 볶음
> 소(燒) : 조림
> 자(煮) : 삶기

정답　01 ①　02 ②　03 ①

Chapter 9 중식 조림 조리

04 육류조리의 열에 의한 물리적 변화와 특성에 관한 설명 중 잘못된 것은?

① 생것으로 먹는 것보다는 소화와 영양 흡수 건강상의 이유로 가열 조리하여 섭취한다.
② 육류의 지방은 가열을 하면 녹아 부드러워지고 가열 초기에는 수분의 손실이 많아 육즙이 많아진다.
③ 가열 단계인 50℃ 정도부터 수분양이 증가하고 육즙이 감소된다.
④ 색상의 변화가 생기며 단백질의 수축이 일어나고 결합된 조직의 변화가 생기며 지방의 변화와 맛의 변화가 일어나며 영양분의 손실이 생기게 된다.

TIP 가열 단계인 75℃~83℃ 사이가 되면 손실되는 수분양이 증가하고 육즙이 감소된다.

05 홍쇼두부의 두부 모양과 크기에 대한 설명 중 맞는 것은?

① 두부는 가로, 세로 3cm, 두께 1cm의 삼각형으로 썬다.
② 두부는 가로, 세로 5cm, 두께 1cm의 삼각형으로 썬다.
③ 두부는 가로, 세로, 두께 3cm의 정삼각형으로 썬다.
④ 두부는 가로, 세로 5cm, 두께 2cm의 삼각형으로 썬다.

06 돼지고기 조리의 특징 중 잘못된 것은?

① 지방이 많고 결합조직이 적고 연하고 부드럽다.
② 소시지나 베이컨, 햄은 가공하여 장기간 보관이 가능하다.
③ 돼지고기는 기생충 감염을 유발할 가능성이 있다.
④ 돼지 고기 중심부의 온도가 60℃까지 가열섭취한다.

TIP 돼지 고기 중심부의 온도가 77℃까지 가열섭취해야 한다.

07 난자완스의 조리에 있어서 틀린 것은?

① 완자는 직경 2cm 정도로 둥글고 납작하게 만든다.
② 죽순은 석회질을 제거 하고 빗살무늬를 살려서 4cm x 2cm 로 얇게 편 썰기한다.
③ 대파, 마늘, 생강의 1/2은 다지고, 나머지 1/2은 편으로 썬다.
④ 표고버섯은 기둥을 떼내고 4cm×2cm로 편으로 썬다.

TIP 완자는 직경 4cm 정도로 둥글고 납작하게 만든다.

정답 04 ③ 05 ② 06 ④ 07 ①

08 닭고기 부위별 조리의 설명 중 잘못된 것은?

① 닭 다리살은 단단한 근육과 지방이 함유되어 있어 육질이 단단하고, 쫄깃한 식감을 가지고 있으며 맛이 진하다.
② 닭 날개살은 희고 부드러우며 젤라틴이 풍부하고 지방을 함유하여 감칠맛이 있으며 다량의 콜라겐을 가지고 있다.
③ 닭 날개살 부위는 지방이 거의 없고 근육이 두껍게 형성되어 있어 쫄깃한 식감을 가지고 있다.
④ 닭 가슴살은 지방이 적고 담백한 맛을 가지고 있으며 단백질이 풍부 하다.

> **TIP** 닭 모래집 부위 : 지방이 거의 없고 근육이 두껍게 형성되어 있어 쫄깃한 식감을 가지고 있다.

09 중식 조림 조리에 있어서 전분 사용에 대한 설명 중 잘못된 것은?

① 전분과 물을 1 : 1로 담고 혼합하여 요리 완성의 마지막 단계에 천천히 넣고 저으면 겔화가 이루어져 요리와 결합시키는 역할을 하기도 한다.
② 기름과 수분을 결합시키는 역할과 요리의 따뜻함을 유지하는 역할도 함께한다.
③ 전분에 물을 첨가하여 가열하고 냉각하고 저장하는 과정에서 호화, 젤화, 노화 등의 여러가지 변화가 일어난다.
④ 물 녹말은 요리와 결합시키기에 중요하므로 농도가 진할수록 좋다.

> **TIP** 전분과 물 = 1 : 1 농도가 좋다.

10 완성된 조림 요리를 그릇에 담을 때 신경써야 할 사항이 아닌 것은?

① 주재료와 부재료의 비율을 파악하고 크기, 모양, 색감을 잘 파악하여 담는다.
② 소스의 양을 얼마나 담을 지에 대해 생각해서 담는다.
③ 조림 요리는 뜨거운 요리이기 때문에 시간을 잘 파악하여 담고, 조림 요리가 식지 않도록 주의한다.
④ 조림조리 위에는 고명을 올리면 지저분해 보이므로 절대 고명을 사용하지 않는다.

> **TIP** 고명으로 사용되어지는 것을 올려도 포인트가 된다. (예 : 고추, 실파, 지단, 깨, 대파 등)

11 아래 설명하고 있는 조리법을 고르시오.

> 재료를 양념하여 불 조절을 강한 불과 중에서 약한 불로 조절하여 물 전분을 넣고 자박하게 끓여내는 요리

① 튀김　② 조림　③ 냉채　④ 빠스

정답 08 ③　09 ④　10 ④　11 ②

Chapter ⑩ 중식 밥 조리

01 쌀의 종류에 대한 설명으로 틀린 것을 고르시오.
① 자포니카형은 단립종이다.
② 인티카형은 장립종이다.
③ 자포니카형은 한국, 일본, 중국, 미국에서 재배한다.
④ 인디카형은 물을 넣고 가열하면 끈기가 생긴다.
TIP 인티카형은 자포니카형에 비해 끈기가 적고 푸슬한 느낌

02 자포니카형 쌀에 대한 설명으로 틀린 것을 고르시오.
① 세계 쌀 생산량의 약 20%를 차지한다.
② 짧고 둥글둥글한 형태이다.
③ 온난하고 적당한 강우량인 지역(한국, 중국 동북부, 미국 서해안)에서 재배된다.
④ 밥이 끈기가 적고 푸슬한 느낌이다.
TIP 자포니카형에 비해 푸슬한 느낌이 드는 쌀은 인티카형(장립종)쌀이다.

03 맛있는 밥을 짓기 위한 밥물의 분량에 대한 설명으로 맞지 않는 것은?
① 쌀의 용량, 즉 중량의 1.2배 정도가 적당하고, 부피는 1.5배가 적당하다.
② 맛있는 밥의 수분은 65% 전후이다.
③ 다된 밥의 중량은 쌀의 2.2~2.4배 정도이다.
④ 맛이 있는 밥을 짓기 위해서는 물에 불린 다음 짓는 것이 좋다.
TIP 중량으로는 쌀 무게의 1.5배 밥물의 분량이 적당하다.

04 밥짓기 과정의 설명으로 옳은 것은?
① 쌀을 씻어서 2~3시간 이상 많이 불리면 밥맛이 좋다.
② 쌀은 80~90℃에서 호화가 시작 된다.
③ 햅쌀은 묵은 쌀보다 물을 약간 적게 붓는다.
④ 묵은 쌀인 경우에는 쌀 중량의 약 2.5배 정도의 물을 붓는다.
TIP 햅쌀과 불린 쌀은 물의 양을 적게 붓는다(동량).

정답 01 ④ 02 ④ 03 ① 04 ③

05 다음은 전분의 호화하기 쉬운 조건으로 맞지 않는 것을 고르시오.

① 전분의 가열온도가 높을수록 호화하기 쉽다.
② 전분입자의 크기가 높을수록(정백도가 낮을수록) 호화하기 쉽다.
③ 가열 시 첨가하는 물의 양이 많을수록 호화하기 쉽다.
④ 아밀로오스는 호화되기 쉬우며 아밀로펙틴은 호화되기 어렵다.

TIP 전분입자의 크기가 작을수록 (정백도가 높을수록) 호화하기 쉽다.

06 호화에 대한 설명이 잘못된 것은?

① 수화, 팽윤, 콜로이드 상태가 된다.
② 가열 온도가 높을수록 호화가 빨라진다.
③ 콜로이드 상태에선 점도가 감소 된다.
④ 온도가 상승함에 따라 지속적으로 수분을 흡수하여 분자들의 사이 간격은 지속적으로 팽창하는 것을 팽윤이라 한다.

TIP 콜로이드상태의 용액은 점도가 많이 증가한다.

07 노화에 대한 설명 중에서 잘못된 것은?

① 호화된 전분을 실온에 방치했을 경우에 식으면서 노화가 일어난다.
② 노화는 알파 전분의 형태로 되돌아가는 현상이다.
③ 노화는 차가워질수록 더 빨리 진행된다.
④ 수분 함량을 15% 이하로 낮추거나 0℃ 이하로 냉동 혹은 75℃ 이상에서 건조를 시키면 노화를 방지할 수 있다.

TIP 노화는 β-전분의 형태로 되돌아가는 현상

08 전분의 노화에 영향을 주는 요소와 상관 없는 것은?

① 전분 입자의 형태, 크기, 구조 ② 온도
③ 물의 양 ④ 압력

TIP 전분의 노화에 영향을 주는 요소 전분종류, 온도, 물의 양, 산, 염

09 전분 입자는 어떻게 구성되어 있는가?

① 지방산과 글리세린 ② 아밀로스와 아밀로 펙틴
③ 아미노산 ④ 글루텐

05 ② 06 ③ 07 ② 08 ④ 09 ② **정답**

Chapter ⑩ 중식 밥 조리

10 새우볶음밥의 설명 중에서 잘못된 것은?

① 쌀은 깨끗이 지어서 밥을 질지 않게 짓는다.
② 채소는 모두 잘게 다진다.
③ 새우는 껍질을 벗겨내고 꼬챙이로 내장을 제거하여 끓는 물에 데쳐낸다.
④ 피망은 씨를 털어내고 모든 채소는 0.5cm 크기로 썬다.

> 🔖TIP 채소는 모두 0.5cm 정도의 주사위 모양으로 썬다.

11 새우볶음밥의 조리법은?

① 전(煎)　② 초(炒)　③ 소(燒)　④ 자(煮)

> 🔖TIP **전(煎)** : 기름에 지져서 조리하는 것
> **초(炒)** : 볶음
> **소(燒)** : 조림
> **자(煮)** : 삶기

12 쌀을 심하게 으깨어 여러 번 씻으면 어떤 비타민의 손실이 크게 되는가?

① 티아민　② 아스코르빈산　③ 토코페롤　④ 카로틴

> 🔖TIP 티아민은 비타민 B_1으로 쌀씻는 과정에서 손실되므로 가볍게 3회 정도 씻는 것이 좋다.

13 새우볶음밥의 밥맛을 좌우하는 요소로 잘못된 것은?

① 쌀은 수확한 후 오래 되면 밥맛이 나빠지므로 도정 날짜를 참고하여 구입하도록 한다.
② 볶음밥을 지을때에는 밥이 너무 질거나 눅지 않게 해야 한다.
③ 밥물의 산도가 높아질수록 밥맛이 좋아진다.
④ 0.03%의 소금을 첨가하면 밥맛이 좀더 달게 느껴지게 된다.

> 🔖TIP 밥 짓는 물은 pH 7~8 정도의 물로 밥을 지으면 가장 밥맛이 좋게 된다.

정답 10 ②　11 ②　12 ①　13 ③

Chapter ⑪ 중식 면 조리

01 다음은 면의 종류로 맞지 않은 것을 고르시오.
① 국수　　② 냉면　　③ 당면　　④ 딤섬

02 면발을 익힌 후 유탕 처리를 한 것을 무엇이라 하는가?
① 전분국수　　② 냉면　　③ 당면　　④ 유탕면류

03 다음 중 성격이 다를 면 요리를 고르시오
① 사천탕면　　② 냉짬뽕　　③ 울면　　④ 짜장면
TIP 차가운 면으로는 냉짬뽕과, 중국식 냉면이 있고, 온면에는 사천 탕면, 울면, 짜장면이 있다.

04 전분국수에 대한 설명 중 잘못된 것은?
① 전분 국수는 당면을 주원료로 하여 제조한 것이다.
② 기계당면은 압출 성형기(extruder)를 이용하여 옥수수전분 또는 옥수수전분＋고구마전분을 사용한다.
③ 손 당면은 반죽을 자연 낙하 또는 압출성형기로 단순히 압출하고 고구마전분을 사용한다.
④ 전분 국수는 전분이 100%인 것을 말한다.
TIP 전분 국수는 전분이 80% 이상인 것 이다.

05 다음은 밀가루의 종류이다. 맞는 것은?
① 강력분 글루텐 함량이 13%이며, 다목적용 및 가정용으로 사용에 적합
② 강력분 12~14% 글루텐의 함량, 점탄성이 좋으며 제과용과 국수 사용에 적합
③ 박력분 글루텐 함량이 10%이하이며, 케이크. 과자등의 사용에 적합
④ 중력분 글루텐 함량이 13%이며, 다목적용 및 가정용으로 사용에 적합

06 다음은 중국조리의 특성이다. 중국요리의 분류로 4대요리가 아닌 것을 고르시오.
① 북경요리　　② 남경요리　　③ 광동요리　　④ 홍콩요리
TIP 북경요리(京菜: 징차이), 남경요리(상해요리), 광동요리(南採: 난차이), 사천요리

정답 01 ④　02 ④　03 ②　04 ④　05 ③　06 ④

Chapter ⑪ 중식 면 조리

07 면 조리에 있어서 소금사용에 대한 설명 중 잘못된 것은?
① 대부분의 면에서는 밀가루 기준 10%의 함량으로 사용되고 있다.
② 글루텐에 대한 점탄성을 증가시킨다.
③ 삶는 시간을 단축시킨다.
④ 맛과 풍미를 향상시키며 보존성을 준다.
TIP 밀가루 기준 2~6%의 소금을 사용되고 있다.

08 면류의 『식품공전』 상 규격이 아닌 것은?
① 검출되어서는 안 되는 성분은 타르색소이다.
② 세균 수 는 1g당 100,0000 이하(살균 제품에 한한다.)
③ 대장균군 : 음성 (살균 처리 제품에 한한다.)
④ 보존료 사용은 규제가 없다.
TIP 보존료는 검출되어선 안 된다.

09 유니 짜장면에 대한 설명 중 잘못된 것은?
① 춘장은 기름에 볶아서 사용한다.
② 양파, 호박은 모양은 상관 없이 먹음직스럽게 크게 썬다.
③ 중화면은 끓는 물에 삶아 찬물로 헹군후 데쳐 사용한다.
④ 춘장과 재료가 어우러 지면 물녹말을 넣고 농도 조절한다.
TIP 양파, 호박은 0.5cm 정육면체 모양으로 썰고, 생강은 다진다.

10 유니 짜장면의 조리법은?
① 작(炸)   ② 자(煮)   ③ 발사(빠스, 撥絲)   ④ 고(烤)
TIP 작(炸) : 재료를 기름에 튀기듯이 겉은 사각사각 하고 속은 부드러운 질감을 준다.
자(煮) : 삶기
발사(撥絲) : 기름에 튀긴 후에 시럽에 부어 실처럼 늘어지게 조리하는 것
고(烤) : 직접 굽거나 오븐에 구워내는 것

11 면을 반죽 할 때 필요한 재료가 아닌 것은?
① 물   ② 소금   ③ 밀가루   ④ 조미료
TIP 밀가루, 물, 소금, 탄산수소나트륨 등이 필요하다.

정답 07 ① 08 ④ 09 ② 10 ① 11 ④

12 울면에 대한 설명 중 잘못된 것은?

① 오징어, 돼지고기, 대파, 양파, 당근, 배추 잎은 보기 좋게 편으로 썬다.
② 중화면은 끓는 물에 삶아 찬물에 헹군 후 데쳐 사용한다.
③ 소스는 농도를 잘 맞춰야 한다.
④ 달걀 풀때에는 덩어리지지 않게 잘 저어준다.

TIP 모든 재료는 6cm 길이로 채썬다.

13 밀가루 국수에 대한 설명 중 잘못된 것은?

① 알칼리제(탄산나트륨과 탄산칼륨의 혼합물)를 1~2% 첨가한다.
② 밀가루에 소금(2% 정도), 물(10%)로 반죽한다.
③ 유통기한을 연장하고자 생면을 반건조하여 수분 함량을 20% 정도로 조절한 반건조 생면이 제조, 판매되고 있다.
④ 면발의 굵기에 따라 세면, 소면, 중면, 중화면, 칼국수면, 우동면으로 나눈다.

TIP 반죽시 물의 양은 30~35% 정도이다.

14 다음 설명 중 옳은 것은?

① 면대 : 반죽을 얇게 편 것
② 소면 : 면발의 굵기가 가장 가는 면
③ 중면 : 세면보다 조금 굵은 면발
④ 우동면 : 소면보다 조금 굵은 면발

TIP 세면 : 면발의 굵기가 가장 가는 면
소면 : 세면보다 조금 굵은 면발
중화면 : 소면보다 조금 굵은 면발
칼국수면 : 중화면보다 조금 굵은 면
우동면 : 칼국수면 보다 조금 굵은 면발

12 ① 13 ② 14 ① **정답**

Chapter ⑫ 중식 냉채 조리

01 다음은 중식 냉채를 지칭하는 말 중 냉채가 아닌 것을 고르시오.
① 량반 ② 냉반 ③ 냉훈 ④ 냉면

>TIP 중식 냉채를 지칭 하는말 : 량반(凉盤), 냉반(冷盤), 냉훈(冷燻)

02 다음중 냉채에 대한 설명이 잘못된 것은?
① 코스 중 맨 처음 나가는 요리로 차게 내는 음식이다.
② 소화가 잘되게 구성해야 하고 뒤에 나오는 요리에 대해서 기대를 갖게 해야 하며, 그날의 연회에 대한 성격도 상징적으로 표현할 수 있어야 한다.
③ 냉채요리의 온도는 0℃ 정도로 차가워야 한다.
④ 신선해야 하고 향이 있어야 하며 부드러워야 하며 국물이 없어야 하고 만들어진 요리에 이미 맛이 들어있어야 하며 느끼하지 않아야 한다.

>TIP 냉채요리의 온도는 4℃ 정도이다.

03 냉채 요리 선정할 때 유의 사항 중에서 잘못된 것은?
① 냉채 요리 메뉴는 주요리의 가격대와 상관 없이 가장 좋은 메뉴로 결정해야 그날의 식사 이미지가 좋아진다.
② 주요리가 어떤 요리가 나가는지 보고 냉채를 결정한다.
③ 주요리는 계절에 따라서 연회에 따라서 자주 바꾸어야 하므로 냉채도 주요리에 따라서 변화를 주어야 한다.
④ 재료와 부재료에 균형을 이루어야 하며 조리 방법은 겹치지 않는 것이 좋다.

>TIP 주요리의 가격대에 따라 냉채 메뉴가 다르게 결정한다.

04 냉채 조리법에 속하지 않는 것은?
① 무치기
② 장 국물에 끓이기
③ 양념에 볶기
④ 수정처럼 만들기

>TIP 냉채 조리법 : 무치기, 장국물에 끓이기, 양념에 담그기, 수정처럼 만들기, 훈제 하기

정답 01 ④ 02 ③ 03 ① 04 ③

05 다음은 메뉴를 고려하여 냉채 요리의 선정 방법으로 옳지 않은 것을 고르시오.

① 소화되기 쉽게 구성하여야 한다.
② 뒤에 나오는 요리에 대하여 기대를 갖도록 하여야 한다.
③ 연회의 특성을 고려하여 성격과 상징성을 표현하여야 한다.
④ 계절에 따른 재료를 선정하여 조리를 만드는 사람의 특성과 개성을 살려서 만들어야 한다.

>TIP 식사할 사람의 특성과 개성을 반영하여 만들어야 한다.

06 다음은 요리에 따른 기초 장식을 하기 위한 순서중에서 맞는 것은?

① 주제 정하기 →초벌 조각 하기 → 디자인 하기→재료 선택하기→조각 하기
② 주제 정하기→기초 디자인 하기→재료 선택하기→초벌 조각 하기→조각하기
③ 재료 선택하기→주제 정하기→기초 디자인 하기→디자인 하기→조각하기
④ 재료 선택하기→주제 정하기→디자인 하기→기초 디자인 하기→조각하기

>TIP 기초장식의 순서
주제정하기-디자인하기-재료선택-초벌조각-조각

07 냉채 요리에 필요한 재료의 손질법중 잘못된 것은?

① 오징어 : 배를 갈라 내장을 제거하고 마른 행주를 이용하여 껍질을 벗겨서 사용한다.
② 피단 : 어둡고 차가운 곳에 보관 해둔다.
③ 갑오징어 : 통 속의 단단한 부분을 꺼내고 껍질을 벗기고 다리를 떼어 내고 몸통만 사용한다.
④ 분피 : 사용할 때 가위로 잘라서 찬 물에 담가 부드러워지면 사용한다.

>TIP 분피: 사용할 때 손으로 부스러뜨린 다음 끓는 물에 담가 부드러워지면 사용한다.

08 기초 장식의 재료 보관과 관리법 중에서 잘못된 것은?

① 오이, 가지, 양파, 상추는 장식용으로 사용 후 신문지에 잘 싸서 보관해서 계속 사용할 수 있다.
② 식용 색소를 이용하여 만든 장식은 만들 때와 보관할 때 모두 색소를 사용하지 않는 재료와는 구분하여 보관한다.
③ 무, 당근 등은 다량의 수분을 함유하고 있기 때문에 밀폐 용기에 물과 함께 담아서 냉장고에 넣어 보관한다.
④ 붉은 고추, 감자는 밀폐 용기에 물과 함께 담아 냉장고에 보관할 수 있다.

>TIP 오이, 가지, 양파, 상추는 장식용으로 1회에 한하여 사용 가능하고 보관해서 사용할 수 없다.

05 ④   06 ②   07 ④   08 ①   정답

Chapter 12 중식 냉채 조리

09 오징어 냉채에 대한 설명 중 잘못된 것은?
① 오징어는 바깥쪽에 세로 0.3cm 간격으로 칼집을 넣어 길이 3~ 4 cm, 넓이 2cm 로 썬다.
② 오이는 소금으로 문질러 씻어 편으로 썬다.
③ 오징어는 데친후 충분히 식혀서 오이와 버무린다.
④ 겨자는 발효 시켜 설탕, 식초, 소금, 참기름을 섞어 덩어리지지 않게 겨자 소스를 만든다.
TIP 오징어는 내장 안쪽에 칼집을 넣는다.

10 해파리 냉채에 대한 설명 중 잘못된 것은?
① 해파리는 엷은 소금물에 주물러 씻은 후 헹구어 염분기를 뺀다.
② 해파리를 끓는 물에 데쳐 찬물에 씻은 즉시 물기 제거해서 사용한다.
③ 오이는 소금으로 문질러 씻어 어슷썰기 한다.
④ 다진 마늘, 설탕, 식초, 소금, 참기름으로 마늘소스를 만든다.
TIP 해파리를 80℃ 정도의 물에 데쳐 찬물에 헹구어 건져 식초와 설탕을 약간씩 넣고 버무려 해파리가 투명하고 부드러워지면 물기를 짠다.

11 냉채 제공 시 설명 중 잘못된 것은?
① 제공하는 냉채의 양은 한 사람이 한 젓가락 혹은 두 젓가락 정도 먹을 양이면 충분하다.
② 냉채 담을때에는 산봉우리처럼 봉긋하게 올라오게 담거나 쌓기도 한다.
③ 갑오징어, 해파리 무침 등 색이 희거나 미색인 경우 흰색 그릇이 깨끗해 보여서 좋다.
④ 접시 중앙에 동그랗게 담거나 꽃 모양으로 담은 후, 냉채를 두르기 해도 된다.
TIP 냉채가 새우 냉채처럼 붉은 재료일 경우에는 흰색 그릇이 좋으나, 흰색 냉채 일경우에는 진한 색깔의 그릇이 좋다.

12 아래 설명하고 있는 조리법은 무엇인가?

> 아교질 성분이 많은 것을 끓여서 차갑게 만들어 두면 맑게 응고되는 원리를 이용하며, 돼지다리, 생선살, 새우살, 닭고기, 게살 등으로 냉채를 만들 때 사용

① 수정처럼 만들기 ② 양념에 담그기
③ 훈제 하기　　　　④ 장국에 끓이기

정답 09 ① 10 ② 11 ③ 12 ①

Chapter ⓭ 볶음 조리

01 다음은 볶음 조리 시 전분가루를 직접 넣는 조리법으로 만드는 것을 고르시오.
① 잡채   ② 고추잡채   ③ 마파두부   ④ 토마토 달걀볶음

🗨️TIP 마파두부는 전분 물 사용

02 다음은 볶음 조리에 관련된 조리법이다. 조리법과 음식명이 틀린 것을 고르시오.
① 초(炒) : '볶는다'는 뜻으로 당면 잡채이다.
② 작(炸) : 기름을 넉넉히 붓고 센 불에 튀기는 조리를 말한다. 짜장면이다.
③ 전(煎) : 기름을 두르고 지지는 조리법이다. 난젠완쯔이다.
④ 류(溜) : 조미료에 잰 재료를 녹말이나 밀가루 튀김옷을 입혀 기름에 먼저 튀기거나 삶거나 혹은 찌는 방식으로 조리하는 요리이다. 탕후루이다.

🗨️TIP 류는 여러 가지 조미료와 혼합하여 걸쭉한 소스를 만들어 재료 위에 끼얹거나 또는 조리한 재료를 소스에 버무려 묻혀 내는 조리법. (류산슬, 라조기)

03 다음은 중국요리의 분류이다. 요리별 특성이 제대로 표현된 것을 고르시오.
① 상해요리는 호화스러운 장식을 한 고급 요리 부드럽고 담백한 맛이 특징이다.
② 북경요리는 외국과의 교류가 빈번하여 서양 요리의 특징이 혼합 색채와 장식에 중점을 둔다.
③ 광동요리는 간장과 설탕으로 달콤하게 맛을 내 는 찜이나 조림이 발달 기름기가 많아 맛이 진하고 양이 푸짐하다.
④ 사천요리는 파, 마늘, 생강, 매운 고추 등의 향신료를 사용한다. 강한 향기와 신맛, 매운맛이 특징이다.

🗨️TIP 사천요리는 후추, 고추, 산초, 두반장 ,파, 마늘, 생강, 등의 향신료를 사용하며, 강한 향기와 신맛, 매운맛이 강하다.(마파두부)

04 중식 볶음 조리에서 전분물을 사용하지 않는 볶음류에 대한 설명 중 잘못된 것은?
① 초채(炒菜)라 한다.   ② 부추잡채(소구차이)
③ 고추잡채(칭지아오러우시)   ④ 채소 볶음

🗨️TIP 전분물을 사용하지 않는 볶음: 부추 잡채, 고추 잡채, 당면잡채

01 ③ 02 ④ 03 ④ 04 ④ **정답**

Chapter 13 중식 볶음 조리

05 중식 볶음 조리에서 전분물을 사용하는 볶음류에 대한 설명 중 잘못된 것은?

① 류채(熘菜)라 한다.
② 양장피 잡채
③ 마파두부
④ 라조기

> **TIP** 전분물을 사용하는 볶음 : 마파두부, 라조기, 채소 볶음, 류산슬, 새우케찹 볶음

06 중식 볶음 과 관련된 조리법이 아닌 것은?

① 초(炒 차오)　② 폭(爆 빠오)　③ 류(熘 려우)　④ 증(蒸)

> **TIP** 초(炒 차오) : '볶는다'라는 뜻(부추 볶음, 당면 잡채)
> 폭(爆 빠오) : 뜨거운 물이나 탕, 기름 등으로 먼저 고온에서 매우 빠른 속도로 솥에 뒤섞어 열처리를 한 뒤 볶아 내는 방법(궁보계정)
> 류(熘 려우) : 조미료에 잰 재료를 녹말이나 밀가루 튀김옷을 입혀 기름에 먼저 튀기거나 삶거나 혹은 찌는 방식으로 조리하는 요리(류산슬, 라조기)
> 작(炸, zhà) : 기름을 넉넉히 붓고 센 불에 튀기는 조리(짜장면)
> 전(煎, jiān) : 기름을 두르고 지지는 조리법(난젠완쯔)
> 증(蒸) : 찌기

07 중식 볶음 음식의 특징이 아닌 것은?

① 조미료와 부재료의 정확한 사전준비가 필요하다.
② 불 조절이 중요하고 화력을 나누어서 사용한다.
③ 향신료와 조미료의 사용은 특별한 순서가 필요하지 않다.
④ 식재료가 다양하고 조리법과 맛내기도 다양하고 풍부하다.

> **TIP** 볶음 요리를 위해 팬을 가열한 후 마늘, 파, 고추 등 향채소나 간장, 청주 등 조미료를 뜨거운 기름에 먼저 익혀 향을 내고 볶음 요리를 하고 완성 후에는 참기름, 후추 등을 첨가해서 풍미를 높인다.

08 오방색과 중국 음식과의 관계에 대한 설명 중 잘못된 것은?

① 오색은 청(靑), 적(赤), 황(黃), 백(白), 흑(黑)이다.
② 천문학적 철학으로 발전한 음양오행설이 우주 인식과 사상 체계의중심이 되었다.
③ 오행은 목(木), 화(火), 월(月), 금(金), 수(水)이다.
④ 오방은 동, 서, 남, 북, 중앙이다.

> **TIP** 오행 : 목(木), 화(火), 토(土), 금(金), 수(水)
> 오방 : 동, 서, 남, 북, 중앙
> 오색 : 청(靑), 적(赤), 황(黃), 백(白), 흑(黑)

정답 05 ②　06 ④　07 ③　08 ③

09 양장피 잡채에 대한 설명 중 잘못된 것은?

① 양장피는 끓는 물에 데쳐 찬물에 헹구고, 물기 제거 후 진간장 참기름으로 밑간 한다.
② 갑오징어는 껍질을 벗겨 내장쪽에 칼집을 넣는다.
③ 돼지고기는 결 반대 방향으로 채썰어 소금으로 밑간한다.
④ 고기와 채소는 모두 5cm 정도의 길이로 채 썬다.

TIP 돼지고기는 결 방향으로 채썰어 소금으로 밑간한다.

10 경장 육사에 대한 설명 중 잘못된 것은?

① 대파는 흰 부분만 길이 4~6cm로 썰어 반을 갈라 심은 제거하여 0.2cm 폭으로 곱게 썬다.
② 춘장을 볶을 때에는 춘장이 잠길 정도로 식용유를 넣고 볶은 후 체에 받친다.
③ 대파는 어슷 썰어 찬물에 담가 매운 맛을 뺀다.
④ 돼지고기는 채썰어 청주와 간장으로 밑간하고, 볶기 전에 달걀 흰자와 노른자를 풀어서 골고루 섞는다.

TIP 돼지고기는 채썰어 청주와 간장으로 밑간하고 볶기 전에 달걀 흰자와 녹말가루를 풀어서 골고루 섞는다.

11 새우케찹 볶음의 재료 중 잘못된 것은?

① 내장이 있는 새우살
② 껍질 있는 칵테일 새우
③ 완두콩
④ 당근, 양파

TIP 새우케찹 볶음에는 내장이 있는 새우살을 사용한다.

12 다음에서 설명하고 있는 이것은 무엇인가?

> 이것은 잠두콩을 뜻하며 매운맛과 함께 짠맛을 지닌 장류이다. 잠두콩을 발효시켜 만든 된장에 고춧가루와 말 린 새우로 신선한 맛을 더 내기도 한다. 이것은 부분적으로 으깨진 상태이고 맵고 짠맛이 강해 사용 시, 양 조절에 주의하여야 한다. 제 맛을 내기 위해서는 중불에 어느 정도 볶아 사용하는 것이 좋다.

① 춘장   ② 해선장   ③ 두반장   ④ 첨면장

정답 09 ③ 10 ④ 11 ② 12 ③

Chapter ⑭ 중식 후식 조리

01 다음은 후식의 정의 이다. 맞는 것을 고르시오.
① 앙트르메는 원래 정식식사 사이에 내는 음식이었으나 요즘은 에피타이저로 나오는 것을 말한다.
② 후식(後食) 또는 디저트(dessert)란 음식을 먹고 난 뒤 입가심으로 먹는 것으로, 프랑스어로는 '식사를 끝마치다', '식탁 위를 치우다'라는 의미이다.
③ 양식에서는 후식(後食) 뜨거운 것을 앙트르메 쇼(entremets chaud)라고 하는데, 수플레(soufflé)·푸딩 등이 있다.
④ 후식류는 냉과, 아이스크림처럼 반드시 차가워야 한다.

> **TIP** 디저트(dessert) : 음식을 먹고 난 뒤 입가심으로 먹는 것.
> 프랑스어로는 '식사를 끝마치다', '식탁 위를 치우다'라는 뜻을 가지고 있다.
> 냉과(冷菓)와 아이스크림은 차가운 후식이다.

02 후식류를 만드는 재료로 적합하지 않은 것을 고르시오.
① 근채류(고구마 등)   ② 과실류
③ 타피오카   ④ 엽채류

> **TIP** 근채류(고구마)는 빠스류, 과실류는 냉후식류, 탕후루에 사용하며, 타피오카는 시미로 등에 활용된다.

03 다음은 후식조리의 조리법이다. 맞지 않는 것을 고르시오.
① 재료의 선택은 다양하고 엄격하게 한다.
② 후식 썰기는 자유 자재로 썰어도 된다.
③ 다양하고도 광범위한 맛내기 연구한다.
④ 화력 조절에 주의 한다.

> **TIP** 썰기는 요리에 맞는 방법으로 정교하고 세밀하게 한다.

04 살구 씨의 안쪽 흰 부분을 갈아서 사용한 찬 후식은?
① 시미로   ② 행인 두부   ③ 살구무스   ④ 한천

정답 01 ② 02 ④ 03 ② 04 ②

05 아래 설명을 나타내는 용어는?

- '실을 뽑다'라는 의미
- 설탕을 녹여 시럽을 만든 후 여러 식재료에 입히는 후식용 음식이다.
- 고구마 빠스, 바나나 빠스, 사과 빠스, 은행 빠스, 귤 빠스, 딸기 빠스, 아이스크림 빠스 등

① 발사(拔絲)   ② 초(炒)   ③ 증(蒸)   ④ 고(烤)

> **TIP** 발사(拔絲) : 빠스
> 초(炒) : 볶음 / 증(蒸) : 찌기 / 고(烤) : 굽기

06 아래 설명을 나타내는 용어는?

- 전분의 한 종류인 타피오카를 주재료로 사용한 후식류
- 타피오카를 추출을 하고 여러 식재료와 혼합하여 냉장고에 차게 보관한 후 후식으로 사용
- 모든 과일에 사용하며, 중국 음식의 느끼함을 정리해 주는 후식류에 사용
- 한천, 젤라틴과 같은 효과 (식물성-한천, 시미로 / 동물성-젤라틴)

① 빠스   ② 시미로   ③ 무스   ④ 젤리

07 전분의 일종인데 중식 후식류 중 시미로와 행인두부 등의 응고를 담당하고, 찬 음식의 응고에 사용되고 있는 식재료 중 하나는?

① 한천   ② 젤라틴   ③ 타피오카   ④ 펙틴

08 빠스 고구마에 대한 설명 중 잘못된 것은?

① 빠스 고구마용 고구마는 정육면체 모양으로 썬다.
② 고구마를 다각형으로 썰어 각을 돌려 깎는다.
③ 껍질 벗겨 먼저 길게 4등분 하고, 다시 4cm 정도 길이 여러 각을 낸다.
④ 고구마를 자른 후 찬물에 담가 전분기를 뺀다.

> **TIP** 껍질 벗겨 길게 4등분 내고, 다시 4cm 정도 길이 다각형으로 썰어서 각을 돌려 깎은 후 찬물에 담가 전분기를 뺀다.

정답 05 ①　06 ②　07 ③　08 ①

Chapter 14 중식 후식 조리

09 빠스 고구마의 시럽은?
① 식용유 : 설탕 = 1 : 4
② 식용유 : 설탕 = 1 : 3
③ 약한불로 계속 녹인다.
④ 센불로 한다.

> TIP 센불로 하여 녹기 시작하면 중불에서 저으면서 연한 갈색이 되게 만든다.

10 빠스 옥수수 에 대한 설명 중 잘못된 것은?
① 옥수수는 물기를 뺀 다음 알맹이를 굵게 다져준다.
② 다진 옥수수에 노른자와 흰자 합쳐서 1개, 밀가루 3T 넣어 섞어준다.
③ 완자 크기는 3cm로 빚는다.
④ 다진 옥수수에 노른자 1/2개, 밀가루 2~3T 넣어 섞어준다.

> TIP 다진 옥수수에 땅콩, 노른자 1/2, 밀가루 2~3T 넣어 섞은 뒤 3cm 완자로 빚는다.

11 설탕을 녹여 시럽을 만든 후 여러 식재료에 입히는 후식용 음식은 무엇인가?
① 시미로 ② 빠스 ③ 무스 ④ 파이

12 중식 후식의 종류가 아닌 것은?
① 빠스(拔絲) ② 시미로 ③ 파이 ④ 초채

> TIP 초채는 볶음류의 한 종류이다.

13 찬 후식류가 아닌 것은?
① 옥수수 빠스
② 시미로
③ 행인두부
④ 과일

> TIP 옥수수 빠스, 고구마 빠스 : 더운 후식

정답 09 ① 10 ② 11 ② 12 ④ 13 ①

중식조리기능사 필기 모의고사 1

01 다음 시장조사에 관한 설명에서 틀린 것은?
① 창업 혹은 신규로 진출하고자 하는 사업의 가치를 평가하는 것
② 시장에 대해 가장 잘 알고 있는 소비자의 소리를 듣는 것
③ 과거와 현재 상황을 조사하고 분석을 통해 미래를 예측함으로써 시장전략 수립의 지침을 제공하고자 하는 미래 지향적인 활동
④ 목표시장, 경쟁사, 기업환경에 대한 자료를 수집, 분석하는 작업

02 식품의 위생과 관련된 곰팡이의 특징이 아닌 것은?
① 건조식품을 잘 변질시킨다.
② 대부분 생육에 산소를 요구하는 절대 호기성 미생물이다.
③ 곰팡이독을 생성하는 것도 있다.
④ 일반적으로 생육 속도가 세균에 비하여 빠르다.

03 다음 중 대장균의 최적 증식 온도 범위는?
① 0~5℃   ② 5~10℃
③ 30~40℃   ④ 55~75℃

04 모든 미생물을 제거하여 무균 상태로 하는 조작은?
① 소독   ② 살균
③ 멸균   ④ 정균

05 60℃에서 30분간 가열하면 식품 안전에 위해가 되지 않는 세균은?
① 살모넬라균
② 클로스트리디움 보틀리늄균
③ 황색포도상구균
④ 장구균

06 육류의 발색제로 사용되는 아질산염이 산성 조건에서 식품 성분과 반응하여 생성되는 발암성 물질은?
① 지질 과산화물(aldehyde)
② 벤조피렌(benzopyrene)
③ 니트로사민(nitrosamine)
④ 포름알데히드(formaldehyde)

07 사용이 허가된 산미료는?
① 구연산   ② 계피산
③ 말톨   ④ 초산에틸

08 식품과 자연독의 연결이 맞는 것은?
① 독버섯 – 솔라닌(solanine)
② 감자 – 무스카린(muscarine)
③ 살구씨 – 파세오루나틴(phaseolunatin)
④ 목화씨 – 고시폴(gossypol)

09 식품첨가물 중 보존료의 목적을 가장 잘 표현한 것은?

① 산도 조절
② 미생물에 의한 부패 방지
③ 산화에 의한 변패 방지
④ 가공과정에서 파괴되는 영양소 보충

10 살구 씨의 안쪽 흰 부분을 갈아서 사용한 찬 후식은 어느것인가?

① 시미로　　② 행인 두부
③ 살구 무스　④ 한천

11 식품위생법상 식품위생 수준의 향상을 위하여 필요한 경우 조리사에게 교육을 받을 것을 명할 수 있는 자는?

① 관할시장
② 보건복지부장관
③ 식품의약품안전처장
④ 관할 경찰서장

12 식품위생법의 정의에 따른 "기구"에 해당하지 않는 것은?

① 식품 섭취에 사용되는 기구
② 식품 또는 식품첨가물에 직접 닿는 기구
③ 농산품 채취에 사용되는 기구
④ 식품 운반에 사용되는 기구

13 즉석판매제조·가공업소 내에서 소비자에게 원하는 만큼 덜어서 직접 최종 소비자에게 판매하는 대상 식품이 아닌 것은?

① 된장　　② 식빵
③ 우동　　④ 어육제품

14 식품위생법상 조리사가 식중독이나 그 밖에 위생과 관련한 중대한 사고 발생의 직무상 책임에 대한 1차 위반 시 행정처분기준은?

① 시정명령
② 업무정지 1개월
③ 업무정지 2개월
④ 면허취소

15 식품위생법상 식품접객업 영업을 하려는 자는 몇 시간의 식품위생교육을 미리 받아야 하는가?

① 2시간　　② 4시간
③ 6시간　　④ 8시간

16 카제인(casein)은 어떤 단백질에 속하는가?

① 당단백질　② 지단백질
③ 도단백질　④ 인단백질

17 전분 식품의 노화를 억제하는 방법으로 적합하지 않은 것은?

① 설탕을 첨가한다.
② 식품을 냉장 보관한다.
③ 식품의 수분함량을 15% 이하로 한다.
④ 유화제를 사용한다.

18 과실 저장고의 온도, 습도, 기체 조성 등을 조절하여 장기간 동안 과실을 저장하는 방법은?

① 산 저장
② 자외선 저장
③ 무균포장 저장
④ CA 저장

19 유지를 가열할 때 생기는 변화에 대한 설명으로 틀린 것은?

① 유리지방산의 함량이 높아지므로 발연점이 낮아진다.
② 연기 성분으로 알데히드(aldehyde), 케톤(ketone) 등이 생성된다.
③ 요오드값이 높아진다.
④ 중합반응에 의해 점도가 증가된다.

20 완두콩 통조림을 가열하여도 녹색이 유지되는 것은 어떤 색소 때문인가?

① chlorophyll(클로로필)
② Cu-chlorophyll(구리-클로로필)
③ Fe-chlorophyll(철-클로로필)
④ chlorophylline(클로로필린)

21 신맛 성분과 주요 소재 식품의 연결이 틀린 것은?

① 구연산(citric acid) - 감귤류
② 젖산(lactic acid) - 김치류
③ 호박산(succinic acid) - 늙은 호박
④ 주석산(tartaric acid) - 포도

22 미생물의 생육에 필요한 수분활성도의 크기로 옳은 것은?

① 세균 〉효모 〉곰팡이
② 곰팡이 〉세균 〉효모
③ 효모 〉곰팡이 〉세균
④ 세균 〉곰팡이 〉효모

23 달걀 100g 중에 당질 5g, 단백질 8g, 지질 4.4g이 함유되어 있다면 달걀 5개의 열량은 얼마인가? (단, 달걀 1개의 무게는 50g이다.)

① 91.6kcal   ② 229kcal
③ 274kcal   ④ 458kcal

24 근채류 중 생식하는 것보다 기름에 볶는 조리법을 적용하는 것이 좋은 식품은?

① 무   ② 고구마
③ 토란   ④ 당근

25 다음 중 단백가가 가장 높은 것은?

① 쇠고기   ② 달걀
③ 대두   ④ 버터

26 가정에서 많이 사용되는 다목적 밀가루는?

① 강력분   ② 중력분
③ 박력분   ④ 초강력분

27 산성 식품에 해당하는 것은?

① 곡류   ② 사과
③ 감자   ④ 시금치

28 아미노산, 단백질 등이 당류와 반응하여 갈색 물질을 생성하는 반응은?

① 폴리페놀 옥시다아제 (polyphenol oxidase)
② 마이야르(Maillard) 반응
③ 캐러멜화(caramelization) 반응
④ 티로시나아제 (tyrosinase) 반응

29 제조 과정 중 단백질 변성에 의한 응고 작용이 일어나지 않는 것은?

① 치즈 가공　② 두부 제조
③ 달걀 삶기　④ 딸기잼 제조

30 난황에 주로 함유되어 있는 색소는?

① 클로로필
② 안토시아닌
③ 카로티노이드
④ 플라보노이드

31 튀김옷의 재료에 관한 설명으로 틀린 것은?

① 중조를 넣으면 탄산가스가 발생하면서 수분도 증발되어 바삭하게 된다.
② 달걀을 넣으면 달걀 단백질의 응고로 수분 흡수가 방해되어 바삭하게 된다.
③ 글루텐 함량이 높은 밀가루가 오랫동안 바삭한 상태를 유지한다.
④ 얼음물에 반죽을 하면 점도를 낮게 유지하여 바삭하게 된다.

32 식품구매 시 폐기율을 고려한 총발주량을 구하는 식은?

① 총발주량 = (100 − 폐기율) × 100 × 인원수
② 총발주량 = [(정미중량 − 폐기율) / (100 − 가식률)] × 100
③ 총발주량 = (1인당 사용량 − 폐기율) × 인원수
④ 총발주량 = [정미중량 / (100 − 폐기율)] × 100 × 인원수

33 달걀의 기능을 이용한 음식의 연결이 잘못된 것은?

① 응고성 − 달걀찜
② 팽창제 − 시폰케이크
③ 간섭제 − 맑은 장국
④ 유화성 − 마요네즈

34 냉장고 사용방법으로 틀린 것은?

① 뜨거운 음식은 식혀서 냉장고에 보관한다.
② 문을 여닫는 횟수를 가능한 한 줄인다.
③ 온도가 낮으므로 식품을 장기간 보관해도 안전하다.
④ 식품의 수분이 건조되므로 밀봉하여 보관한다.

35 식품을 고를 때 채소류의 감별법으로 틀린 것은?

① 오이는 굵기가 고르며 만졌을 때 가시가 있고 무거운 느낌이 나는 것이 좋다.
② 당근은 일정한 굵기로 통통하고 마디나 뿔이 없는 것이 좋다.
③ 양배추는 가볍고 잎이 얇으며 신선하고 광택이 있는 것이 좋다.
④ 우엉은 껍질이 매끈하고 수염뿌리가 없는 것으로 굵기가 일정한 것이 좋다.

36 조리장의 설비에 대한 설명 중 부적합한 것은?

① 조리장의 내벽은 바닥으로부터 5cm까지 수성 자재로 한다.
② 충분한 내구력이 있는 구조여야 한다.

③ 조리장에는 식품 및 식기류의 세척을 위한 위생적인 세척 시설을 갖춘다.
④ 조리원 전용의 위생적 수세 시설을 갖춘다.

37 다음 경장육사에 대한 설명 중 잘못된 것은?
① 대파 : 흰 부분만 길이 4~6cm 로 썰어 반을 갈라 심은 제거하여 0.2cm 폭으로 곱게 썬다.
② 춘장 : 볶을 때에는 춘장이 잠길 정도로 식용유를 넣고 볶은 후 체에 받친다.
③ 대파 : 어슷하게 채썰어 찬물에 담가 매운 맛을 뺀다.
④ 돼지고기 : 채썰어 청주와 간장으로 밑간하고 볶기 전에 달걀 흰자와 노른자를 풀어서 골고루 섞는다.

38 다음 원가의 구성에 해당하는 것은?

직접원가 + 제조간접비

① 판매가격　　② 간접원가
③ 제조원가　　④ 총원가

39 양장피 잡채에 대한 설명 중 잘못된 것은?
① 양장피 : 끓는 물에 데쳐 찬물에 헹구고, 물기 제거 후 진간장, 참기름으로 밑간 한다.
② 갑오징어 : 껍질을 벗겨 내장 쪽에 칼집을 넣는다.
③ 돼지고기 : 결 반대 방향으로 채 썰어 소금으로 밑간 한다.
④ 고기와 채소는 모두 5cm 정도의 길이로 채 썬다.

40 식단을 작성할 때 구비해야 하는 자료로 가장 거리가 먼 것은?
① 계절 식품표
② 비, 기기 위생점검표
③ 대치 식품표
④ 식품영양구성표

41 생선류, 육류, 가금류, 갑각류, 해삼류를 뜨거운 기름이나 끓는 물에 데친 후 부재료와 함께 볶아 간장소스에 조림하는 것은?
① 증(蒸)　　② 소(燒)
③ 작(炸)　　④ 초(炒)

42 쇠고기 40g을 두부로 대체하고자 할 때 필요한 두부의 양은 약 얼마인가? (단, 100g당 쇠고기 단백질 함량은 20.1g, 두부 단백질 함량은 8.6g으로 계산한다.)
① 70g　　② 74g
③ 90g　　④ 94g

43 중식 볶음 조리에서 전분물을 사용하는 볶음류에 대한 설명 중 잘못된 것은?
① 류채(熘菜)라 한다.
② 양장피 잡채
③ 마파두부
④ 새우케찹볶음

44 육류 조리에 대한 설명으로 맞는 것은?

① 육류를 오래 끓이면 질긴 지방조직인 콜라겐이 젤라틴화되어 국물이 맛있게 된다.
② 목심, 양지, 사태는 건열조리에 적당하다.
③ 편육을 만들 때 고기는 처음부터 찬물에서 끓인다.
④ 육류를 찬물에 넣어 끓이면 맛성분 용출이 용이해져 국물 맛이 좋아진다.

45 단체급식에서 식품의 재고관리에 대한 설명으로 틀린 것은?

① 각 식품에 적당한 재고기간을 파악하여 이용하도록 한다.
② 식품의 특성이나 사용 빈도 등을 고려하여 저장 장소를 정한다.
③ 비상시를 대비하여 가능한 한 많은 재고량을 확보할 필요가 있다.
④ 먼저 구입한 것은 먼저 소비한다.

46 다음 중 고추기름을 만드는 방법으로 순서가 옳은 것은?

① 고춧가루 넣기-기름 끓이기-향신채 넣기-걸러내기
② 기름 끓이기-고춧가루 끓이기-향신채 넣기-걸러내기
③ 향신채 넣기-기름 끓이기-고춧가루 넣기-걸러내기
④ 기름 끓이기-향신채 넣기-고춧가루 넣기-걸러내기

47 중조를 넣어 콩을 삶을 때 가장 문제가 되는 것은?

① 비타민 B_1의 파괴가 촉진됨
② 콩이 잘 무르지 않음
③ 조리수가 많이 필요함
④ 조리시간이 길어짐

48 다음 중 중식조리 조리법에 대한 설명이 잘못된 것은?

① 소(燒) : 조림   ② 자(煮) : 삶기
③ 증(蒸) : 튀기기 ④ 초(炒) : 볶기

49 찹쌀떡이 멥쌀떡보다 더 늦게 굳는 이유는?

① pH가 낮기 때문에
② 수분함량이 적기 때문에
③ 아밀로오스의 함량이 많기 때문에
④ 아밀로펙틴의 함량이 많기 때문에

50 다음 중 일반적으로 폐기율이 가장 높은 식품은?

① 살코기   ② 달걀
③ 생선   ④ 곡류

51 하수오염 조사 방법과 관련이 없는 것은?

① THM의 측정   ② COD의 측정
③ DO의 측정   ④ BOD의 측정

52 다음 중 가장 강한 살균력을 갖는 것은?

① 적외선   ② 자외선
③ 가시광선   ④ 근적외선

53 호흡기계 감염병이 아닌 것은?

① 폴리오
② 홍역
③ 백일해
④ 디프테리아

54 다음 중 중식조리 기본썰기에 대한 설명이 잘못된 것은?

① 괴(塊) : 2.5cm 정도 크기의 덩어리 형태의 토막
② 편(片) : 직각으로 썰거나, 눕혀 저미는 형태로 얇고 넓게 썰기
③ 조(條) : 곱게 다지는 것
④ 사(絲) : 실처럼 가늘게 써는 방법

55 채소로부터 감염되는 기생충으로 짝지어진 것은?

① 편충, 동양모양선충
② 폐흡충, 회충
③ 구충, 선모충
④ 회충, 무구조충

56 감각온도의 3요소가 아닌 것은?

① 기온
② 기습
③ 기류
④ 기압

57 인수공통감염병에 속하지 않는 것은?

① 광견병
② 탄저
③ 고병원성조류인플루엔자
④ 백일해

58 아메바에 의해서 발생되는 질병은?

① 장티푸스
② 콜레라
③ 유행성 간염
④ 이질

59 폐기물 소각 처리시의 가장 큰 문제점은?

① 악취가 발생되며 수질이 오염된다.
② 다이옥신이 발생한다.
③ 처리방법이 불쾌하다.
④ 지반이 약화되어 균열이 생길 수 있다.

60 공중보건사업과 거리가 먼 것은?

① 보건교육
② 구보건
③ 감염병 치료
④ 보건행정

중식조리기능사 필기 모의고사 1 정답									
1	2	3	4	5	6	7	8	9	10
①	④	②	③	①	③	①	④	②	②
11	12	13	14	15	16	17	18	19	20
③	③	④	②	③	④	②	②	③	②
21	22	23	24	25	26	27	28	29	30
③	①	②	④	②	②	①	②	④	③
31	32	33	34	35	36	37	38	39	40
③	③	④	③	③	①	③	④	③	②
41	42	43	44	45	46	47	48	49	50
②	④	②	②	④	④	①	③	④	③
51	52	53	54	55	56	57	58	59	60
①	②	①	③	①	④	④	④	②	③

중식조리기능사 필기 모의고사 2

01 황색 포도상구균의 특징이 아닌 것은?

① 균체가 열에 강함
② 독소형 식중독 유발
③ 화농성 질환의 원인균
④ 엔테로톡신(enterotoxin) 생성

02 섭조개에서 문제를 일으킬 수 있는 독소 성분은?

① 테트로도톡신(tetrodotoxin)
② 셉신(sepsine)
③ 베네루핀(venerupin)
④ 삭시톡신(saxitoxin)

03 어패류의 선도 평가에 이용되는 지표성분은?

① 헤모글로빈
② 트리메틸아민
③ 메탄올
④ 이산화탄소

04 식품에서 자연적으로 발생하는 유독물질을 통해 식중독을 일으킬 수 있는 식품과 가장 거리가 먼 것은?

① 피마자   ② 표고버섯
③ 미숙한 매실   ④ 모시조개

05 과거 일본 미나마타병의 집단발병 원인이 되는 중금속은?

① 카드뮴   ② 납
③ 수은   ④ 비소

06 소시지 등 가공육 제품의 육색을 고정하기 위해 사용하는 식품첨가물은?

① 발색제   ② 착색제
③ 강화제   ④ 보존제

07 소독의 지표가 되는 소독제는?

① 석탄산   ② 크레졸
③ 과산화수소   ④ 포르말린

08 식품의 변화현상에 대한 설명 중 틀린 것은?

① 산패 : 유지식품의 지방질 산화
② 발효 : 화학물질에 의한 유기화합물의 분해
③ 변질 : 식품의 품질 저하
④ 부패 : 단백질과 유기물이 부패 미생물에 의해 분해

09 밥을 지을 때 쌀의 전분이 빨리 호화 하려면?

① 가열 온도가 높을수록 좋다.
② 수침 시간이 짧은 것이 좋다.
③ 쌀의 정백도가 낮을수록 좋다.
④ 수소이온 농도가 낮을수록 좋다.

10 식품첨가물의 주요용도 연결이 옳은 것은?

① 삼이산화철 – 표백제
② 이산화티타늄 – 발색제
③ 명반 – 보존료
④ 호박산 – 산도 조절제

11 식품위생법상 식중독 환자를 진단한 의사는 누구에게 이 사실을 제일 먼저 보고하여야 하는가?

① 보건복지부장관
② 경찰서장
③ 보건소장
④ 관할 시장·군수·구청장

12 조리사 면허 취소에 해당하지 않는 것은?

① 식중독이나 그 밖에 위생과 관련한 중대한 사고 발생에 직무상의 책임이 있는 경우
② 면허를 타인에게 대여하여 사용하게 한 경우
③ 조리사가 마약이나 그 밖의 약물에 중독이 된 경우
④ 조리사 면허의 취소처분을 받고 그 취소된 날부터 2년이 지나지 아니한 경우

13 식품위생법상 식품 등의 위생적인 취급에 관한 기준이 아닌 것은?

① 식품 등을 취급하는 원료보관실·제조가공실·조리실·포장실 등의 내부는 항상 청결하게 관리하여야 한다.
② 식품 등의 원료 및 제품 중 부패·변질되기 쉬운 것은 냉동·냉장시설에 보관·관리하여야 한다.
③ 유통기한이 경과된 식품 등을 판매하거나 판매의 목적으로 전시하여 진열·보관하여서는 아니 된다.
④ 모든 식품 및 원료는 냉장·냉동시설에 보관·관리하여야 한다.

14 식품위생법상 허위표시, 과대광고, 비방광고 및 과대포장의 범위에 해당하지 않는 것은?

① 허가·신고 또는 보고한 사항이나 수입신고한 사항과 다른 내용의 표시·광고
② 제조방법에 관하여 연구하거나 발견한 사실로서 식품학·영양학 등의 분야에서 공인된 사항의 표시
③ 제품의 원재료 또는 성분과 다른 내용의 표시·광고
④ 제조연월일 또는 유통기한을 표시함에 있어서 사실과 다른 내용의 표시·광고

15 식품위생법상 "식품을 제조·가공 또는 보존하는 과정에서 식품에 넣거나 섞는 물질 또는 식품을 적시는 등에 사용하는 물질"로 정의된 것은?

① 식품첨가물   ② 화학적 합성품
③ 항생제   ④ 의약품

16 β-전분이 가열에 의해 α-전분으로 되는 현상은?

① 호화   ② 호정화
③ 산화   ④ 노화

17 중성지방의 구성 성분은?

① 탄소와 질소
② 아미노산
③ 지방산과 글리세롤
④ 포도당과 지방산

18 중식조리 지역별 요리 중, 강한 향신료를 많이 사용하고, 자극적이고 매운 것이 특징이어서 한국인 입맛에 잘 맞는 것은?

① 산동요리
② 강소요리
③ 광동요리
④ 사천요리

19 결합수의 특징이 아닌 것은?

① 전해질을 잘 녹여 용매로 작용한다.
② 자유수보다 밀도가 크다.
③ 식품에서 미생물의 번식과 발아에 이용되지 못한다.
④ 동·식물의 조직에 존재할 때 그 조직에 큰 압력을 가하여 압착해도 제거되지 않는다.

20 다음 중, 중식 볶음과 관련된 조리법이 아닌 것은?

① 초(炒)   ② 폭(爆)
③ 증(蒸)   ④ 류(熘)

21 알칼리성 식품에 대한 설명으로 옳은 것은?

① Na, K, Ca, Mg이 많이 함유되어 있는 식품
② S, P, Cl이 많이 함유되어 있는 식품
③ 당질, 지질, 단백질 등이 많이 함유되어 있는 식품
④ 곡류, 육류, 치즈 등의 식품

22 다음은 볶음조리법과 해당 요리에 대한 설명으로 틀린 것은?

① 초(炒) : '볶는다' 뜻 / 부추잡채
② 작(炸) : 기름을 넉넉히 붓고 센 불에 튀기는 조리 / 유니짜장면
③ 전(煎) : 기름을 두르고 지지는 조리법 / 난자완스
④ 류(熘) : 끓는 물에 삶거나 졸이는 조리법 / 탕후루

23 빠스 고구마에 대한 설명 중 잘못된 것은?

① 빠스 고구마용 고구마는 정육면체 모양으로 썬다.
② 고구마를 다각형으로 썰어 각을 돌려 깎는다.
③ 껍질 벗겨 먼저 길게 4등분 하고, 다시 4cm 정도 길이 여러 각을 낸다.
④ 고구마를 자른 후 찬물에 담가 전분기를 뺀다.

24 새우케찹볶음의 재료 중 잘못된 것은?

① 계란 전란
② 껍질이 없는 새우살
③ 완두콩
④ 당근, 양파

25 다음 중, 볶음조리 시 물전분을 사용하는 조리법으로 만든 것은?
① 부추잡채 ② 고추잡채
③ 마파두부 ④ 토마토 달걀볶음

26 탄수화물의 분류 중 5탄당이 아닌 것은?
① 갈락토오스(galactose)
② 자일로오스(xylose)
③ 아라비노오스(arabinose)
④ 리보오스(ribose)

27 CA저장에 가장 적합한 식품은?
① 육류 ② 과일류
③ 우유 ④ 생선류

28 황함유 아미노산이 아닌 것은?
① 트레오닌(threonine)
② 시스틴(cystine)
③ 메티오닌(methionine)
④ 시스테인(cysteine)

29 하루 필요 열량이 2500kcal일 경우 이 중의 18%에 해당하는 열량을 단백질에서 얻으려 한다면, 필요한 단백질의 양은 얼마인가?
① 50.0g ② 112.5g
③ 121.5g ④ 171.3g

30 조리와 가공 중 천연색소의 변색 요인과 거리가 먼 것은?
① 산소 ② 효소
③ 질소 ④ 금속

31 조리에 사용하는 냉동식품의 특성이 아닌 것은?
① 완만 동결하여 조직이 좋다.
② 미생물 발육을 저지하여 장기간 보존이 가능하다.
③ 저장 중 영양가 손실이 적다.
④ 산화를 억제하여 품질 저하를 막는다.

32 조리기구의 재질 중 열전도율이 커서 열을 전달하기 쉬운 것은?
① 유리 ② 도자기
③ 알루미늄 ④ 석면

33 새우볶음밥의 조리법은?
① 전(煎) ② 초(炒)
③ 소(燒) ④ 자(煮)

34 소금 절임 시 저장성이 좋아지는 이유는?
① pH가 낮아져 미생물이 살아갈 수 없는 환경이 조성된다.
② pH가 높아져 미생물이 살아갈 수 없는 환경이 조성된다.
③ 고삼투성에 의한 탈수효과로 미생물의 생육이 억제된다.
④ 저삼투성에 의한 탈수효과로 미생물의 생육이 억제된다.

35 밀가루의 용도별 분류는 어느 성분을 기준으로 하는가?
① 글리아딘 ② 글로불린
③ 글루타민 ④ 글루텐

36 조미료에 잰 재료를 녹말이나 밀가루 튀김옷을 입혀 기름에 튀기거나 삶은 후 다시 여러가지 조미료로 걸쭉한 소스를 만들어 재료 위에 끼얹거나 조리한 재료를 소스에 버무려 묻혀내는 조리법은?

① 소(燒)　　② 증(蒸)
③ 반(拌)　　④ 류(熘)

37 난자완스의 조리에 있어서 틀린 것은?

① 완자의 완성작은 직경 3cm 정도로 둥글고 납작하게 만든다.
② 죽순은 석회질을 제거 하고 빗살무늬를 살려서 4cm x 2cm 로 얇게 편 썰기.
③ 대파, 마늘, 생강의 1/2은 다지고, 나머지 1/2은 편 썰기.
④ 표고버섯은 기둥을 떼내고 4cm×2cm 로 편 썰기.

38 과일의 일반적인 특성과는 다르게 지방 함량이 가장 높은 과일은?

① 아보카도　　② 수박
③ 바나나　　　④ 감

39 전자레인지의 주된 조리 원리는?

① 복사　　② 전도
③ 대류　　④ 초단파

40 닭고기 20kg으로 닭강정 100인분을 판매한 매출액이 1,000,000원이다. 닭고기의 kg당 단가를 12,000원에 구입하였고 총양념 비용으로 80,000원이 들었다면 식재료의 원가 비율은?

① 24%　　② 28%
③ 32%　　④ 40%

41 쌀을 발효 시켜 만든 중국 전통의 식초이며, 알코올 성분이 많이 들어있어 소독하는 데 많이 사용 되는 것은?

① 미추　　② 해선장
③ 막장　　④ 흑초

42 튀김의 특징이 아닌 것은?

① 고온 단시간 가열로 영양소의 손실이 적다.
② 기름의 맛이 더해져 맛이 좋아진다.
③ 표면이 바삭바삭해 입안에서의 촉감이 좋아진다.
④ 불미성분이 제거된다.

43 해파리 냉채에 대한 설명 중 잘못된 것은?

① 해파리는 엷은 소금물에 주물러 씻은 후 헹구어 염분기를 뺀다.
② 해파리를 끓는 물에 데쳐 찬물에 씻은 즉시 물기 제거 해서 사용한다.
③ 오이는 소금으로 문질러 씻어 어슷썰기 한다.
④ 다진 마늘, 설탕, 식초, 소금, 참기름으로 마늘소스를 만든다.

44 대상집단의 조직체가 급식운영을 직접 하는 형태는?

① 준위탁급식　　② 위탁급식
③ 직영급식　　　④ 협동조합급식

45 총원가에 대한 설명으로 맞는 것은?

① 제조간접비와 직접원가의 합이다.
② 판매관리비와 제조원가의 합이다.
③ 판매관리비, 제조간접비, 이익의 합이다.
④ 직접재료비, 직접노무비, 직접경비, 직접원가, 판매관리비의 합이다.

46 계량방법이 잘못된 것은?

① 된장, 흑설탕은 꼭꼭 눌러 담아 수평으로 깎아서 계량한다.
② 우유는 투명기구를 사용하여 액체 표면의 윗부분을 눈과 수평으로 하여 계량한다.
③ 저울은 반드시 수평한 곳에서 0으로 맞추고 사용한다.
④ 마가린은 실온일 때 꼭꼭 눌러 담아 평평한 것으로 깎아 계량한다.

47 시장 조사의 원칙에 해당되지 않는 것은?

① 비용 경제성/정확성의 원칙
② 조사 적시성/계획성의 원칙
③ 조사 불변성의 원칙
④ 조사 탄력성의 원칙

48 중식 볶음조리에서 전분물을 사용하지 않는 볶음류에 대한 설명 중 잘못된 것은?

① 초채(炒菜)라 한다.
② 부추잡채
③ 고추잡채
④ 채소볶음

49 식품검수 방법의 연결이 틀린 것은?

① 화학적 방법 : 영양소의 분석, 첨가물, 유해성분 등을 검출하는 방법
② 검경적 방법 : 식품의 중량, 부피, 크기 등을 측정하는 방법
③ 물리학적 방법 : 식품의 비중, 경도, 점도, 빙점 등을 측정하는 방법
④ 생화학적 방법 : 효소반응, 효소 활성도, 수소이온농도 등을 측정하는 방법

50 중식 볶음 조리에서 전분물을 사용하는 볶음류에 대한 설명 중 잘못된 것은?

① 류채(熘菜)라 한다.
② 양장피 잡채
③ 마파두부
④ 새우케찹볶음

51 인분을 사용한 밭에서 특히 경피적 감염을 주의해야 하는 기생충은?

① 십이지장충　② 요충
③ 회충　　　　④ 말레이사상충

52 무구조충(민촌충) 감염의 올바른 예방대책은?

① 게나 가재의 가열 섭취
② 음료수의 소독
③ 채소류의 가열 섭취
④ 소고기의 가열 섭취

53 사람이 예방접종을 통하여 얻는 면역은?

① 선천면역　　② 자연수동면역
③ 자연능동면역　④ 인공능동면역

54 쥐에 의하여 옮겨지는 감염병은?
① 유행성이하선염 ② 페스트
③ 파상풍 ④ 일본뇌염

55 눈 보호를 위해 가장 좋은 인공조명 방식은?
① 직접조명 ② 간접조명
③ 반직접조명 ④ 전반확산조명

56 중금속과 중독 증상의 연결이 잘못된 것은?
① 카드뮴-신장기능 장애
② 크롬-비중격천공
③ 수은-홍독성 흥분
④ 납-섬유화 현상

57 국소진동으로 인한 질병 및 직업병의 예방대책이 아닌 것은?
① 보건교육 ② 완충장치
③ 방열복 착용 ④ 작업시간 단축

58 쓰레기 처리방법 중 미생물까지 사멸할 수는 있으나 대기오염을 유발할 수 있는 것은?
① 소각법 ② 투기법
③ 매립법 ④ 재활용법

59 위험도 경감의 원칙에 대한 설명 중에서 잘못된 것은?
① 사고 발생 예방과 피해 심각도의 억제하기 위하여, 위험도 경감도를 검토 해야 한다.
② 사람이 하는 일이므로 시스템은 필요 없고, 위험 발생하지 않게 항상 주의한다.
③ 사람, 절차, 장비의 시스템 구성요소를 고려한다.
④ 위험 요인을 제거하고 위험 발생과 사고 피해의 경감을 염두에 둔다.

60 여러 단계의 상업적 유통을 거쳐 불특정 다수 소비자에게 공급되는 것뿐만 아니라, 특정 소비자와의 공급 계약에 따라 그 소비자에게 직접 납품되어 사용되는 것도 포함하여 무엇이라 하는가?
① 개발품 ② 제조물
③ 생산품 ④ 발명품

중식조리기능사 필기 모의고사 2 정답

1	2	3	4	5	6	7	8	9	10
①	④	②	②	③	①	①	①	①	④
11	12	13	14	15	16	17	18	19	20
④	④	④	②	①	①	③	④	①	③
21	22	23	24	25	26	27	28	29	30
①	④	①	①	③	①	②	①	②	③
31	32	33	34	35	36	37	38	39	40
①	②	②	③	④	④	①	①	④	③
41	42	43	44	45	46	47	48	49	50
①	④	②	②	②	③	②	④	②	②
51	52	53	54	55	56	57	58	59	60
①	④	④	②	②	④	③	①	②	②

참고문헌

- 왕자휘 외,『中国烹任全书』, 1990, 흑룡강과학기술출판사
- 과서연 외,『中国烹任百科全书』, 1992, 중국대백과전서출판사
- 추적생,『정통 중국요리』, 1999, 형설출판사
- 이종기,『술, 술을 알면 세상이 즐겁다』, 2001 〈한송〉
- 박정도,『중국차의 향기』, 2001, 도서출판 박이정
- 최옥자 외,『중국요리』, 2001, 도서출판 효일
- 심규호,『연표와 사진으로 보는 중국사』, 2002
- 텐쥐엔,『中國主流消費市場硏究報告』, 2003 企業管理出版社 네오넷코리아
- 허만즈,『중국의 술 문화』, 2004, 〈에디터〉
- 이면희,『중국요리로 한국이 보인다』, 2004, 리리출판사
- 정윤두 외 5인,『고급 중국요리』, 2005, 백산출판사
- 조성문 외 4인,『고급 중국요리』, 2007, 백산출판사
- 김지응 외 4인,『초보자를 위한 중국요리 입문』, 2008
- 정윤두·복혜자·정순영,『호텔 중국요리』, 2009, 백산출판사
- 최송산,『중국특선 명요리』, 2009, 도서출판 효일
- 서정희,『고급 중국요리』, 2012, 예문사
- 안치언·복혜자 공저,『창업 중국요리』, 2012, 백산출판사
- 안상란·한재원,『꼭 알아야할 기초 중국조리』, 2013, 도서출판 유강
- 전경철·임점희,『중식조리기능사 산업기사 실기 시험문제』, 2014, 크라운출판사
- 김지연·이산호,『기초 중식조리 기능사』, 2019, 도서출판 유강
- 강란기·학복춘,『NCS기반의 중식 조리』, 2019, 도서출판 유강
- 한국직업능력개발원

    NCS 학습모듈 : 음식 위생관리, 음식 안전관리, 음식 재료관리,
    음식 구매관리, 중식 기초 조리실무, 중식 절임·무침조리,
    중식 육수·소스조리, 중식 튀김조리, 중식 조림조리, 중식 밥조리, |
    중식 면조리, 중식 냉채조리, 중식 볶음조리, 중식 후식조리

강 란 기 /이학박사

- 숙명여자대학교 식품영양학과 졸업
- 숙명여자대학교 전통문화예술대학원
  전통식생활문화 전공 · 문화예술학 석사
- 호서대학교 대학원 식품학 박사
- 이태리 밀라노 롬바르디아 주립학교 졸업
- 이태리 I.P.C.A 학교 졸업
- 수원여대 식품과학부 겸임교수 역임
- 호서대 · 가천대 · 경기대 · 신한대 ·
  신안산대 · 동서울대 외래교수 역임
- 성남 향토음식 발굴 경연대회 추진위원장 역임
- 경기장애인 기능경기대회 심사장 역임
- 전국중고등부 관광음식 기능경기대회 대회장
- 현) (사)한국관광음식문화협회 이사장
- 현) 성남제과조리커피직업전문학교장
- 현) 성남요리학원장
- 현) 성남제과제빵학원장

중식조리기능사 필기(이론+문제)

초판인쇄 | 2019년 9월 2일
5쇄발행 | 2023년 3월 28일
저　　자 | 강란기
발 행 처 | 도서출판 유강
발 행 인 | 柳麟夏

주　　소 | 경기도 성남시 중원구 상대원동 144-3 우림라이온스밸리 5차 B동 412호
전　　화 | 010-5026-4204
총 무 과 | 031-750-0238
홈페이지 | www.ukang.co.kr
디 자 인 | 옥별
사　　진 | 황익상

ISBN 979-11-90591-08-9

정가 18,000원

잘못된 책은 교환해 드립니다.
저자와 협의하에 인지를 생략합니다.

본 책의 무단복제 행위는 저작권법에 의거 5년 이하의 징역 또는 8,000만원 이하의 벌금에 처하거나 이를 병과할 수 있습니다.